일본문화의 패턴
-일본문화를 이해하는 10가지 문화형-

저 자 약 력

박상현

홋카이도北海道대학교에서 역사지역문화학 전공으로 문학박사 학위를 취득했고, 현재 경희사이버대학교 일본학과에 재직하고 있다. 대학생 때부터 '한일 관계 개선을 위해 무엇을 할 수 있을까?'라는 질문을 평생의 과제로 삼고 있다. 그 과정에서 일본인 아내와 두 딸을 얻었다. 테마가 컸던지, 아직도 그 해답을 제대로 찾았다고는 말하기 어렵다. 일생의 작업이 될 것 같다.

주요 저서로는『한국인에게 '일본'이란 무엇인가』(문화체육관광부 우수학술도서, 개정판『한국인의 일본관』) 등이, 번역서로는『일본 국문학의 탄생-다카기 이치노스케의 자서전-』등이 있다.

일본문화의 패턴
-일본문화를 이해하는 10가지 문화형-

초 판 인 쇄	2017년 04월 05일
초 판 발 행	2017년 04월 12일
저　　　자	박상현
발 행 인	윤석현
발 행 처	도서출판 박문사
책 임 편 집	최인노
등 록 번 호	제2009-11호
우 편 주 소	서울시 도봉구 우이천로 353 성주빌딩 3층
대 표 전 화	02 / 992 / 3253
전　　　송	02 / 991 / 1285
홈 페 이 지	http://jnc.jncbms.co.kr
전 자 우 편	bakmunsa@hanmail.net

ⓒ 박상현, 2017. Printed in KOREA

ISBN 979-11-87425-30-4　13910　　　　　　　　정가 18,000원

* 이 책의 내용을 사전 허가 없이 전재하거나 복제할 경우 법적인 제재를 받게 됨을 알려드립니다.
** 잘못된 책은 구입하신 서점이나 본사에서 교환해 드립니다.

일본인과 결혼생활 12년차 일본학과 교수가 말하는 일본·일본인·일본문화론

일본문화의 패턴
-일본문화를 이해하는 10가지 문화형-

박 상 현 저

박문사

"이 도서는 2015년도 경희사이버대학교 연구비지원에 의한 결과임"(KHCU 2015-1)
"This work was supported by the Kyung Hee Cyber University Research Fund in 2015"(KHCU 2015-1)

목차

책을 내면서
"리더십도 있고, 남자답네요." ——————————— 11

제1장 원칙 문화형 ——————————————— 23
　"버스는 앞문으로 타야 하나요, 뒷문으로 타야 하나요?" – 25
　"계산은 했나요, 안 했나요?" ————————————— 32
　"함께 불고기를 먹고 있다면 애인일 거예요!" ————— 40
　"상황이 갑자기 바뀌면…… 어떡해요?" ——————— 48
　"지하철이 시장 같네요!" ———————————————— 57

제2장 일관성 문화형 ——————————————— 65
　"천황제 폐지는 못 하는 것일까요, 안 하는 것일까요?" — 67
　"한국은 원조 중시?" ——————————————————— 76
　"일단 결정하면 바꾸지 않아요!" ———————————— 86
　"반드시 도장으로 해야 하나요?" ———————————— 93

제3장 구분 문화형 ———————————————— 101
　"지금이 크리스마스야? 언제까지 장식할거야?" ———— 103
　"기다리게 해서 죄송해요." —————————————— 114
　"예비군복을 입으면 성격이 변하나요?" ——————— 121
　"일본인은 자식이 죽어도 울지 않나요?" ——————— 129
　"팥빙수도 섞어 먹는 거야?" —————————————— 142

제4장 고맥락 문화형 ——————— 149
"OK라는 의미인가요, NO라는 뜻인가요?" ——— 151
"저한테 호감 있나요?" ——————————— 159
"일본인은 이중인격자인가요?" ——————— 165
"술잔은 누가, 언제 채워야 하나요?" ————— 177

제5장 결속 문화형 ————————— 185
"날 뭐로 보고 이런 선물을 하는 걸까?" ——— 187
"뭘 그렇게 골라. 대충대충 사면 되지." ———— 195
"한국 결혼식 문화는 왜 이래?" ——————— 202
"이지메는 없어질까요?" ——————————— 208

제6장 개인주의 문화형 ———————— 217
"부부라고 꼭 같은 침대에서 자야 해?" ———— 219
"각자 부담해요." ——————————————— 228
"앞으로 뭐라고 불러요?" ——————————— 236
"감자탕, 같이 먹어요!" ———————————— 243

제7장 배려 문화형 ————————— 251
"일본인의 배려와 한국인의 배려는 다르나요?" — 253
"왜 그렇게 극진히 대접하세요?" ——————— 263
"대접은 어떻게 하나요?" ——————————— 273
"밥을 어떻게 혼자 먹어요?" ————————— 279

제8장 축적 문화형 ——————————— 289
"교회에서 결혼해요!" ——————————— 291
"자동화에 놀랐어요, 예스러움에 깜짝 놀랐어요." —— 299
"새것을 받아들이지만, 옛 것도 버리지 않아요." —— 308
"지금도 모기향을 써요?" ——————————— 314

제9장 반복확인 문화형 ——————————— 321
"왜 자꾸 고맙다고 말해요?" ——————————— 323

제10장 원거리 문화형 ——————————— 333
"사랑하는 거야?" ——————————— 335

저자 후기
"당신 꿈은 뭐예요?" ——————————— 347

참고문헌 ——————————— 357

일본문화의 패턴
-일본문화를 이해하는 10가지 문화형-

책을 내면서

-

일본인 "리더십도 있고, 남자답네요."
한국인 "설마……"[1]

일본에 처음 간 것은 1995년 가을이다. 10월 중순경으로 기억한다. 일본 고전학을 제대로 공부하고 싶어서 유학을 결심했다. 유학 준비는 그리 순탄하지 않았다. 그해 봄학기에 입학하고 싶었는데 실패했다. 입시에 떨어진 것은 처음이었다. 어쩔 수 없이 가을학기 입학을 위해 다시 시작했다.[2] 마음을 다잡기가 쉽지 않았다. 그나마 위안이 됐던 것은 학부를 졸업한 대학에 호수가 있었기 때문이다. 졸업생이었기에 눈치를 봐가며 도서관으로 출근했고, 점심식사 후에는 혼자서 호수 주위를 돌며 많은 생각을 했다. 서울 소재 대학에 축

---

1 본문에는 개인적인 일화가 많지만 질문은 일반화했다. 일본인·한국인이라는 표현을 쓴 이유다.
2 일본은 1학기가 4월부터, 2학기가 10월부터다. 대학원 입학은 1년에 두 번으로 4월과 10월이다.

구 경기장보다 큰 호수가 있다니! 대학에게는 호사였다. 게다가 이 호수에 어떤 대학 캠퍼스가 통째로 들어갈 수 있다는 우스갯소리도 있었다. 공교롭게도 현재 재직하고 있는 대학 바로 옆에 그 대학이 있다. 몇 번 가서 눈으로 대충 측정해봤다. 호수에 빠질 정도는 아닌 것 같다. 역시 우스갯소리였다.

호수 너머로 간간히 지나가는 지하철 2호선이 일본으로 가는 비행기였다면 좋겠다고 몇 번이나 상상했는지 모른다. 당시 나에게 일본 유학은 인생의 전부였기 때문이다. 유학하면서 한일 간에 남아 있는 복잡한 여러 과제를 해결하고 싶었다. 예컨대 일본에서 차별받는다는 재일교포 문제를 교포 여자와 결혼하여 해결하고자 했다. 개인적인 차원이긴 하지만 말이다. 대학을 졸업한 20대 중반인 나의 문제해결 능력이란 이 정도에 불과했다. 그런데 정작 결혼은 일본인과 했다. 재일교포 문제는 전혀 풀지 못했다. 하지만 일본을 이해하고자 했던 나의 노력, 한일 문제 해결을 평생의 과제로 삼았던 나의 방향성은 그대로 유지되고 있는 셈이다.

우여곡절 끝에 일본 유학이 결정됐다. 드디어 일본으로 떠나는 당일이었다. 인천국제공항이 아직 건설되지 않았기에 김포공항을 이용했다. 배웅 나온 가족과 헤어진 후, 출국 수속을 마치고 탑승 시간을 기다리고 있었다. '어떤 비행기일까'하고 내가 탈 비행기를 마음속으로 그려봤다. 멋진 점보 비행기가 그려졌다. 은근히 기대됐다. 비행기를 처음 타는 것이기 때문이었다. 하지만 눈앞에 나타난 것은 상상한 것과는 너무 다른 보잘 것 없는 작은 비행기였다. 장난감 같

책을 내면서

이 보였다. 나중에 안 사실이지만 비행기가 그렇게 작았던 것은 지금과는 달리 당시는 김포―신치토세新千歲[3] 구간을 왕복하는 탑승객이 적었고, 그래서 소형 비행기가 오갔던 것이었다.

기내 안으로 들어가서 내 좌석으로 향했다. 좌석 옆에는 대략 40대로 보이는 아주머니가 앉아 있었다. 그분에게는 대단히 실례되는 이야기지만, 그때 나는 내 옆에는 반드시 예쁜 아가씨가 앉아 있을 것이라고 상상했다. 그리고 이런 상상은 나만 하는 것이라고 생각했다. 그러나 그렇지 않았다. 문화심리학자인 김정운의 책을 보면 그도 비행기를 탈 때 나와 같은 상상을 하는 것 같다.[4]

내 좌석 옆에 젊고 예쁜 아가씨가 앉아 있을 것이라는 나의 기대는 멋지게 어긋났다. 실망하고 있을 바로 그때였다.

"어디까지 가세요?"

아주머니가 말을 걸어왔다. 그것도 일본어로. 순간 머릿속이 텅 비어버렸다. 대학 때 전공이 일본어교육이었지만 일본어를 잘하지 못했다. 일본인과 만난 적도 거의 없었다. 내가 일본어에 약했던 것은 학과 교육과정이 나빴다거나 교수님이 좋지 않아서가 아니다. 모두 내 책임이다. 일본어에 전혀 흥미가 없었기 때문이다. 여하튼 아주머니의 질문에 뭐라고 답했는지 전혀 기억나지 않는다. 아마 대답

---

[3] 일본어표기법은 외래어표기법에 따른다. 다만, '동경'과 같이 우리에게 익숙한 지명은 우리식 한자음 읽기로 표기한다.
[4] 덧붙여 그는 『일본열광』에서 배려, 결핍, 자학을 일본문화의 핵심 키워드라고 주장한다.
김정운 『일본열광』(프로네시스, 2007).

하지 못했을 것이다. 단지 지금도 기억하고 있는 것은 질문을 받았을 때 공포심을 느꼈다는 것이다. 그녀의 한마디로 내 주위에 앉아 있는 사람이 거의 다 일본인이라는 사실을 알게 됐기 때문이다. 그런 걸 가지고 왜 공포를 느꼈을까, 하고 의아해할 지도 모른다. 하지만 당시 나에게는 그럴 만한 이유가 충분히 있었다. 아주머니에게 '어디까지 가세요?'라는 말을 듣는 순간 평소 가지고 있었던 일본인의 이미지[5]가 선명하게 떠올랐기 때문이었다.

나의 일본인관, 곧 일본인의 이미지에는 근면·절약이라는 긍정적 면도 있었지만, 잔혹·잔인이라는 부정적 면도 있었다. 말할 필요도 없지만 잔혹·잔인이라는 이미지는 학교 교육과 미디어 등으로 내 뇌리에 새겨져 있던 이미지였다. '어디까지 가세요?'라는 물음에 일본인에 대한 마이너스의 이미지가 수면 위로 떠올랐던 것이다. 그러나 그때 느꼈던 공포감은 다행스럽게도 기우로 끝났다. 그리 오래 가지도 않았다. 머릿속에서만 상상했던 일본인이 아니라 살아 숨쉬는 일본인과의 만남이 곧바로 시작됐기 때문이다.

지금은 제2의 고향이나 다름없는 삿포로札幌에서 8년 가까운 유학 생활을 보내면서 적지 않은 일본인과 만났다. 일반 시민과도 만났지만 유학생이었기에 일본 대학생이나 대학원생과 접촉할 기회가 많았다. 그들은 남녀를 불문하고 상냥했고 친절했다. 다른 사람

---

5 박상현은 『한국인의 일본관』에서 한국인은 우월의식, 열등의식, 피해의식으로 일본(인)을 바라보고 있다고 진단한다.
박상현 『한국인의 일본관』(박문사, 2015)

에 대한 배려도 있었고, 외국인에게도 호의적이었다. 유학생이라는 나의 신분과 홋카이도北海道라는 지역성 때문일지 모른다.

내가 공부했던 홋카이도대학은 동경東京 등에 소재한 대학과 달리 상대적으로 유학생이 적었다. 게다가 나는 일본의 고전학을 공부하러 온 한국 유학생이었다. 일본인도 하기 싫어하는 일본 고전학을 유학생이 그것도 한국 학생이 공부한다고 하니 그들에게는 신기하게 보였을 것이다. 또한 홋카이도는 원래 아이누라는 선주민이 살았던 곳이다. 그런데 메이지유신明治維新 이후 일본에 편입됐고, 적지 않은 일본인이 동경이나 오사카大阪 등 일본 본토에서 이곳으로 이주해왔다. 그들에게 홋카이도는 진정한 고향이 아니었다. 먹고 살기 위해 어쩔 수없이 왔기 때문이었다. 오고 싶어 온 곳이 아니었다.[6] 그래서 언제든지 떠날 수 있는 곳이었다. 그러다 보니 홋카이도 사람은 외국인이나 타지방 사람에게 개방적일 수밖에 없었다.

나에게 친절했던 학생 가운데 K라는 대학원생이 있었다. 그녀는 나라奈良여자대학을 졸업한 후, 홋카이도대학 대학원으로 진학했다. 얼핏 보기에도 좋은 집안에서 귀하게 자랐다는 것을 느낄 수 있는 품위 있는 여학생이었다. 성격도 좋았다. 보통 우리에게 알려져 있는 일본인과는 다르게 사소한 것에는 별로 신경 쓰지 않았다. 대범했다. 그녀의 성격을 잘 대변해주는 것이 있다. K는 프로야구를 무척 좋아했

---

6 홋카이도 이민에 관해서는 아래와 같은 것이 다소 참고가 된다.
다카기 이치노스케『일본 국문학의 탄생-다카기 이치노스케의 자서전』(이담, 2016)

다. 우리나라의 이승엽 선수가 활약했던 동경을 연고지로 한 요미우리 자이언트의 열렬한 팬이었다. 흥미로운 것은 그녀의 출신지를 생각한다면 당연히 오사카가 근거지인 한신 타이거즈를 응원했어야 했다. 하지만 그녀는 그렇지 않았다. 연고지에 연연하지 않았다.

K와 나는 지도교수가 같았다. 그래서 학부 세미나도, 대학원 세미나도 늘 함께 들었다. 연구실도 같은 연구실을 배정받았다. 연구실 옆에는 학부 학생과 대학원생이 자료 등을 찾을 수 있는 공간이 있었고, 정 가운데 큰 테이블이 놓여 있었다. 이곳은 학생들이 세미나에서 발표할 자료를 만드는 공간이기도 했고, 학생들의 휴식처이기도 했다. 어떤 학생은 도시락을 먹었고, 오랜만에 만난 학생들은 테이블을 사이에 두고 서로의 안부를 묻기도 했다.

어느 날이었다. 그날도 세미나 준비를 하려고 연구실에 갔었다. 연구실 옆의 휴식 공간에서 커피를 마시고 있었다. 마침 K가 연구실에 들어왔다. 인사를 나눴다. 커피를 마시겠냐고 물었더니,

"부탁해요."

라는 답변이 돌아왔다. 평소에 진한 커피를 좋아했던 그녀이기에 좀 진하게 타주었다.

"고마워요."

라는 말이 다시 돌아왔다. 그리고는 나에게 이렇게 말했다.

"언제 봐도 남자다워요!"

순간 깜짝 놀랐다. 내 귀를 의심했다. '나를 남자답다고 평가하다니……'

책을 내면서

그러고 보니 일본에 와서 채 한 달도 되지 않았을 때였다. 앞으로 연구할 테마에 관해 지도교수와 상담을 했다. 이야기 도중에 지도교수가 나에게 리더십이 있고, 남자답다고 말했다. 정말 놀랄 만한 일이었다. 평생 이런 평가를 들어보지 못했기 때문이다. 두 번이나 들은 인물평이니 겉치레로 하는 말은 아닌 것 같았다.

K와 지도교수가 나에게 남자답다고 한 것은 생물학적 의미가 아니라 젠더gender의 의미로 사용했던 것이다. 한국에서 대학을 다닐 때 "너는 너무 부드럽다!"·"여자 같다!"라는 말을 적지 않게 들었다. 한국사회에서는 플러스 평가가 아니다. 그런데 일본에서는 나를 리더십이 있고, 남자답다고 평했다. 역시 세상은 오래 살고 볼 일이다. 나는 바뀌지 않았는데, 한국과 일본에서는 나에 대한 평가가 정반대였다. 나는 그대로인데⋯⋯ 그렇다면 한국사회와 일본사회가 뭔가 다르다는 것을 의미한다. 그렇지 않고서야 나에 대한 평가가 이렇게 상반될 수 없지 않은가?

한국과 일본에는 남성다움과 여성다움에 대한 인식에 차이가 있었다. 그래서 그런지 일본에서 나는 인기가 꽤 많았다.[7] 놀랍게도 여성뿐만이 아니었다!

일본에서 유학생활을 보내면서 고등학교와 대학 그리고 외국어학원에서 한국어 강사를 했다. 학원에서 강의할 때였다. 항상 앞에서 내 강의를 듣던 수강생이 있었다. 그런데 좀 특이했다. 외모로 보

---

7 나의 착각인지도 모르지만 말이다. 사실 아내도 내 말을 믿지 않는다. 일본인인데도 말이다. 역시 나의 착각이었을까?

나 목소리로 보나 남자 같은데, 패션 감각과 몸동작 그리고 손동작은 여자 같았다. 여름이 되면 삿포로시市는 시민에게 공원을 개방했고, 여기저기서 비어가든beer garden이 열렸다. 한 학기도 끝났기에 나와 수강생들은 오도리大通り공원[8]의 비어가든에서 종강 파티를 했다. 파티 당일 우연히 그 사람이 바로 내 앞에 앉았다. 서로 맥주잔을 기울이고 있을 때였다. 그가 말했다.

"나하고 사귈래요?"

순간 술기운이 확 사라졌다. 그는 또 말했다.

"고백할 것이 있는데요."

'아니, 사귀자는 말 말고 또 무슨 고백이 있다는 말인가!' 침을 꿀꺽 삼키면서 속으로 생각했다.

"사실 저는 남자였어요. 하지만 지금은 여자예요. 괜찮으시겠어요?"[9]

"……"

나는 여자 같을까? 남자다울까? 이날을 계기로 나의 정체성, 아니 한국과 일본의 문화적 정체성을 찾아가는 여행이 시작됐다.

---

8 삿포로는 눈雪축제로 유명한데, 그 눈축제가 바로 여기서 열렸다.
9 그는 아니 그녀는 트랜스젠더였다. 성정체성 혼란으로 그(녀)가 얼마나 힘들었는가에 대해서는 나중에 알게 됐다. 최근에 일본의 트랜스젠더 정치인인 가마카와 아야의 책인 『바꾸어나가는 용기』가 번역됐다. 참고로 소개한다.
가마카와 아야 『바꾸어나가는 용기』(한울아카데미, 2016)

책을 내면서

이 책에서는 언뜻 혼란스럽고 종잡을 수 없어 보이는 일본문화를 문화형으로 이해하고자 했다.[10] 일본문화에서 볼 수 있는 일회적이지 않고, 반복적이고 규칙적인 곧 예측 가능한 패턴을 문화형으로 명명했다. 개념으로 일본문화를 이해하자는 것이다. 따라서 일본문화에 보이는 개인별, 세대별, 지역별 특수성 등은 배제시켰다.[11] 공통분모를 추출하기 위해서였다. 그 결과 원칙, 일관성, 구분, 고맥락, 결속, 개인주의, 배려, 축적, 반복확인, 원거리와 같은 10가지 개념을 끄집어낼 수 있었다. 물론 이런 개념이 일본문화를 설명하는 데 절대적인 것은 아닐 수 있다. 한국문화에서도 볼 수 있기 때문이다. 정도의 차이일 수 있다는 말이다. 하지만 일관성, 구분, 고맥락 등이 일본문화를 제대로 볼 수 있는 중요한 개념인 것은 확실이다.[12]

이와 같은 일본문화를 이해하는 10가지 문화형을 설명할 때, 이론을 앞세우지 않았다. 일상의 사례 속에서 각각의 문화형이 자연스럽

---

10 아이디어 측면에서 아래와 같은 책에 적지 않게 빚을 졌다.
  호프스테드 『세계의 문화와 조직』(학지사, 1995)
  리처드 리스벳 『생각의 지도』(김영사, 2004)
  EBS 〈동과서〉 제작팀 『동과 서』(예담, 2008)
11 EBS 〈동과서〉 제작팀 위의 책(『동과 서』)
12 다만, 이 책에서는 일본이 왜 원칙 문화형, 일관성 문화형, 구분 문화형 등이 됐는 가에 대해서는 자세히 논하지 않았다. 굳이 말한다면 유구한 역사와 자연 풍토 등이 중요한 역할을 했을 것으로 추정한다. 참고로 루스 베네딕트는 『문화의 패턴』에서 그 땅에 살았던 구성원들의 관심과 목적에 따른 선택과 통합의 원리로 문화의 패턴이 형성된다고 말한다.
  루스 베네딕트 『문화의 패턴』(까치, 1993)

게 드러나도록 노력했다.¹³ 그러다 보니 자연스럽게 개인 체험과 관찰, 개인사와 가족사가 많아 나왔다. 하지만 여기에 제시된 사례가 전형적 사례, 곧 일반성을 충분히 획득할 수 있다고 생각한다. 또한 독자가 이해하기 쉽도록 쓰고 싶었다. 이미지를 넣은 이유다. 하지만 수준은 떨어뜨리고 싶지 않았다. 결국 1인칭 시점의 에세이 같은 학술서가 됐다.¹⁴

각 각의 절節에 담긴 내용은 '개인사와 가족사'에서 시작하여 '이론 혹은 선행연구'를 거쳐 다시 '개인사와 가족사'로 맺는 구성이다. 이야기 형식을 취하면서 그 내용이 근거 없는 사견이 아니라는 것을 드러내기 위해서였고, 독자에게 읽는 즐거움을 주기 위해서였다.¹⁵ 탈고 후 『안철수의 독서』라는 책을 접했는데, 그 구성이 졸저와 유사했다. 우연의 일치였다.¹⁶

이 책은 지금까지 일본에 관심을 갖지 않았던 독자에게는 일본, 일본인, 일본문화에 대한 정보를 제공할 것이다. 일본 관광에 관심 있는 독자에게는 일본문화를 새롭게 발견할 수 있는 기회를, 일본학 전공자에게는 학문적 즐거움을, 일본 유학생 및 일본 취업자에게는

---

13 이런 식 글쓰기를 마이클 푸엣·크리스틴 그로스 로도 『THE PATH: 세상을 바라보는 혁신적 생각』에서 중국 철학을 소개할 때 시도했다.
   마이클 푸엣·크리스틴 그로스 로 『THE PATH: 세상을 바라보는 혁신적 생각』 (김영사, 2016)
14 이 글의 장점이기도 하고 단점이기도 하다. 술술 읽힌다는 점에서는 장점이 될 수 있지만 자칫 글이 가볍게 느껴질 수 있다는 점에서는 단점이 될 수 있다.
15 각각의 장章에 속해 있는 각각의 절은 독립돼 있으면서도 연관된 이야기로 이루어져 있다. 가능한 한 순서대로 읽는 것이 좋지만 어느 절부터 읽어도 상관없다.
16 휴먼스토리 『안철수의 독서』 (미르북스, 2012)

일본인과 어떻게 언어 및 비언어커뮤니케이션을 하면 좋은가를 제시해 줄 것이라고 생각한다.

끝으로 책을 쓰면서 항상 잊지 않으려고 한 것이 있다. 경제학자인 장하준이 『장하준의 경제학 강의』에서 인용한 다음과 같은 말이다.

"자, 이제 완전히 다른 걸 시작해보자."[17]

---

[17] 나의 작은 실험이 성공했는지 실패했는지의 여부는 독자의 엄정한 판단에 달려 있다고 생각한다.
장하준 『장하준의 경제학 강의』(부키, 2014)

일본문화의 패턴
-일본문화를 이해하는 10가지 문화형-

제1장

원칙 문화형

- 일본인 "버스는 앞문으로 타야 하나요, 뒷문으로 타야 하나요?"
  한국인 "그때그때 상황에 따라 달라요."

평소와 같이 출근하기 위해 버스를 기다리고 있었다. 버스가 방금 전에 떠났는지 정류장에는 아무도 없었다. 시간이 지남에 따라 하나 둘씩 승객이 오기 시작했다. 순식간에 10여 명이 모였다. 모두 '왜 버스가 빨리 오지 않나'하고 애타게 기다리고 있는 듯했다. 아침 출근 시간에 볼 수 있는 아주 흔한 광경이었다. 한 5분쯤 됐을까, 드디어 저기서 버스가 어슴푸레하게 보였다. 버스는 정류장에 도착했고, 맨 먼저 와 있던 나는 버스 탈 준비를 하고 있었다. 바로 그때였다. 아, 이럴 수가! 여느 때와 같이 앞문이 열릴 것을 예상하고 버스 앞문에서 대기하고 있었는데, 버스기사는 버스의 앞문과 뒷문을 동시에 열어버렸다. 나보다 나중에 온 사람들은 열린 뒷문으로 일제히 향했고 버스를 탔다. 그리고 빈 좌석으로 남아 있던 뒷좌석을 차지해버렸다.

일본문화의 패턴

양쪽으로 승차하는 모습

순간 당황했던 나는 멍한 상태에서 앞문으로 승차했다. 물론 앉을 수 없었다. 착잡했다. 좌석에 앉지 못해서가 아니다. 앞으로 버스를 탈 때 앞문으로 타야 할지 뒷문으로 타야 할지 망설여졌기 때문이다.

이날 아침에 겪었던 에피소드가 일본에서 체험했던 나의 옛 기억을 불러일으켰다. 10년도 더 된 일이다. 몇 년 간 일본에 체류한 적이 있었다. 그때 일본사회에서 적지 않은 신선한 문화충격을 느꼈다. 특히 지금도 기억에 남아 있는 것은 일본의 버스 문화다. 우리의 버스 문화와 달라도 너무나 달랐기 때문이다.

우선 우리처럼 교통카드를 사용하지 않았다. 최근에는 카드를 이용하는 사람도 있기는 하다. 하지만 아직까지도 승차할 때 어디에서 탔는지를 알려주는 조그마한 종이인 정리권整理券을 승객이 직접 받은 후, 내릴 때 미리 받은 정리권과 함께 버스 안에 표시된 요금표대

제1장 원칙 문화형

로 버스 요금을 현금으로 내는 것이 일반적이다. 또한 한국인이 생각하기에 일본 버스는 주행 속도가 답답할 정도로 느리다.[1] 게다가 혹시라도 나이 드신 분이 버스를 타려고 하면 보통은 버스기사가 끝까지 기다려준다. 버스 안은 또 얼마나 조용한가! 승객들이 휴대폰으로 전화를 걸지 않아서 그렇다. 운전기사가 라디오나 CD를 틀지 않아서도 그렇다.

일본인이 버스 안에서 전화를 하지 않는 것에는 버스 내 공간이 공공장소라는 인식이 있어서 그렇다고 한다.[2] 맞는 말인 것 같다. 하지만 여기에는 자신의 통화 내용이 다른 사람에게 알려지는 것을 싫어하는 심정이 포함돼 있다. 이런 심리는 버스뿐만이 아니라 전철 내에서도 확인할 수 있다. '들으면 좀 어때'하는 한국인의 정서와는 사뭇 다르다. 한국인을 좀 안다는 일본인은 농담반 진담반으로 세상에서 스파이에 가장 어울리지 않는 사람이 한국인일 것이라고 장담

---

[1] 노인 이용자가 많기 때문이다. 우리나라가 고령화 사회라면 일본은 초고령화 사회다. 그래서 그런지 일본에 거주하는 언론인인 유재순은 일본 버스를 '경로당 버스'라고 부른다.
유재순 「유재순의 도쿄라이프」 한겨레신문(2016.8.26)

[2] 일본인이 한국인을 비판할 때 드는 단골 메뉴가 있다. 한국인은 공公과 사私를 구분하지 못한다는 것이다. 모모세 타카시가 『한국이 죽어도 일본을 못 따라잡는 18가지 이유』에서, 마이 가나코가 『일본여자가 쓴 한국 아줌마 비판』에서 한국인의 공사 혼동에 대해 언급했다. 부정하고 싶지는 않다. 물론 공과 사는 구분해야 한다. 공직에 있는 사람이라면 더욱 그렇다. 다만 공과 사의 경계라는 것이 무 자르듯 그렇게 쉬운 것은 아니다. 또한 공과 사라는 경계 폭이 한국과 일본 사이에는 좀 차이가 있는 것 같다. 문화형의 차이로 봐야 하지 않을까?
모모세 타카시 『한국이 죽어도 일본을 못 따라잡는 18가지 이유』(사회평론, 1997)
마이 가나코 『일본여자가 쓴 한국 아줌마 비판』(현대문학북스, 2001)

한다. 비밀이 없어서 그렇다고 한다. 맞는 말이다.[3]

버스기사가 자신이 좋아하는 라디오 채널을 맞추거나 음악을 듣지 않는 것에도 버스 안이 공공장소라는 인식이 있어서 그렇다. 또한 조용한 것을 좋아하는 일본인의 정서가 반영됐을 수도 있다. 하지만 내 생각에는 다른 것도 있는 것 같다. 기사가 자신의 취향에 맞는 음악을 틀었을 때, 어떤 승객은 시끄럽다고 민원을 넣을 수도 있고, 다른 곡으로 바꿔 달라고 요청할 수도 있다. 버스기사는 이런 것이 신경 쓰이는 것이 아닐까?

일본 버스와 한국 버스의 차이점은 이것만이 아니다. 일본에서는 버스가 일시 정차했을 때 시동을 끄기도 한다. 이 광경을 처음 접했을 때에는 '버스가 고장 났나?'하고 생각하기도 했다. 그런 것이 아니었다. 공회전을 피하고 싶어서 그런 것 같다.

그런데 나를 정말 놀라게 했던 것은 이와 같은 것들이 아니었다. 지역에 따라 다를 수도 있겠지만[4], 내가 살았던 곳에서는 버스를 탈 때는 뒤에서 타고, 내릴 때는 앞에서 내렸다. 그리고 이 규칙은 지금도 그렇다. 우리와 정반대다. 그런데 8년 가까이 삿포로에 살면서 버

---

3 유재순은 「도쿄 버스 안에서 나는 가끔 창피하다」라는 글에서 "일본인들은 전철이나 버스 안에서 휴대폰 진동이 울리면 다음 역에서 내려 전화를 받고, 그런 다음 전철이나 버스를 탄다. 진짜 다급한 일이 아니면 공공장소인 대중교통 공간에서 절대로 통화하지 않는다. 이것이 바로 한국에는 없고 일본에는 있는 대중교통 이용 매너다."라고 말한다. 그녀의 지적에는 '일본인은 매너가 있지만 한국인은 매너가 없다'라는 가치 판단이 들어가 있다. 물론 그럴 수도 있다. 하지만 그것보다는 일본은 원칙론 문화, 한국은 상황론 문화라서 그렇다고 본다. 문화형이 다른 것이다.
4 지역에 따라 혹은 특수 목적으로 운영되는 버스의 경우는 다를 수 있다.

제1장 원칙 문화형

앞쪽은 출구, 뒤쪽은 입구

스를 수도 없이 탔지만 승차할 때는 뒷문, 하차할 때는 앞문이라는 버스 승하차의 룰을 어긴 버스기사도 승객도 본 적이 없다. 아무리 바쁜 출근 시간인데도 말이다.

우리에게는 버스를 탈 때는 앞문에서, 내릴 때는 뒷문에서라는 버스 승하차의 원칙이 있다. 하지만 러시아워나 승객이 많은 때에 버스기사는 그 상황에 맞게 양쪽 문을 함께 개방하기도 한다. 그런 판단과 행동이 가능한 것은 버스기사와 승객의 요구 곧 빨리 갈 수 있어 좋다는 무언의 합의가 있기 때문이다. 그렇지 않은가? 그렇지 않고서야 어떻게 이런 일이 생길 수 있단 말인가.

사실 출근시간이나 퇴근시간에 양쪽 문을 여는 것이 버스기사나 승객에게 편리한 측면이 있다. 기사는 버스 교대 시간을 맞출 수 있어 좋고, 승객은 빨리 타고 빨리 출발하니 좋다. 간혹 승객을 한 명이라도 더 태우려고 버스가 출발하지 않고 조금이라도 정차를 하면 큰 소리로 "왜 빨리 가지 않아요!"라고 화를 내는 승객도 있으니 말이다. 부끄러운 고백이지만 사실 나도 큰 소리로 외치지는 않았지만 빨리 갔으면 하고 생각했던 적이 많다. 일단 나는 탔으니까.

우리에게는 버스 승하차의 원칙은 있다. 다만 그 원칙은 절대적인 것이 아니다. 상황에 따라서 얼마든지 바뀔 수 있다. 그런 외미에서 승차 시에는 앞문, 하차 시에는 뒷문이라는 원칙은 절대 가치가 아니다. 상대 가치다. 버스 승하차 문화에서 엿보이는 한국문화는 좀 거칠게 말하면 원칙론 문화가 아니다. 상황론 문화다. 이에 반해 일본의 버스문화는 승차는 뒷문, 하차는 앞문을 지키는 문화다. 원칙론 문화다.[5]

예컨대 방송국 기자로 일본에서 4년 정도 체류 경험이 있는 유영수도 『일본인 심리상자』에서 다음과 같이 지적한다.

> 일본에서 생활할 때 아이를 가까운 일본 초등학교에 보냈다. 일본 학교는 겉은 한국 학교와 비슷해 보였지만, 속의 학교생활은 여러 가지로 달랐다. 무엇보다 모든 것은 '철저하게' 정해져 있었다. 매일 날라 오는 긴 가정통신문에는 '하지 말아야 할 일'과 '해야 할 일'들이 빽빽하게 적혀 있었다. 모든 규율은 칼 같았다. 예외는 허용되지 않았다.[6]

---

5 이 글은 『0416: 세월호 참사 계기 한겨레 〈한국사회의 길을 묻다〉 에세이 공모전 선정작 모음집』에 실린 「원칙을 하차시키는 문화」를 수정·가필한 것이다.
박상현 외 『0416: 세월호 참사 계기 한겨레 〈한국사회의 길을 묻다〉 에세이 공모전 선정작 모음집』(한겨레출판, 2014)

그나저나 걱정이다. 내일부터 버스 탈 때 앞문으로 타야 하나, 뒷문으로 타야 하나?[7]

---

6 유영수 『일본인 심리상자』(한스미디어, 2016)
7 이승욱·신희경·김은산은 공저인 『대한민국 부모』에서 한국사회의 무원칙을 지적하면서 원칙의 중요성을 강조한다.
 이승욱·신희경·김은산 『대한민국 부모』(문학동네, 2012)

일본인 "계산은 했나요, 안 했나요?"
한국인 "왜 물어보세요?"

얼마 전부터 왼쪽 손목이 아팠다. 그러다가 괜찮겠지 하고 방치해 뒀는데 영 좋아지지 않았다. 하는 수 없이 집 근처에 있는 정형외과를 찾았다. 접수를 하고, 엑스레이를 찍었다. 잠시 후 간호사의 안내로 진료실에 들어가 의사와 마주앉았다. 의사는 촬영한 엑스레이 영상을 보며 나에게 무뚝뚝하게 물었다.

"골프하세요?"

상냥하게 대답했다.

"아니요."

의사가 납득이 가지 않았나 보다. 추궁하듯 재차 물었다.

"힘든 일 하세요?"

다시 상냥하게 대답했다.

"아니요. 힘쓰는 일은 하지 않는데요."

의사가 나를 빤히 쳐다봤다. 빨리 고백하라는 눈치였다.

"제가 컴퓨터 자판을 많이 치거든요. 그래서 그런 거 아닐까요?

의사가 말했다.

"컴퓨터 자판을 많이 다룬다고 이렇게 되지는 않는데요."

항상 느끼지만 의사와 환자 관계는 권력 관계다. 심하게 말하면 검사와 용의자 관계 같다. 그쪽은 묻고, 이쪽은 대답한다. 상대방은 전문 지식을 갖고 있고, 이쪽은 그렇지 못하다. 불평등 관계다.[8]

대학생이 교수에게 잘 보이려고 하듯 최대한 정중하게 의사에게 말했다.

"사실 요즘 육아 때문에 힘들어서요. 특히 최근에 생후 7개월 된 아이를 왼손으로 붙잡고 식사를 할 때가 많았습니다."

그제야 의사는 정답을 찾았다는 듯 이렇게 말했다.

"맞아요. 이런 증상은 육아를 하는 여자에게 잘 나타나는 거죠!"

그러면서 퉁명스럽게 말했다.

"주사를 놓을 테니 주사실로 가주세요."

주사실 옆에는 의사가 모 대학에서 박사를 했다는 학위증, 정형외과 전문의 자격증, 모 언론에 실린 기사 등이 액자로 깔끔하게 걸려

---

[8] 정신과 전문의 정혜신도 『정혜신의 사람 공부』에서 다음과 같이 말한다. "의사는 주인이고 갑이며 환자는 손님이고 을이다. 구체적인 지침이 없어도 그 공간(진료실, 인용자)에 들어서는 순간 그 안에 있는 사람 간에는 자동적으로 비대칭적 구조가 생겨난다."
정혜신 『정혜신의 사람 공부』(창비, 2016)

있었다.

주사를 놓으면서 의사는 말했다.

"아플 거예요. 그리고 일주일 동안 절대로 왼손을 무리하면 안 돼요!"

하지만 나는 의사 말을 듣지 않았다. 아니, 들을 수 없었다. 육아를 해야 했기 때문이다. 그래서 그런지 내 왼손은 지금도 아프다. 자고 나면 더욱 그렇다.

처방전을 받아서 약국으로 갔다. 약사 말고는 아무도 없었다. 평일 오전이라 그런지 한가했다. 약사가 반갑게 인사를 했다. 나도 미소를 띠며 인사했다. 처방전을 건네고 소파에 앉았다. 약이 나오기를 기다리고 있었는데 마침 여자아이 두 명과 아버지 같이 보이는 사람이 약국으로 들어왔다. 큰 아이는 초등학교 5, 6학년, 작은 아이는 3, 4학년 정도 돼 보였다. 들어오자마자 큰 아이가 각종 드링크가 들어 있는 작은 냉장고에서 건강보조 드링크 두 개를 꺼냈다. 그리고는 한 개는 자기가 마시고, 다른 한 개는 동생에게 주었다. 동생을 생각할 줄 아는 좋은 언니였다. 그런데 좀 의아했다. 작은 냉장고 안에 들어 있는 드링크는 누구나 그냥 마실 수 있는 것일까? 공짜란 말인가? 가까이 가서 봤다. 어디에도 공짜라는 말은 없었다. 그 사이에 내 약이 나왔다. 약사는 빨리 완쾌되길 빈다며 약봉지를 건네주었다. 비타민 하나와 함께. 약값을 냈다. 비타민 값은 내지 않았다. 공짜였다. 약은 받았지만 바로 약국을 떠날 수 없었다. 아이들이 마신 드링크의 정체가 궁금했기 때문이다.

제1장 원칙 문화형

드링크

아이들의 아버지가 약사에게 처방전을 건넸고, 잠시 후 약이 나왔다. 계산할 때였다. 나는 이때를 기다렸다. 드링크가 공짜인지 아닌지를 알 수 있는 결정적 순간이기 때문이었다. 약사가 말했다.

"약값은 2,000원이에요. 참, 아이들이 드링크 두 개를 마셨네요. 드링크가 3,000원이니, 모두 5,000원이네요."

드링크는 공짜가 아니었다. 아이들의 아버지는

"네 알겠어요."

라고 말하고, 값을 치룬 후 총총걸음으로 약국을 나섰다. 그 뒤를 두 딸 역시 총총걸음으로 아버지를 따라갔다.

집에 들어와 약국에서 겪은 일을 일본인 아내에게 말했다. 반응이 흥미로웠다. 새삼스럽지 않다는 눈치였다. 한국에 거주하는 일본인 사이에는 이런 일화가 자주 화제가 된다고 친절하게 알려주었다. 그러고 보니 예전에 읽은 책이 생각났다. 마이 가나코의 『일본여자가 쓴 한국 아줌마 비판』이다.

마이 가나코는 마트에서 쇼핑을 하다가 목격한 것을 아래와 같이 전한다.

> 쇼핑을 하면서 기겁을 한 일이 또 있습니다. 주스를 파는 판매대에서 어머니가 주스를 뽑아들고 계산도 하지 않고 뚜껑을 따 곧장 아이에게 마시게 하는 것입니다. 경우에 따라서는 자신도 함께 마시곤 합니다. 아줌마들 역시 그 자리에서 야쿠르트를 두 개쯤 꿀꺽꿀꺽 마신 뒤 빈 용기를 자신의 장바구니에 집어넣고 갑니다. 물론 무전걸식은 아닙니다. 그들은 그 빈 용기를 카운터로 들고 가 계산을 하는 것입니다. 판매대에서 아이들이 마시다 남은 주스 병을 그대로 담당자에게 건네기도 합니다. 카운터의 담당자도 그걸 그냥 받아들고 체크한 다음 돌려주는 것입니다. 처음 그런 광경을 보았을 때는 아직 계산을 하지도 않은 물건을 먹고 마셔도 되는가 하고 놀랐습니다.[9]

그렇게 흔한 광경은 아니지만 있을 수 있는 일이다. 그러나 일본에서는 있을 수 없는 일이라고 마이 가나코는 말한다. 그러고 보니 그랬다. 일본에서 8년 가까이 살면서 마트를 수없이 갔지만 마이 가

---

9 마이 가나코 외 『일본여자가 쓴 한국 아줌마 비판』(현대문학북스, 2001)

제1장 원칙 문화형

일본 편의점의 씰[10]

나코가 한국의 마트에서 목격한 것과 같은 경험은 없었다.

일본에서도 마트 내에서 주스와 우유 같은 것을 마실 수 있다. 그런 경우는 많지 않지만 말이다. 그러기 위해서는 보통 값을 먼저 치른다. 그러면 점원은 점포 이름이나 마크가 새겨진 씰seal을 붙여준다. 그러면 마셔도 된다.

마이 가나코는 마트에서 본 충격적 장면 곧 손님이 셈을 치르지도 않은 음료수를 마시는 행동에 대해

한국인들은 '나중에 돈을 낼 것이니까 언제 마시거나 먹건 상관없는 일 아니냐'고 여기는 모양입니다. …… 한국인은 '내가

---
10 편의점 씰. 물건을 산 후, 비닐 봉투에 담지 않을 때도 보통 씰을 붙여준다. 계산을 했다는 의미다.
http://image.search.yahoo.co.jp

일본문화의 패턴

한국의 모 대형 서점의 씰[11]

계산을 할 거야'라는 자기만이 납득한 사실을 중심으로 행동하고 있는 게 아닐까요.[12]

라고 말한다. 마이 가나코가 말하고 싶은 것은 충분히 이해가 간다. 내 아내를 포함한 다수의 일본인이 똑같은 지적을 하기 때문이다.

일본인에게는 변명처럼 들릴 수 있겠지만 나는 좀 달리 생각한다. 우선 값을 치르지 않고 약국이나 마트에서 음료수를 마시는 행동은 현재 한국사회에서 그렇게 일반적이라고 말하기 어렵다. 보통은 값을 내고 나중에 마신다. 이것이 원칙이다. 하지만 상황에 따라서는

---

11 2017년도 다이어리를 구입했더니 씰을 붙여 줬다. 대신 다이어리를 넣을 수 있는 쇼핑백은 없었다.
12 마이 가나코 외 앞의 책(『일본여자가 쓴 한국 아줌마 비판』)

제1장 원칙 문화형

이 원칙이 깨질 수도 있다. 서로 양해하기 때문이다.

요즘에는 레스토랑 혹은 커피전문점 등에서 선불을 하기도 한다. 먼저 값을 치르고 나중에 먹거나 마신다는 것이다. 하지만 아직까지는 후불이 대세다. 먼저 먹거나 마시고 나중에 셈을 하는 것이다. 일본도 그렇다. 오히려 묻고 싶다.

"마트에서는 왜 후불이 안 되나요?"

마이 가나코의 놀람에는 이해가 간다. 일본어에 구이니게食い逃げ라는 말이 있기 때문이다. 음식을 먹고 돈을 내지 않고 도망간다는 의미다. 그녀는 그것을 연상했는지도 모른다.

그런데 갑자기 궁금해졌다. 유명 커피 체인점 등에서는 왜 선불을 해야 할까? 손님이 커피를 마시고 돈을 내지 않고 도망갈까 봐? 설마?

• • •
일본인 "함께 불고기를 먹고 있다면 애인일 거예요!"
한국인 "왜요?"

    일본 유학생활을 시작한 지 얼마 되지 않은 때였다. 주말이라서 기숙사에서 쉬고 있었는데 같은 연구실에서 공부하는 한국인 선배가 불고기를 사준다면서 불렀다. 흔쾌히 따라나섰다. 불고기를 좋아하기 때문이었다. 선배 자동차를 얻어 타고 학교에서 좀 떨어진 곳으로 갔다. 일본에 와서 처음으로 가보는 불고기집이라서 내심 기대를 했다. 일본에서는 불고기집을 야키니구야焼き肉屋라고 한다. 첫인상은 한국과 그다지 달라 보이지 않았다. 주말이라서 그런지 손님이 많았다. 점원의 안내를 받고 선배와 나는 자리를 잡았다. 그런데 갑자기 선배가 나에게 물어봤다.
    "저기서 불고기 먹고 있는 사람 있지. 어떤 사이라고 생각해?"
라고.

선배가 가리키는 쪽을 쳐다봤다. 20대로 보이는 젊은 남녀였다.

"글쎄요……"

라고 대답한 후, 대수롭지 않게 말을 이어갔다.

"그냥 친구 사이일 수도 있고, 애인일 수도 있겠죠."

선배 말이 걸작이다.

"분명히 애인일거야!"

"왜요?"

"냄새를 공유하고 있잖아!"

"……"

일본인이 냄새에 얼마나 예민한가에 대해 동명이인同名異人인 박상현은 『일본의 맛, 규슈를 먹다』에서 아래와 같이 잘 설명했다.

> 일본인은 냄새에 민감하다. 그 민감함의 정도가 한국인의 입장에서는 상상을 초월할 정도다. 내 몸에서든 남의 몸에서든 혹은 공간에서든, 불쾌한 냄새를 풍기는 건 무조건 질색이다. ……일본음식에서 마늘이 사용되는 경우를 좀처럼 찾기 어려운데, 만두와 야키니쿠만큼은 예외다. 그래서 많은 직장인이 평일 점심은 물론 저녁식사로도 만두와 야키니쿠 먹는 것을 꺼린다. 일과 중에나 혹은 다음 날 출근할 때 마늘 냄새가 날까 조심스럽기 때문이다. 부득이하게 그런 음식을 먹은 다음에는 껌, 구취제거제, Fe

클로로필 등으로 냄새를 제거하느라 한바탕 난리법석을 떤다.¹³

나중에 안 사실이지만, 선배 말이 맞았다. 일본인이 불고기와 같이 냄새가 몸에 배는 음식을 다른 사람과 함께 먹는다는 것은 의미 있는 행동이었기 때문이다. 일본 음식 가운데 불고기와 같이 진한 냄새가 옷에 배는 요리가 있을까?

잘 알려져 있는 대로 일본인이 육식을 즐기게 된 것은 그리 오래되지 않았다. 근대 곧 메이지유신 이후이기 때문이다. 외교관이면서 흥미로운 글을 쓰고 있는 박용민은 『맛으로 본 일본』이라는 책에서 천황의 칙명으로 일본에서는 소, 말, 개, 원숭이, 닭과 같은 가축의 살생과 식육이 금지됐고, 또한 천황의 명으로 1872년에 와서야 육식 금지령이 해제됐다고 말한다. 그러면서 박용민은 어떻게 천황의 명령으로 한순간에 육식이 금지되고, 1,200년간이나 지속되던 육식 금지가 또한 천황의 명으로 한순간에 해제되는지 이해가 가지 않는다고 말한다.¹⁴

박용민은 태평양전쟁에서 보인 일본인의 행동에도 도저히 이해가 가지 않는다고 말한다. 전쟁 중에 일본인은 미국과 영국을 귀축미영鬼畜米英 곧 잔인하고 도덕적이지 않다고 멸시하면서 일본인의 단결을 촉구했다.¹⁵ 이 전쟁에서 지면 일본 남자는 노예가 되고, 여자

---

13 박상현 『일본의 맛, 규슈를 먹다』(따비, 2013)
14 박용민 『맛으로 본 일본』(헤이북스, 2014)
15 한편 미국은 일본인을 어떻게 봤을까? 당시 미국에서는 '일본인은 원숭이'라는 인식이 널리 퍼져 있었다. 인간으로 취급하지 않은 것이다. 마치 식민지 시대에

제1장 원칙 문화형

는 못쓸 짓을 당한다고 선동했다. 모든 일본인이 죽을 때까지 이 전쟁에 임하자고 했다. 옥쇄玉碎하자는 것이었다. 이런 결의는 실제로 가미가제神風특공대[16]와 같은 자살 부대로, 오키나와沖繩에서의 집단 자살로 구체화됐다.

그런데 미국도 일본인, 특히 일본 병사의 행동이 이해가 가지 않는 것은 마찬가지였다. 어차피 승산도 없는 전쟁인데도 끝까지 싸우려고 했기 때문이다. 그리고 일단 포로가 되면 지금까지와 달리 유순하게 변해서 미군에 협력했기 때문이다. 어떻게 이렇게 180도로 급변하는지 알 수 없었던 것이다.

결국 일본은 미국과 벌인 전쟁에서 패배했다. 미국은 일본과의 전쟁에서 승전의 기미가 보이자 일본의 문화와 일본인의 행동패턴을 본격적으로 연구하기 시작했다. 일본을 어떻게 점령하고 통치할 것인가를 알기 위해서였다. 일본론의 고전인 루스 베네딕트의 『국화와 칼』은 이렇게 탄생했다. 『국화와 칼』의 우리말 번역서는 여러 곳에서 나왔는데, 김윤식과 오인석이 공역한 것이 가장 널리 알려져 있다.[17] 여기서 루스 베네딕트는 '그러나 또한'[18]이라는 표현을 자주

유럽인이 아프리카에 살던 사람을 동물 취급하듯이 말이다.
존 다우어 『패배를 껴안고: 2차세계대전 후의 일본과 일본인』(민음사, 2009)
[16] 왜 이런 것이 가능했을까? 일본인에게는 죽은 자는 신이 된다는 관념이 있다. 이런 관념을 이용해 일제는 병사들에게 죽으면 신이 되고, 야스쿠니신사靖国神社에 모셔진다고 세뇌했다. 당시 병사들은 대부분 이름도 없는 신민에 불과했다. 죽어도 기억되지 않는 존재에 불과했다. 그런데 야스쿠니신사가 그들을 기억해주고 추모해준다니…… 그들이 어떻게 받아들였는지 짐작하고도 남는다.
다카하시 테쓰야 『결코 피할 수 없는 야스쿠니 문제』(역사와비평사, 2005)
[17] 나는 박규태가 번역한 『국화와 칼』을 좋아한다. 최신 연구 성과를 충분히 반영하

43

사용했다. 일본인에게는 상반된 행동이 동시에 보인다는 말이다. 이를테면 평화를 사랑하는 듯하지만 호전적이라는 말이다. 이런 일본인의 상방된 행동패턴을 상징적으로 보여주는 것이 바로 서명에 나와 있는 '국화'와 '칼'이다.

전쟁은 미국의 승리로 막을 내렸다. 히지만 미국은 일본을 이렇게 지배해야 할지 고민이었다. 점령군인 미군에 대한 테러나 게릴라전이 일어날 수 있다는 것을 염려했다. 그런데 웬걸, 막상 전쟁에 지고 나니 일본인의 태도가 정반대로 확 바뀌었다. 미군을 환영했다. 이런 광경을 존 다우어는 『패배를 껴안고: 제2차 세계대전 후의 일본과 일본인』에서 다음과 같이 자세히 언급한다.

> 많은 미국인들이 천황을 숭배하는 광신도를 만날 수 있으리라 예상하면서 일본 땅에 상륙했다. 그러나 완전 무장한 채 해변에 첫발을 내딛은 부대원들을 맞이한 것은 "야아!"하고 환성을 지르는 여자들과 인사를 하며 필요한 것은 없는지를 물어 오는 남자들이었다. 이 미국인들은 우아한 선물과 접대, 그리고 일본인들의 공손한 태도에 (스스로가 자각한 이상으로) 매료되어갔다.[19]

고 있기 때문이다. 또한 원서를 제대로 번역했기 때문이다. 여담이지만 몇 몇 번역자는 영문으로 된 『국화와 칼』을 번역 대본으로 삼지 않고, 일본어로 번역된 것을 중역했다. 중역 그 자체는 문제가 아니다. 번역서에 우리의 문제의식이 나와 있지 않기 때문에 문제다.
18 루스 베네딕트 『국화와 칼』(을유문화사, 2008)
19 존 다우어 앞의 책(『패배를 껴안고: 제2차 세계대전 후의 일본과 일본인』)

제1장 원칙 문화형

또한 맥아더가 미국으로 귀국할 때에는 일본 전체가 울음바다로 변했다. 미 주둔군이 놀라지 않을 수 없었다. 어떻게 이런 일이 발생했을까?

박용민은 자신의 저서에서 육식 금지와 해제, 미군을 대하는 일본인의 태도 변화가 좀처럼 납득 가지 않는다는 의미로 '싱거운 장면'[20]이라는 표현을 썼다. 어떻게 보면 그렇게 보일 수도 있다. 그런데 내 생각으로는 일본인의 행동에는 모순이 없다. 아니, 일관성이 있다. 대체 무슨 말이냐고?

일본은 근대 이전까지는 우리와 같이 음력을 사용했다. 그러다가 메이지明治 6년인 1873년부터 양력을 받아들인 이후 양력을 쓰고 있다. 견우와 직녀가 오작교에서 한 해에 한 번씩 만난다는 러브스토리, 곧 칠석七夕을 예로 들어보자. 우리나라는 음력 7월 7일이 칠석이다. 그렇다면 일본은? 물론 일본도 7월 7일이다. 그런데 양력이다. 양력으로 7일 7일이라는 말이다. 아, 이럴 수가![21]

또한 일본은 근대 이전에는 중화문화권에 적지 않게 영향을 받아왔다. 그런데 게이오慶応대학을 설립한, 일본 지폐 만 엔円의 주인공인 후쿠자와 유키치가 탈아입구脫亜入欧 곧 아시아를 벗어나 구미를 본받자고 한 이래 일본의 아시아 무시는 정도의 차이는 있을망정 변함없이 이어지고 있다.

---

20 박용민 앞의 책(『맛으로 본 일본』)
21 홋카이도는 칠석이 언제일까? 양력으로 8월 7일이다. 왜 그럴까? 위도가 높아서 그렇다고 한다. 본토(예컨대 동경 등)가 하는 대로 7월 7일로 해서는 계절이 맞지 않아서라고 한다.

일본문화의 패턴

음력이 없는 달력

원칙이란 기본적인 규칙이나 법칙으로 여러 경우에도 두루 적용되는 것을 말한다. 일본에서 육식이 금지됐을 때는 모두 그 원칙을 지켰다. 그러다가 육식 금지가 해제되자 육식을 문명화의 코드로 여겨 적극적으로 수용했다. 미국과 전쟁할 때는 죽자 사자 싸우자는 원칙을 지켰고, 패배하자 패배의 논리를 따랐다. 음력을 양력으로 바꾸자 칠석과 같은 세시풍속을 계절과 관계없이 양력으로 고수하고 있고, 탈아입구를 받아들이자 그것을 지켜오고 있다. 그렇다! 일본인은 하나의 원칙을 세우면 그것을 쭉 지킨다. 금과옥조처럼 말이다. 그 원칙을 바꾸기 전까지 말이다.

선배가 사주는 불고기를 먹으면서 놀란 것이 적지 않았다. 일본 불고기집에는 우리식 삼겹살이 없다는 점, 상추를 추가로 달라고 할 때마다 돈을 더 내야 한다는 점, 혼자 불고기를 먹으러 오는 사람도

제1장 원칙 문화형

있다는 점 등등이 그랬다. 하지만 나를 더욱 놀라게 한 것은 일본에는 불고기를 먹는 날이 있다는 것이다. 불고기를 먹는 날이 따로 정해져 있다고? 그렇다면 언제?

앞에서 불고기는 일본어로 야키니쿠やきにく라고 말한다고 했다. 일본어로 고기인 육肉도 니쿠にく라고 읽지만 29일의 29도 니쿠にく라고 읽을 수 있다. 따라서 29일은 불고기 곧 야키니쿠를 먹는 날이다. 특히 8월 29일이 그렇다. 8을 일본어로 야や라고 읽을 수 있기 때문이다. 아마도 불고기집의 상술에서 나온 발상일 것이다. 화이트데이처럼 말이다. 하지만 매달 29일이 되면 '불고기를 먹어야지'라고 말하는 일본인이 내 주위에는 적지 않았다. 그래야만 하는 것 같았다. 하나의 원칙처럼 말이다. 그러고 보니 불고기를 먹는 원칙이 하나 더 있다. 불고기는 금요일에 먹는 것이라고. 왜 그럴까? 다음날에 출근하지 않기 때문이다. 냄새에 민감함 일본인의 발상이다.

오늘은 29일이다. 갑자기 불고기가 당긴다.

47

일본인 "상황이 갑자기 바뀌면…… 어떡해요?"
한국인 "어떻게든 해야죠!"

　　몇 년 전부터 교무처장을 맡고 있다. 교무처는 학교 보직의 꽃이라는 말이 있다. 교무처 일이 그만큼 중요하다는 뜻일 것이다. 그런 의미라면 맞는 말이다. 교무처는 주로 교수와 조교 및 학생에 관한 업무를 한다. 한 마디로 학교 구성원의 핵심을 다루는 일을 한다고 볼 수 있다. 그래서 교무처장의 직무에는 예컨대 졸업식 사회를 보는 일도 들어 있는 것이다.
　　교무처장으로 졸업식 사회를 처음 맡게 됐을 때다. 교무처의 학사를 맡고 있는 직원에게서 졸업식사 원고를 받았다. 원고대로 읽으면 된다는 말과 함께. 원고를 읽어 봤다. 무난한 원고였다. 아마도 학교 설립 이래 쭉 써왔던 원고였던 것 같다. 몇 몇 오탈자와 내가 좋아하는 표현을 추가한 후 최종 원고를 교무처에 넘겼다. 졸업식 때 쓰기 위한 예습용으로 한 부는 인쇄해서 내가 간수했다.

졸업식 리허설은 졸업식 하루 전에, 그리고 졸업식 당일, 총 두 번이었다. 교무처 직원이 물었다.

"리허설은 몇 번 하실 거예요?"

"두 번 다 해야죠!"

총장님을 비롯해 수많은 졸업생과 20여 분의 보직 교수들 앞에서 해야 하는 졸업식 사회였다. 실수가 있어서는 안 됐다.

졸업식 하루 전의 예행연습에서는 졸업식의 대체적인 분위기와 식순을 파악하는 데 주력했다. 원고를 몇 번이고 반복해서 살펴봤다. 중요한 부분에는 밑줄도 긋고, 강조 표시도 했다. 발음하기 어려운 단어나 이름을 수없이 읽었다. 긴장이 됐던지 졸업식 전날에 졸업식 사회를 보는 꿈도 꿨다.

드디어 졸업식 당일이 됐다. 택시를 탔다. 조금이라도 학교에 일찍 가서 원고 읽는 연습을 하기 위해서였다. 학교에 도착한 후 처장실에서 몇 번 더 원고를 읽었다. 이만하면 잘할 수 있을 것 같았다. 긴장은 됐지만 편안한 마음으로 졸업식장에 들어갔다. 졸업식은 11시부터였지만, 최종 리허설은 10시부터였다. 적지 않게 연습해서인지 최종 리허설도 무사히 마쳤다. 앞으로 10여 분 후에 드디어 졸업식 본식이 시작된다. 떨리는 마음으로 시계를 보고 있을 바로 그때였다.

졸업식 원고를 담당했던 직원이 다급한 표정으로 나에게 왔다. 그리고는 변경 부분이 있으니 급히 수정해야 한다고 했다. 순간 머리가 멍해졌다. 본식 몇 분 전에 변경이 있다니…… 갑자기 원고가 바뀌면…… 어쩌란 말인가?

졸업생 대표로 단상에 설 예정이었던 학생은 제주도에 거주하는 학생이었다. 그런데 갑자기 비행기가 뜨지 못하게 돼서 대표가 교체됐다는 말이었다. 이것만이 아니었다. A학과의 경우 학과명이 작년에 변경됐는데, 그 학과의 몇 몇 졸업생은 신新 학과명이 아니라 구旧 학과명으로 호명해주길 바란다고 했다. 여기에 그치지 않았다. 학생 이름에 오자가 있기도 했고, 총동문회 사정으로 본식에 약간 변화가 생겼다. 당황했다. 하지만 변화된 상황에 맞춰 그런대로 잘 대처했던지 졸업식은 큰 사고 없이 잘 마무리됐다.

이와 같은 갑작스런 변동은 졸업식 때마다 있었다. 빠지지 않고 있었다. 그때마다 당황했고, 그때마다 어떻게 잘 넘겼다. 그런데 졸업식에서 벌어진 상황을 떠올릴 때면 일본의 지도교수가 정년을 앞두고 했던 최종강의와 그 뒤풀이가 생각난다.

지도교수는 학자로서도 교육자로서도 타의 모범이 되는 훌륭한 교수였다. 그에게는 교육철학이 있었다. 제자에게 절대로 칭찬을 하지 않는다는 원칙이었다. 칭찬을 하면 제자가 더 이상 성장하지 못한다는 생각이 깔려 있었기 때문이었다. 무라카미 하루키도 최신 저작인 『직업인으로서의 소설가』에서 "어떤 세계에서도 똑같지만, '사람 망치는 칭찬 세례'만큼 무서운 것도 없으니까요."[22]라고 말했다.

---

22 무라카미 하루키 『직업인으로서의 소설가』(현대문학, 2016)

일본인에게는 지도교수와 같은 교육철학이 널리 통용되고 있는 것 같다. 그들에게는 '칭찬은 고래도 춤추게 한다'는 말은 그리 매력적이지 않은 것 일까. 참고로 일본인이 칭찬에 인색한 것에는 당사자 앞에서 칭찬하는 것을 쑥스럽고 부끄럽다고 생각하는 측면도 있다.[23] 여하튼 8년 가까운 유학 기간 동안 지도교수에게 칭찬다운 칭찬을 한 번도 들어보지 못했다.

석사 1학년 때의 일이다. 지도교수가 학부 세미나를 맡았는데, 그 세미나의 튜터 역할을 하게 됐다. 따라서 자연스럽게 학부생 앞에서 튜터인 내가 첫 발표를 했다. 유학생인데도 말이다. 긴장했던지 실수를 적지 않게 했다. 그랬더니 지도교수는 학부생에서 모범을 보여야 할 튜터가 실수를 하면 되냐며 수업 시간 내내 혼냈다. 수업을 마치고 교실을 나왔다. 하늘이 노랗게 보였다. 쓰러질 것 같았다. 눈물이 났다. 영국에서 유학 온 학생이 위로를 해줬다. 고마웠지만 흐르는 눈물을 멈추게 하지는 못했다. 그만큼 지도교수의 수업은 철저했다. 세미나에 참여하는 학생에게는 3가지 원칙이 있었다. 첫째, 반드시 예습할 것. 둘째, 반드시 질문할 것. 셋째, 질문할 때는 반드시 근거를 제시할 것. 이 원칙을 지키지 않는 사람은 수업에 들어오지 않아도 된다고 했다.

---

23 아부가 아닌 이상 일본인끼리는 직접적으로 상대방을 칭찬하지 않는 경향이 있다. 다만 외국인인 경우는 좀 다르다. 외국인이 일본어를 조금만 해도 "일본어 잘 하시네요."라는 말은 한다. 칭찬이기는 하지만 좀 다르다. 여기에는 '일본인도 어려워하는 일본어를 외국인이 하다니……'라는 일본인의 독특한 심리가 작용하고 있다. 대견하다는 의미다.

박사 3학년 때의 일이다. 학위논문을 쓰기 위해서는 전국 규모의 학술지에 논문을 두 편 이상 실어야 했다. 거기까지는 어떻게 했다. 문제는 박사논문이었다. 지도교수는 박사논문에 들어갈 각각의 장章이 완성되면 보여 달라고 했다. 첫 번째 장이었다고 기억한다. 심혈을 기울였다. 자신이 있었다. 당당하게 보여드렸다. 자신 있다는 말과 함께. 며칠 후 보여드린 원고에 대한 코멘트를 들으러 갔다. 그런데 지도교수의 표정이 영 좋지 않았다. 불길한 예감이 들었다. 지도교수는

"이게 논문이냐?"

라고 말하면서 원고를 바닥에 던져버렸다. 순간 눈물이 핑 돌았다.

지도교수에게는 고마움과 미안함은 있지만 섭섭함은 전혀 없다. 아무 것도 모르는 제자를 편견이나 차별 없이 8년간이나 지도해 줬기에 고마웠다. 박사 졸업식에 참석하지 못했기에 미안했다. 졸업할 때 지도교수는 문학부 학장이었다. 내심 자신의 손으로 내게 직접 학위를 주고 싶었을 것이다. 그런데 당시 나는 그 심정을 알지 못했다. 우리나라 대학은 신학기가 3월부터이지만, 일본은 4월부터다. 따라서 일본 대학의 졸업식은 보통 3월 중순이다. 대부분의 한국 유학생은 2월말에 귀국하여 시간강사로서 3월 신학기 준비를 했다. 나도 그랬다.

학위를 마치고 귀국 준비를 하고 있을 때였다. 지도교수가 내게 물었다.

"졸업식에 올 거예요?"

제1장 원칙 문화형

"참석하고 싶지만 한국 대학은 3월부터 신학기입니다. 졸업식에 오려면 휴강을 해야 하는데, 그게 좀 어려울 것 같습니다. 졸업식 참석은 좀 힘들 것 같습니다."
라고 대답했다. 그랬더니 그럼 그렇게 하라고 했다. 그런데 지도교수는 상당히 아쉬워하는 눈치였다. 말은 그렇게 했지만 나에게 직접 학위를 주고 싶었던 것이다. 학장으로서 말이다. 8년간 지도했던 지도교수로서 말이다. 그런 사실을 나중에 지인을 통해 들었다. 역시 섭섭했던 모양이다.

내가 졸업식에 참석하지 못했던 이유는 사실 다른 데에 있었다. 수업도 수업이지만 항공료와 체재비가 아깝다고 생각했기 때문이었다. 삿포로는 일본의 어느 지역보다 항공료가 비쌌다. 당시 항공료를 지불할 여유가 없었다. '졸업식에 갔어야 했는데'하고 두고두고 후회했다.

귀국 후 1년 정도가 지났을 때였다. 대학원에서 같이 공부하던 일본인 선배가 한 통의 이메일을 보내왔다. 그는 나와 지도교수가 같았다. 이메일 내용은 지도교수가 정년퇴임을 하는데 퇴임식 참여 여부를 알려달라는 것이었다. 이번에는 망설이지 않았다. 참석하겠다고 곧바로 답신을 보냈다. 경제적 여건이 좋아진 것은 아니지만 이번만큼은 졸업식 때와 같이 후회하고 싶지 않았기 때문이다.

드디어 지도교수의 정년퇴임 기념 최종강의의 날이 왔다. 지도교수는 오늘 입은 정장이 대학 부임 첫날 입었던 양복이라는 말과 함께 인사말을 시작했다. 오늘을 마지막으로 지도교수의 강의를 더 이

일본문화의 패턴

정년퇴임 최종강의

상 들을 수 없다는 아쉬움, 8년간 부족한 제자를 잘 가르쳐준 것에 대한 고마움, 뭘 해드린 것이 없었다는 미안함. 만감이 교차했다.

2시간의 최종강의는 눈 깜짝할 사이에 끝났다. 이후 식순은 지도교수를 모시고 저녁식사를 하는 것이었다. 식사 장소는 교직원 식당이었다. 사회자는 식순에 따라 지도교수에게 꽃다발을 드렸고, 건배를 제의했다. 물 흐르듯이 식순이 흘러간다……, 고 생각하는 바로 그 순간이었다. 사회자가 갑자기 당황했다. 눈에 티가 나게 당황했다. 알고 보니 건배 제의 후에 스피치를 할 예정이었던 사람이 늦게 온다는 연락이 있었던 모양이었다. 사회자는 예정된 사람이 제시간에 오지 않아서 당황했다. 초조해했다.

그 모습을 보면서 '역시 일본사회는 매뉴얼 사회구나, 매뉴얼에 나오지 않는 것, 표현을 바꾸면 원칙에서 벗어나는 상황이 발생하면 당황하는구나!' 하고 생각했다. 그러면서 만약 한국에서라면 사회자는 어떻게 했을까, 하고 상상해봤다. 아마 노래를 부르거나 평소 자신이 알고 있는 유머라도 들려주면서 시간을 벌었을 것이다.[24] 그런데 지도교수의 저녁 식사 때 사회를 봤던 일본인 선배 교수는 아무것도 하질 못했다. 그냥 쩔쩔매고 있었을 뿐이었다. 물론 예능 프로를 진행하는 일본인 연예인이었다면 그 상황을 지혜롭게 모면했을지도 모른다. 하지만 일반적으로 일본인은 이런 상황을 잘 대처하지 못하는 경향이 있다. 매뉴얼에 벗어났기 때문이다. 원칙에 벗어났기 때문이다.

앞에서 말했듯이 우리대학 졸업식 때 나도 위와 비슷한 상황, 곧 원고가 갑자기 변하는 상황을 적지 않게 경험했다. 하지만 이런 급변한 상황에 한국인은 대체로 잘 대응한다. 순발력이 있고, 상황 대처 능력이 있는 것이다. 게다가 어떨 때는 원고에는 없지만 그 상황에 맞춰 사회자가 스스로 원고를 바꾸는 경우도 있다. 다시 말해 그 상황에 가장 부합하는 원고를 즉석에서 다시 쓴다.[25] 나도 그랬다. 이

---

24 모 대학 연구소가 주최하는 포럼에 토론자로 참석한 적이 있다. 그런데 기조강연 시간이 됐는데도 기조강연자가 오지 않았다. 사회자가 어떻게 대응할까 궁금했다. 사회자는 당황하지 않고 웃으면서 우리대학 캠퍼스가 넓어서 강연자가 오는 데 시간이 걸리는 것 같다며 농담을 했다. 그리고는 참석자 전원에게 단체사진을 찍자고 제의했고, 이어서 대학연구소가 지금까지 해왔던 행사를 소개했다. 그러는 사이에 강연자가 도착했다. 사회자의 상황 대처 능력이 돋보였다. 역시 한국은 상황 문화형이었다.
25 이런 것을 애드리브라고 말한다. 노무현 전 대통령은 연설할 때 준비된 원고보다는 회의의 분위기 곧 상황에 맞춰 원고를 즉석에서 수정했다고 한다. 참모진의 어려움을 짐작하고도 남는다.
윤태영『대통령의 말하기』(위즈덤하우스, 2016)

런 일이 가능한 것은 한국 문화형이 일본과 달리 원칙 문화형이 아니기 때문이다. 상황 문화형이라서 그렇다.

하지만 아무리 그렇다고 하더라도 졸업식 본식을 몇 분 남기고 원고가 갑자기 바뀌는 상황은 앞으로는 제발 없기를 바란다. 나는 교수이지 연예인이 아니기 때문이다.

'설마 나를 연예인으로 생각하고 있는 것은 아니겠지! 설마……'

‥‥‥‥

일본인 "지하철이 시장 같네요!"
한국인 "사람 사는 것 같아서 좋잖아요!"

    한국을 처음 방문한 일본인 친구에게 한국과 서울의 첫인상을 물어봤다. 그는 일본에서 오랫동안 한국어를 공부했기에 한국어로 일상회화를 하는 데는 전혀 문제가 없었다. 내 질문에 그는 웃으면서 '지하철이 시장 같네요!'라고 대답했다. 나는 놀라지 않았다. 보는 시각에 따라서는 틀린 말이 아닐 수 있기 때문이다. 그리고 일본인이라면 누구든지 이와 비슷한 답변을 하기 때문이다.
    빙그레 웃으며 그에게 짓궂은 질문을 했다.
    "왜요?"
    "물건도 팔고, 큰 소리로 전화도 하고, 싸움도 하고, 포교 활동도 하고, 걸인도 있고, 장애인이 도와달라고 하기도 하고……"
    내가 다른 질문을 하려는 순간이었다.

"참, 승객이 내리기 전에 먼저 승차하려는 사람도 있네요."
라는 말도 잊지 않았다.

일본인이 '시장 같네요'라고 말했던 것은 우리의 지하철, 달리 말하면 지하철 문화가 일본의 지하철 문화보다 어수선하고, 시끄럽고, 청결하지 않다고 느꼈기 때문일 것이다. 비유해서 했던 말이다.

그렇다면 여행으로 잠시 한국 지하철 문화를 접한 일본인이 아니라 1년 이상 한국에 머물면서 우리의 지하철 문화를 체험한 일본인은 어떤 반응을 보일까? 일본인인 내 아내는 한국 생활이 10여 년이고, 아내의 지인知人에는 한국 생활이 아내 보다 긴 사람도 적지 않다. 그래서 아내에게 물었다.

"장기 체류하는 일본인은 한국 지하철 문화에 대해 어떤 말을 해?"

내 질문에 기다렸다는 듯이 지금까지 겪었던 자신의 에피소드와 주위의 일본인 친구에게 들었던 일화를 말해줬다. 몇 십 분을 말해도 이야기는 이어졌다. 할 말이 많았던 모양이다. 이렇게 다양한 에피소드가 있을 줄이야 꿈에도 생각하지 못했다. 그 가운데에는 이런 이야기가 있었다.

하루는 아내의 일본인 지인이 지하철을 탔다고 한다. 사람이 많아서 서 있었는데 누군가 뒤에서 자신의 스커트를 잡아당겼다고 한다. 혹시 치한인가, 하고 깜짝 놀라 뒤를 돌아보니 한 할머니가 자기 옆자리가 비었으니 앉으라는 신호를 보내더라는 것이다. 놀란 가슴을 쓸어내리며 괜찮다고 말했더니, 계속 앉으라고 말해서 하는 수 없이 할머니의 옆에 앉았다고 한다. 좀 있더니 할머니가 가방에서 시루떡

을 꺼내 먹기 시작했고, 떡 한 조각을 아내 친구에게 건네며,

"좀 먹어봐!"

라고 했다고 한다. 아내 친구는 이번에도 '괜찮아요'라고 했더니 '그래도 먹어'라고 했다고 한다. 성의가 있어 받기는 했지만 먹지는 못했다고 한다. 지하철 안이기 때문이다. 공공장소이기 때문이다.

한국 생활이 긴 그녀는 지하철에서 떡뿐만이 아니라 빵도 받은 적이 있고, 심지어는 옥수수도 받은 경험이 있다고 말하며 먹을 복이 있는 것 같다면서 싱겁게 웃었다고 한다.

그러고 보니 나도 지하철에서 음식을 먹거나 마시는 승객을 종종 본 적이 있다. 아니, 나도 음식을 섭취한 적이 있다. 그렇게 많은 것은 아니지만 커피를 들고 지하철 내에서 마신 기억이 난다. 그러다가 지하철 바닥에 커피를 쏟은 적도 있다.

일본의 지하철 문화는 우리의 것과 다르다. 일본인이 우리의 지하철 문화에서 발견했던 광경이 잘 보이지 않는다. 지하철 내에서 상인이 우산이나 비옷 혹은 라디오와 같은 물건을 팔지 않는다. 휴대폰으로 전화를 거는 승객도 거의 없다. 자리나 신체접촉 등으로 말싸움을 하는 사람도 찾아보기 힘들다. 기독교나 불교 그리고 신흥종교의 포교 활동을 하는 종교인을 보는 것도 쉽지 않다. 하차 후 승차한다. 걸인이나 장애인이 도와달라고 하지도 않는다.

그렇다고 예를 들어 일본 지하철에 걸인이 없는 것은 아니다. 많이 만난 적은 없지만 오사카에 갔을 때 다음과 같은 걸인을 본 적이 있다. 다만 걸인이 지하철을 타고 안에서 구걸하지는 않는다. 타지

일본문화의 패턴

걸인

않고 밖에서 쓰레기통을 뒤져 음식물을 찾기는 하지만 말이다.

아내에게 다시 물어봤다.

"한국 지하철 문화의 부정적 풍경은 잘 알겠는데, 긍정적 풍경은 어떤 것이 있을까?"

기다렸다는 듯한 표정이었다. 좀 긴장했다. '설마 없다고 하지는 않겠지……' 아내는 한국 지하철 문화에 좋은 점도 많다고 했다. 안심했다. 그런데 이야기를 들어보니 지하철 문화이기도 하면서 한국 문화이기도 했다. 정리해보면 대략 다음과 같다.

첫째, 노약자에게 자리를 양보해 주는 승객이 많다. 특히 임산부에게.

둘째, 젖먹이 아이가 보채면 주위에 있는 사람이, 그것도 남녀노

제1장 원칙 문화형

소를 불문하고 아기와 놀아준다.[26]

셋째, 지하철이 종점에 도착했는데 혹 졸고 있는 사람이 있으면 깨워 준다.

아내의 이야기에서 첫 번째는 예상지만 두 번째와 세 번째는 좀 의외였다. 재차 아내에게 물었다.

"일본에서는 젖먹이가 보채면 주위사람은 어떤 반응을 보여?"

"싫어하는 티를 내거나 다른 자리로 옮기지!"

"종점에 도착했는데도 졸고 있는 사람이 있으면 어떻게 해?"

"가끔 깨워주는 사람도 있겠지만 그냥 놔두지."

"왜?"

"자기 책임이잖아."

재일교포로 동경대학 교수였던 강상중은 『도쿄 산책자』에서 파리와 한국 그리고 동경(도쿄)의 지하철 문화를 아래와 같이 비교한다.

> 파리 같은 곳은 지하철에 갑자기 악기를 든 사람이 들어와 연주하는 일이 있습니다. 서울에서도 지하철에 물건을 파는 사람이 타서 장사를 시작하기도 합니다. 하지만 도쿄에서 그런 광경을

---

26 안민정은 『작은 습관으로 기적을 만드는 일본 엄마의 힘』에서 아이가 울면 일본인들은 아이 엄마에게 책임을 묻는다고 말한다. 주변에 폐를 끼쳤기 때문이라는 것이다. 예컨대 일본인들은 유모차를 가지고 지하철을 타는 엄마와 아이를 혐오하는 경향이 있다고 한다. 역시 주위에 폐를 끼치기 때문이라고 한다. 그래서 그런지 아내는 육아 환경 측면에서 한국이 일본보다 편하다고 말한다.
안민정 『작은 습관으로 기적을 만드는 일본 엄마의 힘』(황소북스, 2015)

거의 볼 수 없습니다. 어떤 의미에서 '굴곡'이 없습니다. 안전하고 정연하지만 관용성이 결여되어 있습니다. 그러므로 어쩐지 답답함을 느끼는 것입니다.[27]

강상중도 일본 지하철 문화와 다른 한국 지하철 문화에 주목하면서 일본 지하철 문화에서 관용성의 결여를 느낀다. 이때 관용성의 결여라는 것은 원칙을 지킨다는 의미일 것이다.

한국 지하철에도 원칙은 있다. 지하철을 타다 보면 지하철 내에서 물건을 팔거나 사지 말라는 안내 방송을 듣는다. 지하철 내에서 상업 행위는 금지다. 또한 물건을 파는 사람을 신고하라는 말도 한다. 하지만 실제로 신고하는 승객은 거의 없다. 나도 신고한 적이 없다. '먹고 살겠다는데, 무슨 신고까지······'라고 생각했기 때문이다. 모르긴 몰라도 아마 대다수의 승객이 나와 비슷한 생각을 하지 않을까.

신고는커녕 지하철 내에서 나도 가끔 물건을 구입했다. 갑자기 비가 오는데, 마침 우산을 가지고 오지 않았을 때가 있었다. 어찌할 바를 모르고 발을 동동거리고 있었는데, 어디선가 우산을 파는 장사꾼이 나타났다. 구세주처럼 말이다. 기쁜 마음으로 샀다. 언젠가는 병원에 입원한 어머니를 위해 휴대용 라디오를 구입한 적도 있다.

우산과 라디오에는 공통점이 있었다. 가격이 쌌다는 것이다. 또 다른 공통점도 있었다. 오래 쓰지 못했다는 것이다.

---

27 강상중『도쿄 산책자』(사계절, 2013)

제1장 원칙 문화형

　나는 앞으로도 지하철을 탈 것이다. 장사하는 사람을 빈번하게 만나기도 할 것이다. 그리고 가끔은 물건을 사기도 할 것이다. 나에게 지하철은 사람과 사람의 교류와 만남이 있는 시장이기 때문이다.
　그러고 보니 지하철 1호선에서 우비를 팔 던 할아버지가 최근에 보이지 않는다. 어디 몸이라도 편찮은 것인지……

일본문화의 패턴
-일본문화를 이해하는 10가지 문화형-

제2장

일관성 문화형

한국인 "천황제 폐지는 못 하는 것일까요, 안 하는 것일까요?"[1]
일본인 "글쎄요……"

TV를 보던 아내가 갑자기 눈물을 흘렸다. 바짝 긴장했다. 아내가 둘째를 출산한 후, 우울증 증세를 보였기 때문이다. 얼마 전에 병원에 갔더니, 역시나 우울증 초기라는 진단이 나왔다. 약을 처방 받았다. 그런데 모유를 계속 수유하고 싶다며 복용을 한사코 거부했다. 비싼 돈을 지불해서 산 약은 한동안 방치돼 있었다. 그런데 어느 순간부터 그 약을 아내가 아니라 내가 먹고 있다. 아내는 내가 육아로 약간 우울증을 겪고 있다는 것도, 아내의 우울증 치료제를 먹고 있다는 사실도 모른다. 아내가 처방 받은 약을 내가 먹고 있다고 절친

---

[1] 2016년 8월 9일자 한겨레신문의 길윤형 특파원은 「일왕 생각은 중요하지 않다」에서 "과연 일본에서 천황제를 유지할 필요가 있냐는 생각이 들 때도 있다."고 말한다. 이것은 한국인의 보편적 인식이라고 말할 수 있다.
길윤형 「일왕 생각은 중요하지 않다」(한겨레신문, 2016.8.9)

한 친구에게 말했다. 그러자 친구는 약은 함부로 먹는 것이 아니라며 나무랬다. TV에서 우울증과 관련하여 수면제의 부작용이 크게 보도됐는데, 보지도 못했냐며 화를 냈다. 감동했다. 역시 좋은 친구다. 친구 하나는 제대로 둔 것 같다. 친구의 권유도 있고 해서 조만간에 정신과에 가 볼 생각이다. 그러고 보니 청량리에 유명한 정신과 병원이 있다고 하던데…… 다행이었다. TV를 보면서 아내가 울었던 것은 우울증 때문이 아니었다. 놀란 가슴을 쓸어내렸다. 그런데 그 이유가 뜻밖이었다. 현 천황인 아키히토明仁가 생전에 퇴위의 의사를 밝혔기에 울었다는 것이었다. 아! 이것은 또 무엇인가? 내 감각으로는, 아니 한국인의 감각으로는 도무지 이해할 수 없었다. 일본인 아내와 결혼해서 10여 년을 살았다. 아이도 둘이나 봤다. 그런데도 나는 아내를, 아니 일본인의 심정을 전혀 이해하지 못하고 있었던 것이다. 세상 헛살았다.

예전에 아내에게 물은 적이 있다.

"일본인에게 천황은 뭐야?"

아내가 대답했다.

"공기와 같은 존재야."

짓궂게 다시 물었다.

"공기와 같은 존재라니?"

귀찮은 듯 아내가 답했다.

"내가 태어나기 전에도 있었고, 앞으로도 있을 거니까!"

그렇다. 내 아내는 우익이 아니다. 좌익도 아니다. 종북은 더더욱

제2장 일관성 문화형

아니다. 보통의 평범한 일본인이다. 그런 일본인의 천황관이란 이런 것이었다. 아내에게 천황은 만세일계万世一系 곧 천황가의 혈통이 단 한 번도 단절된 적이 없고, 앞으로 없을 존재인 것이다.

고대 일본에서 천황이라는 칭호는 덴무天武시대(672-686)부터 시작됐다. 천황은 중앙집권국가의 군주였다. 나라奈良시대에서 헤이안平安시대에는 정치와 제사祭祀의 정점이었다. 하지만 가마쿠라鎌倉·무로마치室町와 같은 막부幕府체제 곧 군사정권하에서는 정치적 실권을 잃어버렸다. 한 동안 천황의 존재는 민중 사이에서 잊혀졌다. 그러다가 천황이 다시 일본 역사에 전면으로 등장하기 시작한 것은 구로부네黑府²로 상징되는 서양 열강이 대두하면서다. 에도江戶막부체제에 대한 불만은 존왕론尊王論으로 이어졌고, 왕정복고王政復古로 나갔다. 그리고 천황은 메이지 정부하에서 절대 권력을 잡게 됐다.

근대 천황의 절대적 지위는 일본 최초의 근대 헌법인 대일본제국헌법에 잘 나타나 있다. 메이지 23년인 1890년에 시행된 이 헌법의 제1조에는 "대일본제국은 만세일계인 천황이 통치한다."고 돼 있다. 주권이 국민에게 있는 것이 아니다. 천황에게 있다는 말이다. 국민은 신민臣民에 불과했다. 11조에는 "천황이 육군·해군을 관할한다."고 나와 있다. 천황은 무소불위의 절대 존재가 된 것이다.

그런데 근대 천황제에 절체절명의 위기가 찾아왔다. 진주만 공격으로 시작된 미국과의 전쟁인 태평양전쟁에서 일본이 졌기 때문이

---

2 검은 배 혹은 흑선을 말한다. 미국의 페리 제독이 이끌고 온 증기선의 색깔이 검은 색이었기 때문이다.

69

다. 흥미로운 것은 패한 전쟁임에도 일본은 패전을 인정하고 있지 않다는 점이다. 패전이 아니라 종전終戰이라는 것이다. 이것이 공식 입장이다.

그 근거는 이렇다. 1945년 8월 15일 정오, 당시 천황이었던 쇼와昭和천황은 옥음방송玉音放送 곧 천황의 명령을 전달하는 '종전 조서終戰の詔書'를 통해 태평양전쟁에 대한 일본의 입장을 전달했다. 그런데 그때 패전이 아니라 종전이라는 용어를 썼다. 내용에도 패전이라는 표현은 나오지 않는다. 일본은 세계평화를 위해 전쟁을 수행했고, 세계평화를 위해 전쟁을 그만둔다는 말만 나올 뿐이다.[3]

일본은 태평양전쟁에서 패색이 짙어졌는데도 끝까지 버텼다. 옥쇄를 외치며 일본의 모든 신민이 죽음을 각오하고 버틸 것을 요구했다. 국체國体 곧 천황제 유지를 위한 모색의 시간이 필요했던 것이다. 시간은 벌었지만 그 대가는 컸다. 히로시마広島와 나가사키長崎에 원자폭탄이 떨어졌고, 수많은 희생자가 발생했다. 죄 없이 죽어간 사람들에는 재일한국(조선)인도 다수 포함돼 있었다.

미국은 일본에서 맥아더를 중심으로 한 군정을 7년간 실시했다. 그리고 군정은 일본이 다시는 전쟁을 일으키지 못하도록 여러 가지 정책을 시행했다. 재벌과 군대를 해체했다. 천황제 폐지도 검토했다. 하지만 실시하지는 않았다. 천황제를 없애는 것보다는 유지하는 것이 일본을 효과적으로 점령할 수 있다고 판단했기 때문이다.[4] 또한

---

3 고모리 요이치『1945년 8월 15일, 천황 히로히토는 이렇게 말했다』(뿌리와이파리, 2004)

제2장 일관성 문화형

일본은 천황제 존속을 미군정에 지속적으로 요구했고, 그 반대급부로 오키나와沖繩를 미국에 넘긴다고 했다. 그래서 오키나와는 27년간이나 미국이 통치하다가 1972년에야 일본에 복귀됐다.[5]

일본사에서 천황제가 폐지될 수 있는 기회가 없었던 것은 아니다. 군사정권인 막부체제는 모든 실권을 장악했다. 이때 천황제를 없앨 수 있었다. 그런데도 도요토미 히데요시처럼 절대 권력을 쥔 쇼군将軍조차도 천황을 살려 뒀다.[6] 다카시로 고이치가 『일본의 이중권력, 쇼군과 천황』에서 말했듯이 일본의 정치문화는 쇼군과 천황이라는 권력과 권위의 이중 지배구조가 작동하는 방식이었다.[7] 천황의 존재감과 위치는 변해왔지만 말이다. 그것이 바로 일본 역사다. 권력과 권위의 이중 지배구조는 앞으로도 바뀌지 않을 것이다. 일관성 있게 말이다.

유학했을 때 『만엽집万葉集』이라는 일본에서 가장 오래된 시가집詩歌集을 주로 공부했다. 이 시가집은 7, 8세기에 완성된 것인데, 여기

---

4 천황을 활용해 일본과 일본인을 통치하겠다는 전략이었다. 미군정이 전략을 바꾼 것은 박규태가 아래와 같이 지적한 대로 일본인이 천황에 대한 공격을 자신에 대한 공격으로 받아들일 수도 있다는 미군정의 판단이 있었는지도 모른다.
"천황에 대한 공격을 곧 자기 자신에 대한 공격으로 느끼기 십상인 일본인의 심리적 반응 양식은 종교인의 그것과 유사한 점이 있어 보인다. 자신이 믿는 종교가 절대적이라고 믿는 종교인은 해당 종교나 혹은 그 신앙 대상이 비난을 받으면 곧 자기 자신이 비난을 받는 것 이상의 통증을 느끼는 경향이 있기 때문이다."
박규태『국화와 칼』(문예출판사, 2008)
5 오에 겐자부로는『오키니와 노트』에서 오키나와가 안고 있는 현안을 이야기함과 동시에 동아시아의 평화도 묻고 있다.
오에 겐자부로『오키니와 노트』(삼천리, 2012)
6 천황제 폐지는 아니더라도 도요토미 히데요시는 자신이 직접 천황이 될 수도 있었다. 하지만 그렇게 하지 않았다.
7 다카시로 고이치『일본의 이중권력, 쇼군과 천황』(살림출판사, 2006)

에는 4,500여 수의 와카和歌가 수록돼 있다. 와카는 5음音·7음·5음·7음·7음으로 구성된 정형시다. 우리나라의 향가와 비슷하다. 그리고 『만엽집』에는 천황이 지은 와카가 적지 않게 실려 있다.

지도교수는 진정한 교육자였고, 어느 쪽인가 하면 진보에 가까운 학자였다. 어느 날 세미나 시간이었다. 천황이 지은 외기를 언급하면서 이렇게 말했다.

"일본인이 천황제를 만들었으니, 폐지할 수도 있지 않을까."

예나 지금이나 일본사회에서 천황 혹은 천황제를 언급하는 것은 금기다. 그럼에도 지도교수가 천황제 폐지에 대해 말했다는 것은 대단한 용기가 없으면 불가능한 일이다. 존경스러웠다. 8년 가까이 유학 생활을 하면서 천황제 폐지에 대한 언급을 직접 들은 것은 지도교수에게 들은 것이 처음이자 마지막이다. 그러나 나는 일본에서 천황제 폐지는 없을 것이라도 확언한다. 절대로 없을 것이다.

로버트 치알디니의 『설득의 심리학』이라는 저서가 있다. 여기에는 사람의 마음을 사로잡는 6가지 불변의 원칙이 나온다. 상호성의 원칙, 일관성의 원칙, 사회적 증거의 원칙, 호감의 원칙, 권위의 원칙, 희귀성의 원칙이 그것이다. 그런데 이 6가지 불변의 원칙 가운데 일관성의 원칙이라는 것이 있다. 일관성의 원칙을 거칠게 말하면 사람이란 자신이 정한 것을 좀처럼 바꾸지 않는다는 것이다. 일리가 있다. 나도 그러니까 말이다.

패전 후인 1947년에 시행된 일본국헌법 제1조에 따르면 천황은 일본국의 상징이자 일본 국민 통합의 상징으로 돼 있다. 상징천황제다. 상징이기는 하지만 천황제는 존속하고 있는 셈이다. 어떤 사람은 일본에서 천황이 사라지면 일본사회가 통합 되지 않을 것이라고 한다. 내 아내도 그렇게 말한다. 다른 나라처럼 종교가 그런 역할을 할 수 없고, 사회 통합의 철학적 이념도 없고, 애국심도 없기 때문이라고 한다. 일리가 없는 것은 아니다. 하지만 그것보다는 지금까지 유지돼왔다는 관성, 그 관성이 오히려 천황제를 유지하는 결정적 역할을 하고 있다고 생각한다. 일관성의 원칙인 것이다.

여기서 앞서 인용한 아내의 말을 상기하기 바란다.

예전에 아내에게 물은 적이 있다.

"일본인에게 천황은 뭐야?"

아내가 대답했다.

"공기와 같은 존재야."

짓궂게 다시 물었다.

"공기와 같은 존재라니?"

귀찮은 듯 아내가 답했다.

"내가 태어나기 전에도 있었고, 앞으로도 있을 거니까!"

참, The Emperor of Japan의 의미인 '天皇(Tenno, てのう)'는 일왕으로 번역해야 할까, 천황으로 옮겨야 할까? 2003년 6월 9일자 『오마이뉴스』는 '天皇'의 우리말 표기 문제가 그리 간단한 것이 아니라는 것을 잘 보여준다. 『오마이뉴스』에 따르면 2003년 6월 고 노무현 대통령이 방일했을 당시, 청와대와 외교통상부를 포함한 우리 정부는 '天皇'를 천황이라고 표기했다. 이에 대해 일부 네티즌들은 식민

통치라는 역사의 상흔을 안고 있는 우리나라가 일본이 자국의 왕을 신격화해서 부르는 그 호칭을 따를 필요가 없다고 했다고 한다. 또한 노 대통령의 방일 기간 중에 '天皇'에 대한 언론사와 방송사의 표기도 일왕과 천황으로 크게 양분됐다고 한다. 조선일보, 중앙일보, 한겨레신문, 경향신문, 대한일보, 세계일보, SBS, YTN은 일왕을 썼고, 동아일보, 국민일보, 한국일보, 연합뉴스, KBS는 천황을 사용했다고 한다.

이와 같이 '天皇'의 번역어에 관해 적지 않은 논란이 있기는 하지만 그렇다고 그 논란의 역사가 그리 긴 것 같지는 않다. 같은 일자 『오마이뉴스』에 의하면 한국인이 '天皇'를 천황이라고 부르는 것에 반발이 생긴 것은 1989년 재일동포 지문날인 파동에서 비롯된 대일감정 악화에서 시작됐다는 것이다. 다시 말하면 그 이전에는 우리가 '天皇'를 천황이라고 스스럼없이 사용했다는 말이다.[8]

'天皇'를 우리말로 어떻게 표기할 것인가의 문제는 곧 '天皇'의 번역어로 무엇을 선택할 것인가의 문제이다. 이처럼 '天皇'의 번역어에 관한 논의에서 알 수 있는 것은 다음과 같다. 즉 어떤 번역어가 사용될 때 그것이 아무런 문제의식 없이 그냥 선택되는 경우도 있을 수 있지만, 번역어에 따라서는 '天皇'의 번역어처럼 거기에 역사관이나 정치적 입장 등이 농후하게 반영될 수 있다는 것이다.[9]

---

[8] 박상현 「『만엽집』에 보이는 '大君'의 번역어 연구-서두수와 김억의 번역어를 중심으로」, 『일본문화학보』(한국일본문화학회, 2013)
[9] 번역어가 어떤 특정한 정치적 입장의 표명인 경우가 적지 않은데, 이경원은 「탈식민주의의 계보와 정체성」에서 예를 들어 'postcolonialism'의 번역어인 '탈식

제2장 일관성 문화형

  그러나저러나 아내의 눈물이 마르지 않고 있다. 산후우울증이 빨리 회복되길 바란다. 아내를 위해서도 그렇고, 내 눈물을 마르게 하기 위해서도 그렇다.

민주의'가 그 전형적인 예라고 지적한다.
이경원『탈식민주의의 이론과 쟁점』(문학과지성사, 1993)

일본인 "한국은 원조 중시?"
한국인 "일본은 장인 중시?"

"한국인은 왜 원조를 좋아해요?"

평소 알고 지내던 일본인이 나에게 물었다. 순간 '또 이런 질문을 받는구나!' 하고 생각했다. 그렇다. 일본인은 한국인의 원조元祖 강조에 대해 흥미로워 한다. 예를 들어 구로다 가쓰히로는 『맛있는 수다! 보글보글 한일 음식이야기』에서

장충동 족발 거리로 돌아가자. 재미있는 것은 모든 가게들이 원조를 자랑하고 있다는 것이다. '원조1호'가 있는가 하면 '시조'도 있다. 이렇게 원조가 많으면 손님 입장에서는 어느 가게를 선택해야 할 지 고민하지 않을 수 없다. …… 응암동의 가게들이

제2장 일관성 문화형

원조를 강조한 간판

서로 경쟁적으로 원조라고 우기는 것이다. 거기서 원조 중의 원조라는 〈대림 감자국〉은 태조라는 이름이 붙어 있었다. 원조 위에 태조가 있다는 것이 새로운 발견이었다.[10]

라고 말한다. 거리에 나가 음식점을 살펴봤다. 과연 여기저기 원조를 강조하는 문구가 적지 않았다. 일본인의 지적이 틀린 말은 아니었다.

한국인은 원조를 중요시하는 것 같다. 표현을 바꾸면 '처음'·'최초'를 강조한다. 이런 풍조는 음식점만이 아니다. 이공계 및 의학계에서 신기술이나 신약 등을 개발했을 때도 처음과 최초를 강조한다. 예컨대 세계에서 처음으로, 혹은 세계 최초처럼 말이다. 2016년 8월 21일자 폴리뉴스 인터넷판에는 'KT, 이제 세계최초 5G로 평창에서

---

10 구로다 가쓰히로『맛있는 수다! 보글보글 한일 음식이야기』(지식여행, 2009)

만나요', 8월 23일자 한국경제신문 인터넷판에는 'SK케미칼, 세계 최초 4가 세포배양 독감백신 출시'등과 같은 기사가 나온다. 그리고 이런 기사는 수없이 많다.

얼마 전의 일이다. 아파트 현관문에 설치한 디지털 카드키 도어락 doorlock이 갑자기 고장 났다. 급한 마음에 동네에 있는 열쇠 가게에 전화를 했다. 가격이 너무 비쌌다. 빨리 교체를 해야 했기에 울며 겨자 먹듯이 구입할 수밖에 없었다. 도어락의 시장 가격을 알아볼 수 없었기 때문이다. 그런데 설치 기사는 작업을 하면서 이런 말을 했다.

"이 디지털 카드키 도어락에는 세계 최초의 기술이 도입돼 있습니다. #를 길게 누르면 번호가 랜덤에서 정렬로 바뀌는 것입니다."

그렇다면 한국인은 왜 원조, 최초라는 말을 강조하는 것일까? 박용민은 『맛으로 본 일본』에서 다음과 같이 말한다.

> 우리는 이단을 배격하고 원형질을 추구하는 강한 성향을 지니고 있는 것인지도 모른다. 무슨 음식이 좀 유명하다 싶은 동네를 가면 어김없이 늘어선 수많은 상점들이 저마다 '원조'임을 주장하고 있는 것을 보더라도 그렇다.[11]

일리 있는 지적이다. 여하튼 원조, 최초라는 말을 강조하는 것은 누구보다도 먼저 했다는 것을 내세우기 위한 것이다. 그리고 그런

---

11 박용민『맛으로 본 일본』(헤어북스, 2014)

제2장 일관성 문화형

원조 스시

강조는 원조, 최초가 사람들에게 어필할 수 있다는 믿음이 있기 때문에 하는 것이다.

일본에서도 원조라는 말을 쓰지 않는 것은 아니다. 위의 이미지와 다음 페이지에 있는 이미지처럼 말이다. 하지만 일본에서는 원조보다는 곧 누가 먼저 했는가보다는 한 가지 일을 몇 대에 걸쳐 성실히 했는가를 더 강조한다. 장인정신이다. 그리고 적지 않은 한국 지식인이 일본인의 장인정신에 대해 언급했다. 예컨대 조영남은 『맞아 죽을 각오로 쓴 친일선언』에서 무슨 일이든지 맡은 바 소임을 다해서 맛있는 우동집, 튀김집을 100년씩이나 대대로 지켜오는 정신에 대해 말했다.[12] 리영희도 『대화: 한 지식인의 삶과 사상』에서 일본의 장인정신은 아시아에서 최고라고 하면서 전통을 아끼고 가꾸고 발전시키는 마음, 직업에 대한 긍지[13]와 성실성 같은 것은 우리가 배워

---

12 조영남 『맞아죽을 각오로 쓴 친일선언』(램덤하우스중앙, 2005)
13 우리에게 직업에 대한 긍지가 전혀 없는 것은 아니다. 흔히 말하는 전문직 종사자

79

원조를 강조한 오키나와 과자

야 한다고 지적했다.[14] 그러면서 우리에게 장인정신이 없다는 것을 안타까워했다.

우리에게 장인정신이 있는지 없는지는 논란의 소지가 다분히 있다. 다만 일본인이 어떤 하나의 일에 열정을 쏟는다는 것은 사실이

에게는 긍지와 자부심이 있다. 다만, 비전문직 종사자에게는 좀처럼 보이지 않는다. 얼마 전에 대형마트의 수산물 코너에서 겪은 일이다. 수산물을 사려고 담당 점원에게 몇 가지 질문을 했다. 그랬더니 "그걸 알면 내가 여기서 일하겠어요."라는 답변이 돌아왔다. 내가 안타까웠던 것은 점원 아주머니가 자신의 일이 얼마나 소중하고 보람 있는지를 전혀 알지 못했다는 점이다. 앤절라 더그워스는『그릿』에서 어떤 분야에 성공하는 데는 IQ, 재능, 환경과 같은 것도 중요하지만 그것보다 열정과 끈기가 중요하다고 강조한다. 만약 점원 아주머니가 자신의 일에 열정을 가지고 임했다면 판매왕도 될 수 있을 것이고, 그 노하우를 살려 판매 관련 강사도 될 수 있다고 생각한다. 가능성은 무궁무진하다. 하지만 그러지 못했다. 단지 먹고 사는 생업으로만 일하고 있을 뿐이었다. 단, 자신의 일에 대한 점원 아주머니의 태도는 개인의 문제이기도 하지만 한국사회의 문제이기도 하다. 우리사회에는 아직도 직업에 대한 위계 의식이 남아 있기 때문이다.
앤절라 더그워스『그릿』(비즈니스북스, 2016)
14 리영희『대화: 한 지식인의 삶과 사상』(한길사, 2005)

제2장 일관성 문화형

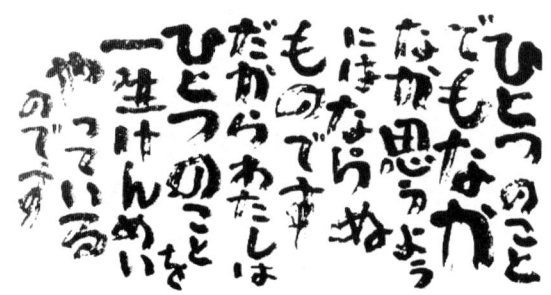

장인정신

다. 그것이 우동 가게이든 라면 가게이든 말이다. 이런 사회 배경에는 여러 가지 이유가 있을 수 있다. 우선 어떤 것 하나라도 제대로 하면 그 사람을 인정해주는 사회 분위기가 있기 때문이다. 다음으로 개인이 아무리 노력해도 타고난 신분 곧 '흙수저'를 뛰어넘을 수 없는 사회 진입 장벽이 우리보다 높기 때문이기도 하다.[15]

예컨대 일본인의 장인정신이 활성화 될 수 있는 긍정적 인식은 위의 이미지에도 잘 나타난다. 이 이미지에 나와 있는 내용은 일본의 모某 과자 회사의 모토다.

번역해보면 이렇다. '어느 것 하나도 생각대로 잘 되지 않는 것입니다. 그래서 나는 한 가지 일을 성심성의껏―生懸命 하고 있는 것입

---

15 한국도 점점 '신분' 상승이 어려워지는 사회가 되고 있다. '개천에서 용 난다'는 말은 거의 사어死語가 됐다. 좋은 의미로든 나쁜 의미로든 사회가 안정되고 있기 때문인지도 모른다.

니다.' 곧 세상사 어느 것 하나 마음먹은 대로 되지 않는다. 그렇다고 포기하는 것이 아니라 그렇기 때문에 오히려 한 가지 일에 혼을 불어넣어 집중하겠다는 결의다.

한편 일본에는 장인정신과 관련되는 부정적 사회 분위기도 있다. 유학했을 때의 일이다. 어느 날 지도교수와 환담을 나눌 기회가 있었다. 어렸을 때 지도교수의 꿈은 외교관이었는데, 중·고등학교 때 그 꿈을 접었다고 한다. 외교관이 되기 위한 필수조건이 좋은 집안 출신이라는 것을 알게 됐기 때문이란다. 결국 지도교수는 집안이 좋지 않다고 판단해서 스스로 자신의 꿈을 버렸다고 한다. 그리고 대안으로 대학교수를 생각했고, 대학교수가 된 이후에는 자신의 학문 분야에서 최고가 되기 위해 노력했다는 것이다.

일본사회가 원조보다 장인정신을 중시한다는 것은 누가 먼저 했는가보다는 누가 더 오랫동안 그 일을 잘해왔는가를 중시한다는 말이다. 유홍준은 『나의 일본문화답사기 일본편 1 규슈』에서 일본문화에는 전통의 지속성이 아주 강하다고 말했다.[16] 또한 박용민은 『맛으로 본 일본』에서 아래와 같이 말하면서 일본인의 신용과 성실을 언급한다. 좀 길지만 중요한 대목이기에 그대로 인용한다.

> 2대째 한테이(튀김집 가게, 인용자)를 운영하고 있는 지금의 사장은 원래 경찰이 되는 것이 목표였는데 부친이 병환으로 쓰러

---

16 유홍준 『나의 일본문화답사기 일본편 1 규슈』(창비, 2013)

진 뒤에 기업을 이어받을 결심을 했다고 한다. …… 일류 대학을 나와서도 부친이 경영하는 식당이나 상점을 이어받는 것이 일본에서는 흔한 일이다. 그래서 동네에서도 걸핏하면 3대째, 4대째 장사하는 상점들을 볼 수 있다. 이런 상점들이 신용과 성실을 저버린다면 그게 더 이상한 일일 것이다. 이러한 프로페셔널들의 신용이 일본 사회가 누리는 신뢰의 바탕을 이룬다.[17]

여기서 신용은 자신의 가게를 찾아주는 단골손님에 대한 것이고, 성실은 자신의 가게에 대한 것이라고 보면 된다.

결국 일본사회는 일관성과 지속성 및 신용에 많은 가치를 부여한다는 의미다.[18] 그래서 일본에서는 100년 이상 넘게 같은 일을 하는 점포를 특히 시니세老舖라고 부르며 상찬한다.

아내 고향은 군마현群馬県이다. 이곳은 일본의 배꼽이라고 불린다. 오키나와를 빼고 보면 일본열도의 중앙에 위치하기 때문이다. 군마현 사람들은 다른 곳에 사는 일본인보다 의리와 인정이라는 덕목을 중시한다. 그래서 그런지 수상도 많이 배출했지만 폭력단체인 야쿠자도 적지 않게 배출했다. 수상으로는 나카소네 야스히로와 오부치

---

17 박용민 앞의 책(『맛으로 본 일본』)
18 김현구는 『김현구교수의 일본이야기』에서 메밀국수 가게 '산죠안三朝庵'과 주인 아주머니를 소개한다. 이 가게가 '산죠안'이라는 간판으로 장사한 지는 300년이 넘었고, 가게 주인은 자신의 메밀국수 가게가 대학교수보다 사회공헌도가 크다고 말했다고 한다. '산조앙'에 대한, 자신의 직업에 대한 주인 아주머니의 긍지와 자부심이 느껴진다.
김현구 『김현구 교수의 일본이야기』(창비, 2004)

120여 년이 넘은 장인어른의 집[19]

케죠 등이 있다. 특히 이곳은 일본 여당인 자민당의 텃밭이기도 하다.

하루는 장인어른과 이야기를 나누다가 우연히 일본 정치가 화제가 됐다.

"이번 국회위원 선거에서 누구를 찍을 생각이세요?"

라고 물었더니 이런 대답이 돌아왔다.

"나는 옛날부터 자민당을 찍었다. 이번에도 자민당을 찍겠다."

"이번에는 바꾸면 안 되나요?"

라고 재차 물었다.

"의리가 있지 어떻게 바꿔?"

라는 대답이 돌아왔다.

그랬다. 장인어른이 자민당을 계속 지지했던 것은 자민당 출신이

---

19 얼마 전에 이 고가古家를 부수고 2층으로 신축했다.

정치를 잘해서가 아니었다. 예전부터 자민당을 찍었으니 지금도 그리고 앞으로도 자민당을 밀 수 밖에 없다는 것이었다. 장인에게는 자신의 일관성과 지속성을 지키는 것이 무엇보다 중요하기 때문이다.[20] 당신이 대를 이어 농업을 하듯이 말이다. 그리고 이것이 일본 문화형의 하나다.

한일고대사를 말할 때 한국은 고대 일본에 한반도의 문화를 전수해 줬다는 점을 강조한다. 우리문화가 원조와 최초를 중시하기 때문이다. 그런데 이런 말을 들은 일본인은 한국의 주장을 부정한다. 한국보다는 중국의 영향을 더 많이 받았다고 말하면서 말이다. 혹은 이렇게도 대응한다.

"그래서요?"[21]

---

20 현재를 긍정하여 과거도 긍정하고 싶다는 심리다.
  기시미 이치로·고가 후미타게『미움받을용기 2』(인플루엔셜, 2014)
21 누가 먼저 했느냐, 누구에게 영향을 받았느냐는 중요하지 않다는 것이다. 현재 누가 잘하고 있느냐가 중요하다는 것이다.

●●●
일본인 "일단 결정하면 바꾸지 않아요!"
한국인 "왜요?"

    MT에 관한 추억이 별로 좋지 않다. 술을 마시지 못해서 그렇다. 춤과 노래 그리고 말재주와 같은 개인기가 없어서 그렇다. 잠자리가 불편해서 제대로 잠을 잘 수 없어서 그렇다.
    우리나라의 MT에 해당하는 것을 일본에서는 합숙合宿이라 부른다. 일본어로는 '갓슈쿠がっしゅく'라고 읽는다. 합숙에 관한 추억은 좋은 편이다. 신기해서 그렇다. 유학했던 대학원 연구실은 1년에 한 번 정도 합숙을 갔다. 대학원 단위도 아니었고, 전공 단위도 아니었다. 지도교수 중심으로 합숙을 갔다. 여기에는 지도교수의 지도를 받으며 논문을 쓰거나 지도교수의 세미나에 참가하는 학부생과 대학원생이 참여했다. 가끔 졸업생도 있었다.

제2장 일관성 문화형

합숙 후 단체 사진

일본의 합숙은 흥미로웠다. 우선 합숙 장소를 정하는 과정이 그랬다. 반드시 그런 것은 아니겠지만, 내가 속했던 연구실은 합숙 장소로 꼭 온천을 즐길 수 있는 데로 했다. '역시 온천을 좋아하는 일본인은 다르구나' 하고 생각했다. 더 흥미로웠던 것은 합숙 내용이었다. 놀기는 하는데 그렇다고 놀기만 하는 것은 아니었다. 공부도 했다. 아니, 공부가 주主고, 노는 것이 종從이었다.

일본 대학에는 지금도 졸업논문이라는 제도가 있다. 졸업하기 위해서는 논문을 써야 했다. 그래서 3학년 때 지도교수를 정하고, 그 교수의 지도를 받으며 2년간 졸업논문을 준비했다. 졸업논문을 쓰지 못하면 졸업할 수 없었지만, 대개 내기만 하면 통과됐던 것 같다. 대충 대충 쓴다는 말이 아니다. 잘 준비해서 논문을 재출하기 때문에 통과된다는 뜻이다. 3학년이 합숙에 참여하면 앞으로 졸업논문을 어떻게 쓸 것인지에 대해 그 구상을 발표했다. 그러면 지도교수와 선배들은 긍정적 코멘트를 해줬고, 격려도 해줬다. 4학년이 합숙에 참여하면, 이렇게 준비해서 무사히 졸업논문을 제출하게 됐다고 보고했다. 지도교수와 선배들은 그간의 노고를 치하했고, 후배들은 졸업논문 제출의 노하우를 획득했다. 석사과정생과 박사과정생이라면 앞으로 쓸 학위논문 구상에 대해, 석사 및 박사논문 제출자는 제출한 논문에 대해 각각 발표했다. 지도교수를 포함해 주위 사람들은 격려해주고 칭찬해줬다. 일본의 합숙은 훈훈했다. 학문공동체라는 느낌을 받았다.

그런데 일본의 합숙에서 진짜 놀란 것은 이와 같은 것들이 아니었다. 그들의 의사결정 과정과 실행이었다. 합숙을 위해서는 우선 합숙할 장소를 정해야 했다. A가 합숙할 장소를 제안하면 잠시 침묵이 흐른 후, 그곳은 지난번에 갔기 때문에 좀 그렇다는 회의적 반응이 돌아온다. 그러면 B가 다른 장소를 말한다. 또 잠시 침묵이 흐른다. 가격이 비싸기 때문에 안 된다는 반응이 나온다. C가 새로운 장소를 말한다. 다시 침묵이 흐른다. 거리가 너무 멀다는 의견이 제시된다. 그리고 이런 과정이 끊임없이 지속된다. 합숙 장소를 정할 때마다 나는 속으로 '합숙 장소 하나 정하는 데 왜 이렇게 시간이 걸리는지 모르겠다'며 투덜거렸다. 2시간 이상 걸렸던 적도 있었다.

합숙 장소 결정 과정에서 보이는 침묵은 상대방의 견해에 대한 부정적인 의미인 경우가 적지 않았다. 일본인의 침묵에 대해 다니엘 롱과 오하시 리에는 『일본어로 찾아가는 일본문화탐방』에서 다음과 같이 말한다.

제2장 일관성 문화형

일본에서는 오히려 침묵으로 반대 의견을 표현하는 경우가 있다. 일본에서는 침묵 자체를 메시지로 간주하기 때문에 여럿이서 대화하는 도중에 누군가 침울한 표정으로 잠자코 있다면 그 자체를 반대 의견의 표시로 받아들이기도 한다.[22]

그랬다. 일본인의 의사결정 과정에는 종종 침묵이 흘렀고, 그것은 제시된 의견에 반대일 때가 많았다.

이와 더불어 한 가지 더 지적하고 싶은 것은 일본인은 침묵을 힘들어 하지도 않고, 적극적으로 그 상황을 바꾸려고도 하지 않는다는 것이다. 오히라 겐은 『새로운 배려-젊은 그들만의 코드』에서 어떤 연구실의 겨울 풍경을 보여준다. 그곳은 스팀이 잘 돌지 않는 연구실이었다.

> 일본인의 침묵. 연구실 건물은 오래 되어서, 스팀이 충분히 다 돌지 않아요. …… 아무 말 않고 커피를 마시는 거예요. 그래요 아무 말 없이.[23]

추운 겨울, 스팀이 잘 작동되지 않는 연구실에 있는 사람들은 모두 스팀에 대해 한 마디씩 하고 싶었을 것이다. 하지만 어느 누구도 이야기하지 않는다. 침묵을 깨고 싶지 않고, 깨려고 하지도 않는다.

---

22 다니엘 롱·오하시 리에 『일본어로 찾아가는 일본문화탐방』(지식의날개, 2012)
23 오히라 겐 『새로운 배려-젊은 그들만의 코드』(소화, 2003)

누구나 스팀의 불편함을 알고 있지만 굳이 말하지 않는다. 에세이스트이면서 번역가로 우리에게 잘 알려져 있는 요네하라 마리는 『미녀냐 추녀냐』에서 아래와 같이 침묵의 미에 대해 언급한다.

> 이미 아는 사실을 구구하게 말하는 사람은 교양이 없다거나 주제넘은 사람이라거나 여운이 없다는 식으로 받아들여진다. 말하자면 일본식 미학에 위배된다. 바로 침묵의 미다. 과묵하면 할수록 사회에서 존경받는다. 일본인이 살아가는 문화적 배경이다.[24]

합숙 장소를 정하는 일본인의 방식은 철저하게 소거법이었다. 어떤 장소가 적합해서 정하는 능동적 선택법이 아니었다.[25] 이와 같은 소거법에 대해 김현구는 『김현구 교수의 일본이야기』에서 일본에서는 수상을 고르는 방식에서도 소거법이 보인다고 지적한다.[26]

그런데 나를 더욱 놀라게 했던 것은 합숙 장소를 정한 이후였다. 드디어 합숙하러 떠나는 날이 됐다. 그런데 사고가 터졌다. 어떤 사정인지 지금은 정확하게 기억나지 않지만 그쪽 사정으로 합숙을 제대로 하기 어려운 상황이 발생했다. 합숙을 갈 것인지 말 것인지를 논의해야 했다. 모두 모였다. 특유의 침묵이 흘렀다. 결론은 그래도 가자는 것이었다. 이유는 간단했다. 가기로 정했으니 가자는 것이었

---

24 요네하라 마리 『미녀냐 추녀냐』(마음산책, 2008)
25 일본인이 소거법을 좋아하는 것은 성공을 추구하기보다는 실패를 회피하고 싶은 성향이 강하기 때문이라고 생각한다.
26 김현구 『김현구 교수의 일본이야기』(창비, 2004)

다. 결정에 대한 일관성 유지다.

일본사와 일본정치를 전공하는 국내외 연구자뿐만이 아니라 일본인 전공자조차도 궁금해 하고 의아해 하는 것이 있다. '재정 능력[27]으로나 군사력으로나 일본이 질 것이 뻔한 미국과의 전쟁 곧 태평양전쟁을 일본이 왜 일으켰는가'라는 것이다.[28] 또한 귀축미영이라고 선동하면서 미국을 악마화하며 결사항쟁을 다짐했던 '일본인이 패전 후 일본에 진주한 맥아더를 그렇게까지 환영했는가'라는 것이다.[29]

싸우기로 결정하면 싸운다. 귀축미영으로 악마화하면 옥쇄를 마다하지 않는다. 하지만 적장이라도 환영하기로 정하면 환영한다. 여

---

27 다카기 이치노스케『일본 국문학의 탄생-다카기 이치노스케의 자서전』(이담, 2016)
28 길윤형은 2016년 10월 28일자 한겨레신문에서 가토 요코 교수의『전쟁까지』(아사히출판사)를 소개한다. 이 책은 일본이 자국보다 수십 배나 강한 미국과 무모하다고 말할 수밖에 없는 전쟁을 왜 하게 됐는가를 설명한 것이다. 책의 핵심 내용은 다음과 같다. 일본이 전쟁에 접어드는 과정에서 겪게 되는 일련의 사건인 1931년 9월 만주사변과 그에 대한 국제연맹의 '린턴 보고서', 1940년 9월 체결된 독일-이탈리아-일본의 추축국 동맹, 1941년 12월 개전 직전 이뤄진 미-일 교섭 등 3가지의 결정적인 순간을 예시하면서 이런 일련의 절체절명의 순간에 저지른 연속된 실패가 결국 일본을 전쟁의 참화로 몰고 갔다는 것이다. 그러나 나는 그렇게 생각하지 않는다. 역시 일관성 유지라고 생각한다. 광고인 박웅현은 자신의 업무 스타일에 대해『인문학으로 광고하다』에서 "최선을 다해 결정하고, 결정한 일은 더 이상의 대안이 없는 것처럼 집중한다. 설사 잘못된 결정이었다고 해도 좋은 결과를 이루어 옳은 결정이 될 수 있도록"한다고 말한다. 일본은 박웅현과 같은 자세로 임하다가 결과적으로 패전한 것뿐이다. 승전도 있었지만 말이다. 러일전쟁처럼.
한겨레신문(2016.10.28)
박웅현·강창래『인문학으로 광고하다』(알마, 2008)
29 존 다우어『패배를 껴안고: 2차세계대전 후의 일본과 일본인』(민음사, 2009)

기에는 어떤 모순도 없다. 일관성만 있다. 그렇게 하기로 했으니 그렇게 하는 것이다. 설사 패전을 하더라도, 설사 적장이라도 말이다.

조영남은 『맞아 죽을 각오로 쓴 친일선언』에서 일본인의 계약이행을 언급하면서 다음과 같이 말한다.

> 일본은 그놈의 정확성 덕분에 잘 사는 나라가 됐다. 일본 사람들한테는 하늘이 무너져도 계약이행이 더 중요하다.……일본은 너무 까다롭다. 융통성이 없음이 나를 숨 막히게 한다.[30]

여기서 말하는 계약이행도 결국에는 내린 결정을 중시한다는 말이다. 달리 말하면 자신이 내린 결정에 대해 일관성을 유지하려는 일본인의 자세가 잘 나타나 있다.

---

30 조영남 『맞아 죽을 각오로 쓴 친일선언』(랜덤하우스중앙, 2005)

한국인 "반드시 도장으로 해야 하나요?"
일본인 "네!"

　학교 보직을 맡고 있다. 교무처장이다. 교무처는 교수뿐만이 아니라 학생 그리고 조교에 관한 일을 하는 부서다. 그러다 보니 민원도 적지 않다. 지금까지 몇 몇 보직을 해봤지만 교무처만큼 일이 많고 힘든 부서는 없었다. 그래서 우스갯소리로 보직을 좋아하는 사람도 교무처장은 맡기 싫어한다는 말이 있을 정도다.
　교무처 일이 많다 보니 결재하는 서류도 많다. 매일매일 산더미처럼 쌓인다. 전자결재도 하지만 보통은 문서에 직접 일일이 사인을 한다. 사인을 하다보면 담당 직원의 사인과 팀장 사인 등, 여러 사람의 사인을 보게 된다. 어떤 사람은 자기 이름을 한글로, 어떤 사람은 한자로, 어떤 사람은 영어로 쓴다. 어떤 사람은 정자正字로 쓰고, 어떤 사람은 흘려 쓴다. 초등학생이 쓴 것과 같은 글자도 있는가 하면서예가의 예술작품과 같은 글자도 있다. 개성이 느껴져서 좋다.

어느 날 갑자기 다른 사람이 내 사인을 어떻게 느끼는지 궁금해졌다. 신뢰할 수 있는 직원에게 물어봤다.

"팀장님, 제 사인은 어떤 느낌을 줄까요?"

팀장이 머뭇머뭇했다. 괜찮으니까 솔직하게 말해 달라고 했다. 그랬더니 다음과 같이 말했다.

"죄송한데요…… 낙서 같습니다."

"……"

한국에서는 결재할 때 주로 자필 사인을 한다. 도장을 전혀 쓰지 않는 것은 아니지만 도장에서 사인으로 거의 이동했다고 말할 수 있다. 그런데 일본은 다르다. 지금도 도장 사회다. 도장이 꼭 필요하다.

일본에서 유학할 때 신세를 많이 진 곳이 교무처였다. 입학시험과 졸업에 관한 서류 접수를 하는 곳이 교무처이고, 재학증명서와 같은 각종 서류 발급도 교무처가 하기 때문이다. 이것뿐만 아니다. 유학생에게 가장 중요한 일인 장학금 신청 및 수업료 면제 신청도 교무처에서 한다.

유학 초기였다. 유학 절차에 관한 몇 몇 서류를 작성해서 교무처에 제출해야 했다. 관련 서류를 제출하자 검토하던 담당 직원이 서류를 되돌려 주면서 이렇게 말했다.

"자필 사인은 안 됩니다. 도장을 찍어야 합니다."

순간 당황했다. 그래서 물었다.

"왜 자필 사인은 안 되고, 도장은 되나요?"

제2장 일관성 문화형

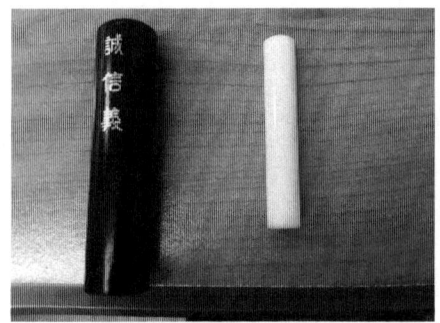

한국 도장(왼쪽)과 일본 도장(오른쪽)

충격적인 답변이 돌아왔다.

"전례가 없습니다."

물러서지 않았다.

"전례가 없다면 이번에 만들면 되잖아요?"

하지만 돌아오는 답변은 한결같았다.

"전례가 없습니다."

이후 유학생활을 하면서 '전례가 없다'는 말을 수없이 들었다. 전례가 없으면 할 수 없는 게 일본사회였다.

여하튼 부탁하는 쪽은 이쪽이기에 어쩔 수 없이 도장을 찍기로 했다. 생각해보니 대학을 졸업할 때 졸업준비위원회에서 받은 도장이 있었다. 위 이미지의 왼쪽에 있는 도장이 그것이다.

한자로 '朴相鉉'이라고 적혀 있는 사진의 왼쪽 도장으로 제출 서류에 도장을 찍고 교무처로 갔다. 교무처 직원이 서류를 받아 검토하더니 빙그레 웃으면서 말했다.

일본문화의 패턴

성만 새겨진 도장[31]

"도장이 크네요! 재벌 사장님 같아요!"
"……"

나중에 안 사실이지만 일본에서 사용하는 도장은 앞 페이지의 오른쪽에 있는 것과 같은 크기의 가늘고 작은 도장이었다. 게다가 도장에는 자기 성(姓)만 새기는 것이 일반적이었다. 위의 이미지처럼 말이다.

이렇게 하다 보니 편리한 것이 있다. 자신의 증조할아버지나 할아버지의 도장을 물려받아서 그대로 사용할 수 있다. 성만 파기 때문이다. 도장이 가보가 될 수도 있다.

교무처 직원의 말을 듣고 일본에 대해 너무 모른다는 생각을 하게 됐다. 일단 도장부터 새로 만들기로 했다. 다행히도 학교 생활협동조합에 갔더니 도장을 만들어 주는 곳이 있었다. 그런데 흥미로웠다. 한국에서는 도장을 만들 때 자기 이름을 말하면 현장에서 직접 만들어준다. 일본은 달랐다. 한국처럼 주문과 동시에 만드는 경우도 있

---

31 http://image.search.yahoo.co.jp

제2장 일관성 문화형

이미 만들어져 있는 도장[32]

었지만 이미 만들어진 것을 그냥 구입하는 경우도 있었다. 게다가 후자가 더 일반적이었다. 왜 이런 일이 가능할까? 성만 새기면 되기 때문이다. 만약 성이 '다나카田中' 라고 하면 도장 가운데 '다나카'를 고르면 된다. '야마모토山本'라면 여러 도장에서 '야마모토'를 고르면 된다. 그리고 이렇게 이미 만들어진 도장이 우리의 '가나다'순과 같이 일본어의 '아이우에오あいうえお'순으로 배열돼 있다. 놀라웠다.

그런데 더욱 놀라웠던 것은 도장 가운데 '朴'이라는 한자가 새겨진 도장도 있었다는 것이다. 재일교포에 '박'이라는 성을 사용하는 사람이 많아서 그랬는지, 유학생 가운데 박씨 유학생이 많아서 그랬는지는 모르겠다. 반가웠다.

도장에 관한 이야기를 하다 보니 이것과 깊이 관련된 것이 있다.

---

32 위 사이트

일본문화의 패턴

소화 연호가 표기된 주화[33]

서류에는 빠지지 않는 것이다. 날짜다. 몇 년 몇 월 며칠인가를 기입해야 한다. 교무처에 처음 서류를 제출할 때 당연히 서기로 기입했다. 예컨대 '1997年 10月 1日'처럼 말이다. 그랬더니 교무처 직원이 서기가 아니라 연호年号로 기입해 달라고 했다.

"연호라고요?"

"네, 연호로 기입해 주세요."

일본에서 천황은 일본 통합을 상징하는 기호에 불과하다고는 하지만 공식 문서나 서류에는 서기가 아니라 연호로 표기해야 한다. 예를 들어 1969년이라면 '소화 44년昭和44年'처럼 말이다. 1969년은 소화천황昭和天皇이 즉위한 지 44년째 되는 해다.

어이가 없었다.

"유학생이 어떻게 연호를 알아요?"

---

33 위 사이트

제2장 일관성 문화형

최신 스마트폰의 '연호-서기 대조표'[34]

라고 했더니, 담당 직원이 웃으면서 '연호-서기 대조표'를 건네주면서 "이 '연호-서기 연대표'를 보면서 작성하면 되요."
라고 말했다.

일본에서 도장을 중시하는 문화는 사라질까? 일본에서 연호 표기는 사라질까? 아마도 사라지지 않을 것이다. 전례가 없으면 새로운 시도를 하지 않는다는 말은 전례가 있으면 지금까지 해오던 것을 웬만하면 잘 바꾸지 않는다는 말도 된다.[35] 일본문화에는 관행을 잘 바꾸지 않는 관성이 강하다. 일본문화가 일관성을 지향하는 문화형이기 때문이다.

---
34 위 사이트
35 그래서 일본사회에서는 개선 곧 '가이젠改善'은 가능해도 혁명은 좀처럼 어렵다고 생각한다.

일본문화의 패턴
-일본문화를 이해하는 10가지 문화형-

제3장

구분 문화형

-
  일본인 "지금이 크리스마스야? 언제까지 장식할거야?"
  한국인 "1년 내내 파티 기분이라서 좋잖아!"

아내의 잔소리가 또 시작됐다. 크리스마스 장식 때문이었다.

"크리스마스가 지난지가 언젠데, 언제까지 장식할 거야?"

"뭐가 어때서. 항상 파티 기분이니까 좋잖아!"

아내가 짜증난다는 듯 말했다.

"뭐가 파티 기분이야?"

그렇다고 내가 질 사람도 아니다. 아니, 이번만큼은 지고 싶지 않았다. 그냥 버텼다.

"어차피 올해 크리스마스 때 또 장식할 텐데 그냥 두면 어때?"

아내는 포기한 듯하다. 하지만 언젠가 또 물고 늘어질 것이다.

그렇다. 아내 생각으로는 크리스마스 장식은 크리스마스 때만 하는 것이다. 크리스마스가 지나면 곧바로 정리해야 하는 것이다. 그래야만 생활에 리듬이 생긴다는 것이다.

 가만히 생각해 보면 아내의 주장이 틀린 말은 아니다. 한 주에는 평일이 있고, 주말이 있다. 일 년에는 평일에 있고, 국정공휴일과 같은 빨간 날이 있다. 긴장과 완화. 일 년 내내 평일이 계속된다면 사람들은 지칠 것이다. 일 년 내내 노는 날이 이어진다면 사람들은 완화되어 휴일이 휴일 같지 않을 것이다. 리듬, 곧 긴장과 완화가 있기에 우리는 한 해를 나름 지겹지 않게 생활하는 지도 모른다.

 일본인은 일 년을 리듬감 있게, 긴장과 완화를 적절히 섞어가면서 살아가는 남다른 지혜가 있다. 그것을 무엇보다도 잘 보여주는 것이 구리 료헤이의 『잇파이노가케소바一杯のかけそば』 곧 『우동 한 그릇』이다. 이 작품은 일본뿐만이 아니라 한국에서도 잘 알려진 것으로 적지 않은 독자에게 잔잔한 감동을 전해주고 있다.[1]

 그런데 『우동 한 그릇』의 원제原題는 『잇파이노가케소바』다. 곧 원서를 처음 번역한 최영혁은 '가케소바'를 우동으로 번역했다. '가케소바'의 번역어로 우동은 적절할까?

 최영혁은 '가케소바'를 왜 우동'으로 번역했을까?[2] 사실 '가케소

---

1 이번 장인 「구분 문화형」에서는 『우동 한 그릇』을 몇 번에 걸쳐 인용할 예정이다. 주요한 텍스트이기 때문이다. 또한 이하 『우동 한 그릇』에 관한 내용은 다음과 같은 논문에 신세를 많이 졌다.
박상현 「구리 료헤이의 『우동 한 그릇』 연구-일본적 문화코드」(『한국일본근대학회』, 2017)
박상현·미네자키 토모코 「'가케소바'의 번역어 연구-타국화 번역과 자국화 번역」, 『일본문화연구』(동아시아일본학회, 2017)

2 우동이라는 번역어에 대해 최영혁은 번역서에서 아무 말도 하지 않는다.

제3장 구분 문화형

바'의 번역어로 생각할 수 있는 것은 메밀국수, 국수, 가케소바와 같은 세 가지 번역어다. 첫째, 메밀국수로 옮기는 것은 사전적 의미를 고려한 번역이다. 둘째, 국수로 옮기는 것은 한국 독자에게 친숙함을 주고, 위화감을 줄일 수 있는 번역이다. 이때 국수라는 번역은 자국화 번역이다.[3] 셋째, 적합한 번역어가 없다고 판단하고 가케소바로 번역하는 것이다. 음차 번역이다. 엄밀하게 말하면 이것은 번역이라고 말하기 어렵다.

그런데 최영혁은 방금 검토한 번역어를 선택하지 않고 우동이라는 번역어를 골랐다. 단순 오역일 수도 있다. 하지만 대학에서 일본어를 전공했던 번역자가 사전도 찾아보지 않고 단순히 잘못 번역했다고는 보기 어렵다. 고민이 있었을 것이다.

동명이인인 박상현은 『일본의 맛, 규슈를 먹다』에서 번역 당시인 1989년에 우리에게 우동이 더 일본 음식 같으니 번역자가 '가케소바'를 우동으로 번역하지 않았을까, 하고 추정한다.[4] 곧 일본 동화童話를 번역한 번역서이니 번역어로 좀 더 일본 느낌을 줄 수 있는 우동이라는 어휘를 의식적으로 선택했다는 것이다. 한국 독자에게 낯설게 번역했다는 의미다. 타국화 번역이다.

---

3 번역학 용어에 자국화 번역과 타국화 번역이 있다. 자국화 번역은 번역할 때 도착언어 중심으로 번역한다는 것이고, 타국화 번역은 출발언어 중심으로 번역한다는 것이다. 자국화 번역은 번역문을 중시하는 번역이고, 타국화 번역은 원문을 중시하는 번역이다. 따라서 자국화 번역에는 번역서에 위화감이 적고, 타국화 번역에는 번역서에 위화감이 크다. 자국화 번역이 익숙하게 번역하는 것이라면, 타국화 번역은 낯설게 번역하는 것이다.
4 박상현 『일본의 맛, 규슈를 먹다』(따비, 2013)

그런데 번역서에 흥미로운 대목이 있다. 번역자가 『우동 한 그릇』에서 '가케소바'를 어떤 곳에서는 우동으로 번역하기도 하고, 어떤 곳에서는 국수로도 옮기기도 했다는 점이다. 다음 인용문을 보자.

> 사람은 좋지만 무뚝뚝한 주인보다 오히려 단골 손님으로부터 주인 아줌마라고 불리우고 있는⁵ 그의 아내는 분주했던 하루의 답례로 임시 종업원에게 특별 상여금 주머니와 선물로 **국수**를 들려서 막 돌려보낸 참이었다. …… 6세와 10세 정도의 사내애들은 새로 준비한 듯한 트레이닝 차림이고, 여자는 계절이 지난 체크무늬 반코트를 입고 있었다. …… 여자는 머뭇머뭇 말했다. "저……**우동** …… 일인분만 주문해도 괜찮을까요?"
> **우동** 그릇을 가운데 두고, 이마를 맞대고 먹고 있는 세 사람의 이야기 소리가 카운터 있는 곳까지 희미하게 들린다. "맛있네요." 라는 형의 목소리. "엄마 잡수세요."하며 한 가닥의 **국수**를 집어 어머니 입으로 가져가는 동생.⁶

위 인용문에서 알 수 있는 것은 최영혁이 '가케소바'의 번역어로 우동과 국수를 동시에 생각했다는 것이다. 달리 말하면 '가케소바'의 번역어로 우동을 선택할지, 국수로 할지를 고민했다는 것이다.

---

5 사소한 지적이지만 '단골 손님으로부터 주인 아줌마라고 불리우고 있는'는 '단골 손님에게 주인 아줌마라고 불리는'이라고 번역하는 것이 좋다.
6 구리 료헤이 『우동 한 그릇』(청조사, 1989).

번역자는 '가케소바'의 번역어로 우동이라는 타국화 번역과, 국수라는 자국화 번역에서 흔들렸다. 하지만 번역서 전체를 보면 '가케소바'의 번역어로 우동은 30여 회이지만 국수는 2회에 불과하다. 결국 타국화 번역이 지배적이었다. 번역서의 서명에도 우동을 차용했다.

그런데 최영혁이 '가케소바'를 우동으로 옮기는 바람에 뜻하지 않은 오해가 발생했다. 김도언은 「각박한 세상, 우동 한 그릇의 따뜻함을 전하는 소설」에서

> 북해정은 우동을 파는 식당이다. 천지를 하얗게 덮은 눈은 특유의 서정적인 아우라를 불러일으킨다. 북해정에는 무뚝뚝한 듯 보이지만 마음씨 따뜻한 주인 내외가 있다. 일본은 매해 마지막 날 우동을 먹는 풍습이 있는데, 어느 해 마지막 날 어린 두 아들을 데리고 한 중년의 여인이 북해정에 나타난다.[7]

고 말한다. 번역자가 '가케소바'를 우동으로 번역했기에 일본문화를 잘 모르는 김도언과 같은 독자는 일본의 연말 풍습에 우동을 먹는 것이 있다고 이해했다. 그리고 이와 같은 오해의 피해는 적지 않았다.

영문학자이자 유명한 에세이스트였던 고 장영희는 『문학의 숲을

---

7 김도언 「각박한 세상, 우동 한 그릇의 따뜻함을 전하는 소설」 『출판저널』 제328호(대한출판문화협회, 2003)

거릴다』에서 가난하지만 열심히 살아가는 떡볶이집 명훈이네를 소개한다. 그리고 명훈이네는 떡볶이를 팔았는데 가끔 오뎅 국물에 우동을 말아줬다고 한다. 그러면서 명훈이네 우동과 『우동 한 그릇』의 우동을 연관 지어 아래와 같이 말한다.

  일본 작가 구리 료헤이의 『우동 한 그릇』은 바로 일본판 명훈이네 이야기라고 할 수 있다.[8]

일본에서 외교관 생활을 했던 박용민도 『맛으로 본 일본』에서 다음과 같이 한탄한다.

  이 소설이 우리나라에는 〈우동 한 그릇〉이라는 제목으로 번역이 되어 있기 때문에, 나는 한동안 일본에서는 섣달그믐날 우동을 먹는 줄 잘못 알고 지냈다. 나 참, 마치 떡국을 수제비로 소개한 꼴이 아닌가.[9]

김도언과 장영희 그리고 박용민이 오해한 데에는 충분한 이유가 있다. 번역서 『우동 한 그릇』에 다음과 같은 표현이 나오기 때문이다.

---

8 장영희『문학의 숲을 거릴다』(샘터사, 2005)
9 박용민『맛으로 본 일본』(헤어북스, 2014)

제3장 구분 문화형

북해정에는, 같은 거리의 상점회 회원이며 가족처럼 사귀고 있는 이웃들이 각자의 가게를 닫고 모여들고 있었다.

북해정에서 섣달그믐의 풍습인 해넘기기 우동을 먹은 후, 제야의 종소리를 들으면서 동료들과 그 가족이 모여 가까운 신사神社에 그해의 첫 참배를 가는 것이 5, 6년 전부터의 관례가 되어 있었다.[10]

역시 '가케소바'는 우동이 아니라 메밀국수로 번역했어야 하지 않았을까?

『우동 한 그릇』의 줄거리는 대체로 다음과 같다. 섣달그믐날 밤 삿포로札幌에 있는 한 메밀국수 가게인 북해정北海亭에 엄마가 아들 둘을 데리고 들어왔다. 아이 엄마는 꼭 메밀국수를 먹고 싶다고 간곡히 부탁했다. 가게 문을 닫을 시간이었지만 홀hall에 있던 여주인은 손님을 받았다. 그런데 아이 엄마는 메밀국수를 사람 수 대로 주문하지 않고 한 그릇만 달라고 했다. 돈이 없었기 때문이었다. 여주인은 주방에 있던 남편에게 '메밀국수 한 그릇'하고 주문을 넣었고, 남편은 아이 엄마 사정을 고려해서 세 사람이 먹을 수 있도록 아무 말없이 한 그릇 반의 메밀국수를 만들어 주었다. 세 모자는 맛있게 먹었다. 다음해 연말 마지막 날에도 아이 엄마는 아이를 거느리고 북해정을 찾았고, 또 메밀국수 한 그릇을 주문했다. 다다음해 연말에도 세 모자는 북해정에 들렀다. 이번에는 메밀국수 두 그릇을 시켰

---

10 구리 료헤이 앞의 책(『우동 한 그릇』)

다. 어느덧 북해정을 운영하는 부부는 연말이 되면 이 세 모자를 기다리게 됐다. 그것도 기쁘고 설레는 마음으로 말이다. 그런데 어느 해부터인가 아이 엄마와 아이들이 연말인데도 북해정에 오지 않게 됐다. 메밀국수 가게 주인 부부는 이제나저제나 세 모자를 기다렸다. 드디어 10여 년이 지난 어느 연말에 세 모자가 북해정을 찾았다. 장성하여 취업한 아이들을 데리고. 그리고는 메밀국수 세 그릇을 주문했다.

『우동 한 그릇』에는 잔잔한 감동과 인간미, 일본 정취와 일본인의 배려심이 물씬 풍겨서 좋다.[11] 명작이다. 그런데 『우동 한 그릇』과 같은 이야기가 나오기 위해서는 하나의 큰 전제가 필요하다. 십여 년을 한 장소에서, '가케소바' 곧 메밀국수를 파는 북해정과 같은 가게가 있어야 한다는 것이다. 자영업 생존율이 낮은 한국사회에서는 좀처럼 이와 같은 이야기가 생겨나기 어렵다. 그런 의미에서 『우동 한 그릇』이야기는 일본 풍토 곧 일종의 장인 정신이 있었기에 가능했던 텍스트라고 생각한다.[12]

이 이야기에서 나오는 메밀국수는 그냥 메밀국수가 아니다. 일본

---

11 이어령은『축소지향의 일본인: 그 이후』에서『우동 한 그릇』이 우리에게 감동을 주는 것은 여기에 검약과 사치라는 이야기가 담겨 있기 때문이라고 말한다.
  이어령『축소지향의 일본인: 그 이후』(기린원, 1994)
12 게다가 상업 곧 조그만 장사를 천시하는 사회풍조가 있는 한『우동 한 그릇』과 같은 텍스트는 만들어지기 어렵다. 이와 같은 한국사회의 모습을 '교육'이라는 키워드로 설명한 책이 있다. 이승욱·신희경·김은산의 공저인『대한민국 부모』가 그것이다.
  이승욱·신희경·김은산『대한민국 부모』(문학동네, 2012)

도시코시소바 판매 풍경

어로 말하면 도시코시소바年越し蕎麦다. 도시코시소바를 직역하면 '해 넘기기 메밀국수'가 된다. 일본인에게 섣달그믐날 저녁에 먹는 메밀국수는 특별한 의미가 있다. 한 해를 마무리 한다는 의미, 메밀국수의 면처럼 가늘고 길게 장수하기를 바란다는 뜻이 담겨 있다. 또한 보통 도시코시소바에는 파를 양념으로 넣는데, 여기에도 장수와 부자 되기를 기원하는 함의가 있다.

『우동 한 그릇』은 일본인의 세시풍속, 특히 연말 풍경을 잘 보여준다. 일본인은 섣달그믐에 가족이 모여 함께 대청소를 하고, 도시코시소바를 먹고, 가요홍백전紅白歌合戦을 보고, 제야의 종소리를 듣고, NHK에서 방송하는 '가는 해 오는 해ゆく年くる年'라는 프로그램을 보면서 한 해를 마무리한다. 일본의 연말 풍경은 이렇다. 아니, 이래야만 한다. 그렇지 않으면 연말이 아니기 때문이다. 이런 풍습이 일본인의 일상에 리듬을 주고, 완화를 준다.

일본인의 생활은 크게 '게ヶ'라는 일상과 '하레ハレ'라는 비일상으로 이뤄져 있다. '하레'에는 설날이나 추석과 같은 연중행사와 결혼과 장례와 같은 관혼상제가 들어간다.[13] 연말에 먹는 도시코시소바 곧 '해 넘기기 메밀국수'를 먹는 것도 일상과 구별되는 '하레' 풍경의 하나다. 도시코시 곧 송년送年을 하기 해서는 반드시 도시코시소바를 먹어야 하기 때문이다.[14]

일본어에 '게지메けじめ'라는 말이 있다. 야마쿠세 요지는 『일본인의 정신』에 '게지메'에 대해 다음과 같이 설명한다.

> 일본인은 일견 비합리적으로까지 보일 정도로 일의 끝맺음을 소중히 하고, 구분節目을 분명히 의식하며 미래로 향하는 것을 좋게 여깁니다.[15]

지금까지 살펴봤듯이 일본인이 일상과 비일상을 명확히 구분하고자 하는 것은 결국 일상과 비일상에 '게지메'를 확실히 하여 다음 단계로 넘어가고 싶기 때문이다.

그나저나 오늘 귀가하면 크리스마스 장식을 정리해야겠다. 비일

---

13 이이쿠라 하루타케『일본의 연중행사와 관습 120가지 이야기』(어문학사, 2010) 강상중『도쿄 산책자』(사계절, 2013)
14 처남이 둘 있다. 둘째 처남이 독신이었을 때 도시코시소바를 먹지 못했던 해가 있었다고 한다. 그래서 지금도 자기 나이는 실제보다 한 살 적다고 우긴다. 도시코시소바를 먹지 못했다는 것은 송년을 하지 않았다는 것을 의미하기 때문이란다. 우리가 새해에 떡국을 먹지 못하면 한 살을 먹지 않았다는 감각과 비슷하다.
15 야마쿠세 요지『일본인의 정신』(한울, 2014)

상 곧 하레가 일상이 되면 더 이상 하레가 아니기 때문이다. 역시 아내 말이 맞았다. 항상 그랬던 것처럼 말이다. 아내 말을 들으면 잠자다가도 떡이 생긴다! 구분할 때는 구분해야 하고, 매듭지을 때는 매듭지어야 하기 때문이다.

참, 얼마 전에 우리 동네에 프랜차이즈 체인점인 '국수나무'가 생겼다. 아내와 두 딸을 데리고 가야겠다. 저녁식사 메뉴는 정해졌다. '메밀소바' 곧 '메밀국수'다. 그런데 몇 그릇을 주문할까? 한 그릇? '국수나무'가 오랫동안 성업하기를 바란다. 진심으로.

일본인 "기다리게 해서 죄송해요."
한국인 "기다리지 않았는데요."

　유학 초기의 일이다. 대학의 배려로 1년간 기숙사에서 지내게 됐다. 평소 일본인은 청결하다고 생각했었다. 그런데 이게 웬일인가? 기숙사는 너무 더러웠다. 다음 페이지의 사진과 같이 말이다.
　좀 시간이 지나서 알게 됐다. 이 기숙사가 왜 더러웠는지를. 이곳이 그 유명한 게이테키惠迪 기숙사였기 때문이다. 1876년에 설치된 기숙사는 1899년부터 학생 자치로 관리·운영되고 있었다. 그리고 학생 자치가 기숙사를 더럽게 만드는 측면이 있었다. 하지만 이 기숙사는 더럽게 운영해야만 하는 것이었다. 왜? 그게 전통이라고 한다! 전통이라는 이름으로 관습화됐고, 양식화됐고, 형식화됐기 때문이다.
　기숙사 생활은 경제적 측면에서는 큰 도움을 주었지만, 부족한 것

제3장 구분 문화형

기숙사 현관

신발장

이 한두 가지가 아니었다. 식사가 제공되지 않았다는 것이 가장 큰 불만이었다. 평생 처음으로 자취를 하게 됐다. 다행히 학교 근처에 전자제품 전문 판매점인 요도바시카메라ヨドバシカメラ 삿포로 지점이 있었다.

전기밥솥을 사기 위해 요도바시카메라에 갔다. 부모님 세대의 영향이라고 생각되지만, 전기밥솥하면 역시 죠지루시象印 밥솥 곧 코끼리표 밥솥 아닌가! 그래서 점원에게 코끼리표 밥솥에서 가장 작은 사이즈를 주문했다. 마침 전시된 것이 없었던지 점원은 잠시 기다리라고 말하고는 재고를 가지러 갔다. 한 1분 정도 지났나 싶더니 점원이 제일 작은 크기의 밥솥을 가지고 와서는 나에게

"오마타세시마시타お待たせしました."

라고 말했다.

우리말로 옮기면 '많이 기다리셨습니다' 혹은 '기다리게 해서 죄송합니다' 정도가 된다. 하지만 내가 기다린 시간은 고작 1분 전후였

115

다. 그런데 상대방에게 '많이 기다리셨습니다'·'기다리게 해서 죄송합니다'라는 말을 들어도 되나? 순간 어리둥절했다. 그런 말을 듣는 내가 오히려 미안했다. 손님에 대한 예의라는 면에서는 좋기는 하지만 말이다.

그런데 일본 생활이 길어지면서 알게 된 것이 있다. 일본인이 상대방에게 말하는 '잘 부탁합니다'라는 '요로시쿠오네가이시마스ょろしくお願いします', '많이 기다리셨습니다'·'기다리게 해서 죄송합니다'라는 '오마타세시마시타', '항상 신세지고 있습니다'라는 '이츠모오세와니낫데이마스いつもお世話になっています', '감사합니다'라는 '아리가토고자이마쓰ありがとうございます', '미안합니다'라는 '스미마센すみません' 등과 같은 표현이 상당히 관습적으로 쓰인다는 사실이다. 특히 점원과 손님 사이에서는 더욱 그랬다.

김열규는 『욕: 카타르시스의 미학』에서 이와 같은 표현을 관습적인 인사말 혹은 자동화된 말이라고 부르는데[16], 일본인의 언어커뮤니케이션에는 관습적인 인사말, 자동화된 말이 굉장히 발달돼 있다. 이런 양상을 잘 모여 주는 텍스트가 바로 좀 전에 살펴봤던 구리 료헤이의 『잇파이노가케소바』 곧 『우동 한 그릇』이다.[17]

섣달그믐날 저녁 10시 넘어서 아들 둘을 데리고 철 지난 체크무늬 반코트를 입은 엄마가 메밀국수 가게인 북해정에 들어왔다. 가게 여

---

16 김열규 『욕: 카타르시스의 미학』(사계절, 1997)
17 『우동 한 그릇』과 관련된 내용은 아래와 같은 글에서 차용했다.
　박상현 앞의 논문(「구리 료헤이의 『우동 한 그릇』 연구-일본적 문화코드」)

주인은

"어서오세요いらっしゃいませ."¹⁸

라고 말하면서 손님을 맞이한다.

식사를 마치고 세 모자는

"잘 먹었습니다ごちそうさまでした."

라고 말하고 가게를 나서려고 한다.

그때 가겟집 여주인은 다음과 같이 인사한다.

"고맙습니다. 새해엔 복 많이 받으세요 ありがとうございました。どうかよいお年を!"

다음해 섣달그믐날 저녁에도 세 모자는 북해정에 와서 메밀국수 한 그릇을 시켜놓고 셋이서 오순도순 식사를 했다. 계산을 하고 나서는 세 모자에게 여주인은

"고맙습니다. 새해엔 복 많이 받으세요!"

라고 인사했다.

그 다음해에도 세 모자는 메밀국수를 먹으러 가게에 왔고, 여주인은

"어서 오세요."

라는 인사말로 손님을 맞이했고, 식사 후 세 모자는

"잘 먹었습니다."

라고 말하며 맛있게 메밀국수를 만들어준 북해정의 주인 부부에게 고마워했다.

그렇다면 여기서 퀴즈 하나를 내겠다. "잘 먹었습니다."라고 말하

---

18 구리 료헤이 앞의 책(『우동 한 그릇』)

는 손님에게 여주인은 뭐라고 대답했을까? 그렇다!

"고맙습니다. 새해엔 복 많이 받으세요!"

라고 응대했다.

얼마 전에 부부싸움을 했다. 음식물 쓰레기는 보통 내가 버린다. 그런데 그날은 좀 급한 일이 있었다. 그래서 아내에게 부탁을 했고, 아내가 대신 음식물 쓰레기를 버렸다. 문제는 다음에 생겼다. 아내 왈 '내가 당신 일을 도와줬는데 왜 고맙다는 말을 하지 않느냐'는 것이었다. '음식물 쓰레기 하나 버린 것 가지고 유세는……'하고 생각했다. 그래서

"뭐, 그거 가지고 그래?"

라고 했더니, 도리어 아내가 화를 내는 것이었다. 내가 당신을 도와준 것을 당연하게 생각하지 말라는 말도 잊지 않으면서 말이다.

생각해보니 내가 음식물 쓰레기를 버리고 오면 아내는 나에게 꼭 이렇게 말했다.

"고마워ありがとう!"

라고. 이와 같은 대수롭지 않은 관습적이고 형식적인 인사말이 인간관계, 아니 부부관계에서도 중요하다는 것을 절실히 느끼는 순간이었다.

그러고 보니 최근에는 한국에서도 고객과 전화 상담원 사이에 관습적이고 자동화된 인사말이 자주 쓰인다는 것을 알게 됐다. 냉장고나 에어컨 등이 고장 나서 고객센터에 문의전화를 하면 상대방은 이렇게 말한다.

"고객님, 많이 불편하셨지요."

라고. 특히 S전자회사가 그렇다. 손님에게 매뉴얼대로 대응한 것이다. 마음이 담겨져 있지 않아서, 진정성이 느껴지지 않아서 사실 큰 감동을 받지는 않는다. 하지만 없는 것보다는 나은 것 같다. 일단 상대방이 나를 공감하고 있다는 느낌을 주고, 그리고 그런 말이 전화상담원과 손님 사이에서 윤활유와 같은 역할을 하기 때문이다.

일본문화에서는 손님과 점원 간에 주고받는 대화는 대체로 정해져 있다. 수학 공식처럼 말이다. 이것을 일본어에서는 '기마리몬쿠決り文句'라고 한다. 판에 박힌 말, 상투적인 말이라는 의미다. 어떻게 보면 양식화[19] 되고, 정형화 된 표현이다. 하지만 이와 같은 표현은 일본 생활에 대단히 중요하다. 인간관계를 부드럽게 하기 때문이다. 그리고 이런 '기마리몬쿠'는 이제부터 본격적으로 말하려는 내용, 곧 본론에 들어가겠다는 예고이기도 하다. 곧 서론과 본론을 구분 짓는 역할을 한다.[20]

아내와 함께 한 지 12년째다. 그런데도 아직도 일본문화를 제대로 이해하고 있지 못한 것 같다. 아내에게

"다음부터 잘 할게! 미안해."

라고 사과부터 해야겠다.

---

19 박용민『맛으로 본 일본』(헤이북스, 2014)
20 일본인은 다른 사람에게 길을 물을 때 보통 '실례합니다만'이라고 말을 건 후, 길을 묻는다. 본론에 들어가기 전에 서론을 둔다. 한국인도 일본인처럼 말할 때도 있다. 예컨대 "저기요." 혹은 "여기요."처럼 말이다. 하지만 그냥 길을 물어보는 것이 일반적이다. 곧바로 본론에 들어가는 경우가 흔하다. 서론과 본론의 구분이 없다.

참, 덧붙여 아내에게 한 가지 꼭 물어보고 싶다. 진짜로 꼭 물어보고 싶다.

"내가 음식물 쓰레기 버리고 오면, 고마워하고 말하잖아! 그런데 정말 고마운 거 맞아?"

∙∙∙
일본인 "예비군복을 입으면 성격이 변하나요?"
한국인 "네!"

일본에서 박사학위를 마치고 귀국했다. 2003년 2월말이었다. 모 대학에서 3월부터 시간강사로 일을 하게 됐다. 박사학위 졸업식은 3월이었지만 결국 가지 못했다. 경제적 이유가 컸다. 동시에 옛날과 달리 우리나라 대학에서 휴강하기가 어려워졌기 때문이었다. 휴강을 하면 반드시 보강을 해야 하는데 여러 학과 학생들이 수강하는 교양 강의를 맡다 보니 학생들과 시간 맞추기가 쉽지 않았기 때문이다.

내가 대학을 다녔던 80년대 말과 90년대 초에는 한 학기 강의를 제대로 들은 기억이 없다. 휴강이 흔히 있었다. 교수님이 휴강한다고 하면 학생은 싫은 내색은커녕 오히려 박수 치며 환영했다. 그리고 가끔씩 휴강하는 교수님이 학생에게 인기가 있었다. 학생의 마음을 알아 준다고 생각했기 때문이었다. 이런저런 이유로 중간고사도 치루지 않았다. 내가 대학생이었던 시절은 그랬다. 지금의 대학 분위기와 비교하면 달라도 너무 다르다. 격세지감이다.

한 남학생이 있었다. 차분한 타입이었다. 조용한 학생이었다. 언제나 맨 앞에 앉아서 내 수업을 열심히 들었다. 기특했다. 사랑스러웠다. 내 수업이 특히 재미있어서 그런 것은 아니었을 것이다. 그는 복학생이었다. 복학생이란 으레 그랬다. 군대 가기 전에 잘 관리를 하지 못했던 학점을 만회해야 하기 때문이다. 취직도 진지하게 생각해야 하기 때문이다.

어느 날 점심시간에 교정을 걷고 있는데 앞에 예비군복을 입은 남학생 3명이 가고 있었다. 무엇이 재미있는지 큰 소리를 내며 행동도 좀 오버하는 느낌이었다. 터프했다. 3명 모두 똑같았다. 어쩌면 저렇게 똑같은지, 마치 세 쌍둥이 예비군을 보는 듯했다. 궁금증이 발동했다. 대체 어떤 학생들일까? 나는 내 발걸음에 속도를 냈다. 그들을 앞질렀다. 슬쩍 그들을 쳐다봤다. 아! 이럴 수가. 거기에는 평소 얌전히 내 수업을 듣던 낯익은 학생이 있었다. '그 학생이 저런 학생이었나'하고 깜짝 놀랐다. 예비군복은 마법사인가보다. 사람을 저렇게 변화시키다니……

우리나라에서는 제복 혹은 유니폼을 그리 즐겨 입는 편이 아니다. 제복 혹은 유니폼이라고 하면 군대에서 휴가 받은 현역 군인, 예비역, ROTC(학생군사교육단), 사관학교 생도, 경찰, 소방관 등과 함께 환경미화원이 떠오를 정도이니 말이다. 참, 은행 직원, 간호사와 항공승무원인 스튜어디스도 있다. 대체적으로 유니폼을 입는 직업군이 정해져 있다.

내가 처음으로 유니폼을 입은 것은 중학교 1학년 때였다. 교복이었다. 당시의 교복은 요즘 학생이 입는 것과 같이 색채가 풍부하지 않았다. 화려하지도 않았다. 디자인이 멋지지도 않았다. 영화〈친구〉에 나오는 그런 교복이었다. 머리는 스포츠머리를 하고 말이다. 당시 어머니는 스포츠머리를 한 채, 교복을 입은 나를 보고 학생답다며 무척 좋아했다. 주위 분들은 교복이 학생 간의 경제적 격차를 보이지 않게 한다며 환영했다. 사실 겉으로 보기는 그랬다. 모두 똑같은 옷을 입고 있었으니까 말이다. 하지만 아이들은 알고 있었다. 누가 잘 사는 집 아들인지, 아닌지.

교복을 입으면 학생다워 보이는지는 잘 모르겠지만 한 가지만은 확실했다. 매일 무슨 옷을 입고 갈지 고민하지 않아도 된다는 것이다. 입을 옷이 항상 정해져 있기 때문이다. 선택의 여지가 없다. 색깔을 맞춰 옷 입을 필요도 없다. 고양이처럼 늘 한 가지 색이기 때문이다. 내가 지금도 옷에 별로 신경을 쓰지 않고, 패션 감각이 없는 것에는 중1 때의 교복 영향이 없다고 말하기 힘들다. 모든 것이 교복 때문은 아니지만 그렇다고 교복 책임이 없는 것도 아니다.

중2 때부터는 교복 자율화가 됐다. 어머니는 아쉬워했다. 걱정하던 모습이 지금도 눈에 선하다. 교복 입은 아들 모습을 더 이상 보지 못하는 것이 아쉬웠을 것이다. 매일 무슨 옷을 입혀 학교에 보낼까를 근심했을 것이다.

내가 두 번째로 유니폼을 입었던 것은 고등학교 교련教鍊 시간이었다. 교련은 고등학교 교과과정에 있었다. 필수였던 것으로 기억한다. 일종의 군사훈련이었다. 총검술도 배우고 군인처럼 걷는 연습도 했다. 무엇을 배웠는지는 잘 기억이 나지 않지만 좋았던 것이 있다. 교련 수업은 교실에서 교과서로 이루어지기도 했지만 종종 학교 밖으로 나갔다. 그것이 좋았다. 아마 나만 그런 것은 아니었을 것이다.

세 번째로 유니폼을 입은 것은 대학에 들어가서다. 1학년 때였다. 이름이 뭐였더라? 맞다! 문무대文武台였다. 그곳에 입소하여 군사교육을 받을 때였다. 교육 기간이 1주였는지 2주였는지 기억이 가물가물하다. 그때 같이 입소했던 동료끼리 찍은 사진만이 지금도 선명하게 남아 있다. 내가 입학했던 일본어교육과는 사범대 안에 있어서 그랬는지 유독 여학생이 많았다. 40명 정원에 30명 정도가 여학생이었다. 문무대의 추억이라면 환송식과 편지다.

문무대로 가기 위해 일단 학교로 모두 모였다. 버스가 준비됐기 때문이다. 문무대로 떠나는 남학생을 전송하러 같은 과의 몇 몇 여학생이 나왔다. 그중에는 우는 여학생도 있었다. 죽으러 가는 것도 아닌데 말이다. 전쟁터로 나가는 것도 아닌데 말이다. 그때는 그랬다. 울어야 했다. 우는 분위기였다. 문무대에 도착한 우리는 누가 더 여학생에게 편지를 많이 받나 서로 내기를 했다. 평소의 인기도를 편지로 알 수 있다고 생각했기 때문이다. 그때는 그렇게 생각했다. 내 기억이 정확하다면 나는 두 번째로 많은 편지를 받았던 것 같다. 내 기억이 맞기를 간절히 바란다.

제3장 구분 문화형

빵집 유니폼

　이와 같은 것이 유니폼에 대한 내 기억이다. 색깔로 말하면 컬러가 아니다. 흑백이다. 아니, 한 가지 색이다. 지금 재직 중인 대학에서 환경미화원 아주머니와 종종 인사를 나눈다. 그분들은 푸른 색 유니폼을 입고 일하는데 볼 때마다 내가 입었던 교복 색깔을 떠올린다. 색상에는 다소 차이가 나지만 단일색이라는 점에서는 크게 다르지 않기 때문이다. 한마디로 내 기억에 남아 있는 유니폼은 멋있다, 쿨cool하다는 느낌이 아니었다.

　그런데 유니폼에 대한 생각이 완전히 바꾸게 된 계기가 있었다. 유학생활을 하면서다. 일본은 우리와 달랐다. 너무 달랐다. 일단 유니폼이 굉장히 대중화돼 있었다. 일본 거리 전체가 제복과 유니폼의 물결이었다. 빵 가게에서도, 슈퍼에서도, 서점에서도, 레스토랑에서도 점원은 유니폼을 입고 일했다. 주차 보조 요원도, 비즈니스 호텔에서 조식을 준비하는 아주머니도 유니폼이었다. 우리나라에서는 보기 힘들어진 백화점 엘리베이터의 도우미도 그랬다. 색상도 다양했다. 디자인도 좋아 보였다. 세상에! 유니폼이 이렇게 멋있다니…… 내 눈을 의심했다.

유니폼과 일본, 어쩌면 유니폼이 일본문화를 설명하는 키워드가 될 지도 모른다고 생각했다. 사회언어학자인 마키도 세이치는 『공간의 언어문화학-일본문화로 해석한 아날로그 일본문법』에서 일본문화는 시각 혹은 감각 중심이라고 말한다. 그리고 그것으로 우리와 남을 구별하고 우리의 연대감을 강화한다고 지적한다. 그 예로 유니폼을 든다.[21] 다니얼 롱과 오하시 리에는 『일본어로 찾아가는 일본문화탐방』에서 유니폼은 획일성과 동조성을 준다고 한다. 다른 사람과 완전히 동일한 복장을 하는 것으로 획일성을 얻고, 타인과 같은 옷을 입는데서 오는 안정감으로 동조성을 획득한다는 말이다.[22] 납득이 가는 설명이다. 유니폼이 일체감, 동질감, 소속감을 느끼게 하는 것은 확실하다. 남과의 구분을 통해서 말이다. 이것과 더불어 유니폼은 황현산이 『밤이 선생이다』에서 지적했듯이 그것에 걸맞은 행동을 하게 하는 요소도 있는 것 같다.[23] 앞에서 예시한 예비군복 입은 대학생을 떠올려봐도 그렇다.

사회생활을 하는 일본인이 손님에게 보여주는 독특한 친절함은 바로 유니폼에서 나오는 것이 아닐까? 유니폼을 입은 나와 사복을

---

21 마키도 세이치 『공간의 언어문화학-일본문화로 해석한 아날로그 일본문법』(제이앤씨, 2001)
22 다니얼 롱·오하시 리에 『일본어로 찾아가는 일본문화탐방』(지식의날개, 2012)
23 황현산 『밤이 선생이다』(문학동네, 2013)

제3장 구분 문화형

시마지로 앞치마

입은 나는 같지만 다른 나다. 유니폼을 입는 순간 나를 지배하는 것은 유니폼이라는 맥락 곧 콘텍스트다. 일본인 점원이 손님에게 보이는 미소는 유니폼이라는 콘텍스트에서 나오는 미소다. 애교 넘치는 상냥한 목소리도 그렇다. 이제야 겨우 이해가 갔다. 유학 초기에 나를 당황하게 했던 그 수많은 미소의 의미를 말이다. 적지 않은 일본 여자의 미소로 나는 한 때 황홀했다. 내가 그렇게 매력적인 남자인가 하고. 그게 아니었는데 말이다.

올해 7살이 되는 딸이 있다. 아내는 딸아이에게 일본어와 일본문화를 가르칠 생각으로 〈시마지로しまじろう〉라는 교육용 교재와 DVD를 보여주고 있다. 한국어판도 있다. '호비'다.

〈시마지로〉 몇 월호인가에 앞치마를 입은 시마지로가 등장해서 엄마를 도와주는 장면이 있었다. 그리고 별책 부록으로 시마지로 앞치마가 동봉됐다. 그런데 이 앞치마로 엄마 일을 잘 도와주지 않던

127

딸아이에게 큰 변화가 생겼다. 앞치마를 두른 시마지로가 시마지로 엄마를 돕는 장면을 DVD로 본 이후다. 딸아이가 시마지로 앞치마를 한 후 아내의 부엌일을 돕기 시작한 것이다. 유니폼은 아니지만 시마지로 앞치마는 유니폼과 같은 마력이 있었다. 놀라웠다. 하지만 그 놀람도 오래 지속되지는 않았다. 앞치마를 벗으면 여느 때의 딸아이로 다시 돌아가기 때문이다.

참, 일본인이 우리나라에 와서 놀라는 것이 있다. 군인이 많기 때문이다. 휴가 받은 군인을 본 것이다. 그러면서 하는 말이 '와 멋있다'다. 일본인은 역시 체질적으로 유니폼은 좋아하나? 그렇다면 다음부터는 일본 여행을 할 때 예비군복을 입어야겠다. 혹시 아나? 없던 인기가 생길지? 아니다! 예전에 있었던 인기가 되살아날지?

한국인 "일본인은 자식이 죽어도 울지 않나요?"
일본인 "……"

"일본인은 자식이 죽어도 울지 않나요?"

일본인에 관한 질문에서 종종 받는 것이 위와 같은 것이다. 이럴 때는 어떻게 대답해야 할지 잠시 주춤한다. 겉으로 보기에는 그렇게 보이기 때문이다.

그렇다면 한국인은 왜 "일본인은 자식이 죽어도 울지 않나요?"와 같은 질문을 하는 것일까? 거기에는 그럴 만한 이유가 있다. 사실 나도 유학을 가기 전에는 일본인은 피도 눈물도 없는 줄 알았다. 냉혈한 경제적 동물로만 알았다.

1995년 1월 17일 새벽에 고베神戶를 중심으로 한 관서지방에서 큰 지진이 발생했다. 보통 한신·아와지 대지진阪神·淡路大震災 혹은 고베

대지진이라고 불리는 직하형 지진이다. 효고현兵庫県의 아와지섬淡路島 북쪽을 진원으로 발생한 진도 7.2의 대지진이었다.

이 지진을 잘 기억하는 이유는 그해 가을에 일본으로 유학을 떠났기 때문이다. 사실 봄에 유학을 가려고 했는데, 실패했다. 주위에서는 한신·아와지 대지진도 있으니 차라리 잘 됐다고 위로해줬지만 위로가 되지 않았다. 이왕이면 일본에서 일본사회가 겪는 아픔을 공유하고 싶었기 때문이다.

한신·아와지 대지진이 발발하자 세계 곳곳에서 취재진과 더불어 구호대원을 특파했다. 물론 한국도 동참했다. 한일 간에 미해결된 역사 문제가 있다고 하더라도 이웃 나라의 아픔을 모른 척하지 않고, 함께하고자 했다. 인도적인 측면에서 잘했다고 생각한다.

그런데 흥미로운 모습이 TV를 통해 전달됐다. 우리나라 기자가 피해를 입은 일본 시민을 취재했다. 인터뷰에 응한 사람은 이번 지진으로 집과 가족을 잃은 주민이었다고 기억한다.

놀란 것은 얼굴에 슬픈 표정을 거의 드러내지 않고 무척 담담하게 기자의 질문에 답하고 있다는 것이었다. 취재하는 기자도 놀란 기색이었다. '자기 일인데 어떻게 저렇게 차분하게 남의 일처럼 이야기할 수 있을까'하고 생각했다.

2011년 3월 11일에도 대지진이 발생했다. 동일본대지진東日本大震災이다. 이 대지진은 일본 역사에서 대단히 특이하게 기록된 지진이었다. 지진이 지진으로만 끝나지 않고 쓰나미津波 곧 지진해일을 동반했기 때문이다. 원자력발전소가 파괴돼 방사능이 유출됐다. 그리고

제3장 구분 문화형

원전 피해와 방사능 피해는 지금 이 순간에도 진행형이다. 아베 수상이 2020년 동경 올림픽 개최를 위해 일본의 안정성을 '모두 잘 컨트롤 되고 있다'라는 말로 역설해도 말이다.

그런데 나를 포함한 세계 시민은 TV에 나와 인터뷰하는 피해 지역의 주민에게 놀랐다. 너무나도 차분하고 담담하게 인터뷰를 하고 있었기 때문이다.[24] 한국인이라면 땅바닥을 치며, 아이고 아이고 라고 울부짖으며 대성통곡을 했을 텐데 말이다. 역시 일본인은 냉혈한 사람이기 때문일까?[25]

죽음과 같은 극한 상황에 처한 일본인이 다른 사람 앞에서 자신의 감정 표현을 어떻게 표현하는가를, 그리고 왜 그렇게 행동하는가를 잘 보여주는 텍스트가 있다. 일본의 문호인 아쿠타가와 류노스케의 『손수건ハンカチ』이 그것이다. 이 작품은 1916년 9월에 발표됐다. 주인

---

24 방송국 기자인 유영수는 『일본인 심리상자: 우리가 몰랐던 일본인의 24가지 심리 코드』에서 일본인의 감정표현을 언급하면서 일본인은 자신의 슬픔을 다른 사람에게는 잘 보여주지 않으려고 스스로 감정 억제를 한다고 말한다. 자연재해를 입은 이재민이 인터뷰를 할 때 특히 그렇다고 말한다.
유영수『일본인 심리상자: 우리가 몰랐던 일본인의 24가지 심리 코드』(한스미디어, 2016)

25 히로나카 헤이스케는 『학문의 즐거움』에서 무언가를 창조하는 사람에게는 체념도 필요하다고 말한다. 이때 체념이란 포기를 의미하지 않는다. 일본어 '체념'에는 포기라는 의미도 있지만 도리를 깨닫는 마음이라는 의미도 있다. 그리고 후자에는 현실을 정확하게 인식하고 앞으로 나가는 긍정적 뉘앙스가 있다. 내가 보기에 일본인은 긍정적 의미로 체념하는 경우가 적지 않다고 생각한다. 일본은 태풍과 지진 그리고 지진해일과 같은 자연재해가 빈번하게 발생하는 지역이다. 그런 현실 속에서 체념은 오히려 살아가는 지혜일 수도 있다. 동일본지진과 같은 자연재해가 일어났을 때 일본이 무섭다고 일본인이 다른 데로 도피할 수도 없지 않은가! 체념하면서 앞으로 나갈 수밖에 없다.
히로나카 헤이스케『학문의 즐거움』(김영사, 1992)

일본문화의 패턴

공은 동경제국대학東京大国大学 법대 교수인 하세가와 긴조다. 어느 날 그가 집에서 쉬고 있는데, 니시야마 아츠코라는 여자가 그를 찾아왔다. 그리고는 자기 아들의 죽음을 하세가와 교수에게 전해준다. 아들이 하세가와 교수의 제자였기 때문이다. 이 작품의 압권은 자기 아들의 죽음을 하세가와 교수에게 전할 때 보여준 니시야마 아츠코의 얼굴 표정과 행동이다.

좀 길지만 작품을 올바로 이해한다는 측면에서 중요한 부분을 다음과 같이 인용한다.[26]

······ 선생(하세가와 긴조 교수를 가리킴. 인용자)은 책을 내려놓고 방금 시중드는 아이가 가져온 명함을 보았다. 상아빛 종이에 작게 니시야마 아츠코라고 씌어 있었다. 아무래도 지금까지 만난 적이 있는 사람 같지는 않다. 교제 범위가 넓은 선생은 등나무 의자에서 일어서며 그래도 혹시나 하는 마음에서 머릿속의 인명부를 한번 주욱 훑어보았다. 그러나 역시 이렇다 할 얼굴도 기억도 떠오르지 않는다. 그래서 책갈피 대신 명함을 책 사이에 끼워서 등의자 위에 놓고 선생은 들뜬 듯한 모습으로 성글게 짠 비단 홋겹 옷의 매무새를 고치며 잠시 코앞의 기후 호롱을 다시 바라보았다. 누구나 그렇겠지만 이런 경우에는 기다리고 있는 손님보다도 기다리게 하는 주인 쪽이 더 마음이 급한 법이다. 다만 평

---

26 번역문에 가끔 좀 어색한 표현이 있기는 하지만 그대로 인용한다.

제3장 구분 문화형

소 근엄한 선생의 일이니까 그러한 그의 행동이 미지의 여자 손님에 대해서만 그런 것이 아니라는 것은 일부러 강조할 필요도 없을 것이다.

　드디어 선생은 응접실의 문을 열었다. 안으로 들어가서 누르고 있던 손잡이를 놓는 것과 의자에 앉아 있던 사십 정도 되는 부인이 일어선 것이 거의 동시였다. 손님은 선생의 분별력이 따를 수 없을 만큼 품위 있고 고상한 군청색 여름 기모노를 입고 있었는데, 기모노 위에 입은 검은색 얇은 비난 하오리(기모노 위에 입는 코트 모양의 덧옷)의 가슴 부분만 좁게 열린 곳에 오비(일본옷 허리띠)를 고정시키는 시원한 해초 모양의 비취 장신구가 돋보였다. 머리를 기혼여성의 머리 스타일로 틀어 올린 것은 이런 자질구례한 것에 별반 관심이 없는 선생에게도 금방 알 수 있었다. 일본인 특유의 둥근 호박색 피부를 가진 현모양처로 보이는 부인이었다. 선생은 얼핏 보는 순간 이 손님의 얼굴을 어디선가 본 적이 있다고 생각했다.

　"제가 하세가와입니다."

　선생은 상냥하게 인사했다. 그렇게 말하면 만난 적이 있다면 저쪽에서 말을 꺼낼 것이라고 생각했기 때문이다.

　"니시무라 겐이치로가 제 아들입니다."

　부인은 또렷한 음성으로 이렇게 이름을 말하고, 그리고서 정중하게 인사했다.

　니시무라 겐이치로라면 선생도 기억하고 있다. 역시 입센이나

스트린트베르크의 평론을 쓰는 학생 중의 한 사람으로 전공은 분명 독일법률이었던 것 같은데 대학에 입학하고 나서도 자주 사상 문제를 가지고 선생에게 드나들었다. 그러던 것이 금년 봄, 복막염에 걸려 대학병원에 입원했다고 해서 선생도 근처에 가는 길에 한두 번 병문안을 가준 적이 있다. 이 주인의 얼굴을 어디선가 본 적이 있다고 생각된 것도 우연이 아니었다. 그 눈썹이 짙고 활기 넘치는 청년과 이 부인과는 일본 속담에 붕어빵瓜二つ이라고 형용하는 것처럼 놀라우리만큼 꼭 닮았던 것이다.

"아, 예 니시야마군의 어머니 되십니까. 그러세요."

선생은 혼자 끄덕이며 작은 테이블 맞은편에 있는 의자를 가리켰다.

"저리 앉으시죠."

부인은 우선 갑자기 방문하게 된 것을 사과하고 나서 다시 정중하게 절을 하고 선생이 가리키는 의자에 앉았다. 그러면서 옷소매에서 뭔가 하얀 것을 꺼냈는데 손수건인 것 같다. 선생은 그것을 보자 재빨리 테이블 위의 조선부채를 권하면서 부인 맞은편 의자에 앉았다.

"집이 아주 좋으시네요."

부인은 약간 과장되게 방안을 둘러보았다.

"아녜요. 넓기만 하고, 전혀……"

이러한 인사말에 익숙한 선생은 방금 시중드는 아이가 가져온 홍차를 손님 앞에 고쳐놓으면서 곧 화제를 상대방 쪽으로 돌렸다.

"니시야마군은 좀 어떤가요. 상태가 좋아지고 있나요."

"네에."

부인은 조심스럽게 양손을 무릎 위에 포개어 놓으면서 잠시 말을 끊었다가 조용히 역시 가라앉은, 거리낌 없는 어조로 말했다.

"실은 오늘도 아이 일로 찾아뵈었는데요. 아들아이가 결국 세상을 떠났어요. 생전에 여러 가지로 선생님께 신세를 져서……"

부인이 차를 들지 않는 것을 사양하는 것이라고 해석한 선생은 이때 마침 홍차 잔을 입으로 가져가려는 참이었다.

억지로 자꾸만 권하는 것보다는 자기가 먼저 마시는 게 낫다고 생각했기 때문이다. 그러나 아직 찻잔이 부드러운 콧수염에 다다르기 전에 부인의 말은 돌연 선생의 귀를 위협했다. 차를 마셨던가 마시지 않았던가. - 이런 생각이 청년의 죽음과는 완전히 독립해서 한 순간 선생을 어지럽혔다. 그러나 언제까지나 들어 올렸던 찻잔을 그대로 내려놓을 수는 없었다. 그래서 선생은 과감하게 꿀꺽 반쯤 마시고 약간 눈썹을 모으며 쉰 듯한 목소리로 "저런!" 했다.

"병원에 있는 동안에도 아들아이가 선생님 얘기를 많이 해서요. 바쁘실 거라고 생각은 했습니다만 알려드릴 겸 감사하다는 말씀을 드리려고……"

"무슨 말씀을요."

선생은 찻잔을 내려놓고 그 대신 푸른 색 납을 입힌 부채를 들며 아연실색해서 이렇게 말했다.

"그렇게 됐군요. 이제부터가 한창 나이인데…… 저는 병원에도 다시 가보지 못하고 해서 이젠 거의 나았을 거라고만 생각하고 있었습니다. 그럼 언제였나요, 세상을 떠난 게?"

"어제가 꼭 이레째 되는 날이었어요."

"그럼 병원에서?"

"네."

"정말 놀랍습니다."

"어쨌건 손을 쓸 만큼은 썼는데도 그렇게 된 거니까 체념할 수밖에 없겠는데 그래도 저렇게까지 되고 보니까 걸핏하면 푸념이 나와서 안 되겠어요."

이러한 대화를 주고받는 동안 선생은 의외의 사실을 깨달았다. 그것은 이 부인의 태도나 거동이 조금도 자기 아들의 죽음을 얘기하고 있는 것 같지 않다는 사실이다. 눈에는 눈물도 글썽이지 않았다. 목소리도 평상시 대로다. 게다가 입가에 미소까지 띠고 있다. 얘기를 듣지 않고 외모만 보고 있다면 누구나 이 부인은 일상적인 평범한 얘기를 하고 있다고밖에 생각하지 않을 것임에 틀림없다.-선생에게는 이것이 이상했다-

…… 어떻게 하다가 조선 부채가 선생의 손에서 미끄러져서 탁 하고 모자이크로 된 마룻바닥에 떨어졌다. 대화는 물론 일각의 단절을 허용하지 않을 정도로 절박한 것도 아니었다. 그래서 선생은 상반신을 의자에서 앞으로 내밀어 아래를 향하고 바닥 쪽

으로 손을 뻗쳤다. 부채는 작은 테이블 아래 슬리퍼에 감춰진 부인의 하얀 다비(버선) 옆에 떨어져 있었다.

그때 선생의 눈에는 우연히 부인의 무릎이 보였다. 무릎 위에는 손수건을 쥔 손이 얹혀 있었다. 물론 이것만으로는 발견도 아무것도 아니다. 그러나 선생은 동시에 부인의 손이 격하게 떨리고 있는 것을 보았다. 떨면서 그것이 감정의 격동을 억지로 억누르려고 하는 탓인지 무릎 위의 손수건을 양손으로 찢어질 듯이 꽉 쥐고 있는 것을 알았다. 그리고 나중에 주름투성이가 된 비단 손수건이 가녀린 손가락 사이에서 마치 미풍에 나부끼기라도 하듯이 수를 놓은 테두리를 떨게 하고 있는 것을 깨달았다. 부인은 얼굴로는 웃고 있었지만 실은 아까부터 전신으로 울고 있었던 것이다.

부채를 집어 들고 얼굴을 들었을 때 선생의 얼굴에는 지금까지 없었던 표정이 있었다. 보아서는 안 될 것을 보았다는 경건한 기분과 그러한 의식에서 오는 어떤 만족이 다소의 연기演技로 과장된 것 같은 매우 복잡한 표정이었다.

"정말 마음 아프신 건 저같이 자식이 없는 사람도 헤아릴 수 있습니다."

선생은 눈부신 것이라도 보듯이 약간 과장되게 목을 뒤로 젖히며 감정어린 목소리로 이렇게 말했다.

"감사합니다. 하지만 새삼스럽게 무슨 말을 해도 돌이킬 수 없는 일인 걸요."

> 부인은 약간 머리를 숙였다. 밝은 얼굴에는 의연하게 여유로운 미소가 감돌고 있었다. ……[27]

위 인용문에 잘 나타나 있듯이 아들의 죽음을 전하는 어머니 곧 니시야마 아츠코는 사실 마음이 너무 아프고 슬펐다. 다만 그것을 겉으로 표현하지 않고 속으로 나타내고 있었던 것이다. 그것을 하세가와 긴조 교수는 테이블 아래에 떨어진 손수건을 통해 우연히 알게 됐다.[28]

부모가 세상을 떠나면 그 슬픔은 1, 2년이 가고, 배우자가 죽으면 그 아픔은 3, 4년이 가고, 자식이 죽으면 그 괴로움은 평생 간다는 말이 있다. 특히 자식이 먼저 세상을 떠나면 부모는 아이의 죽음을 가슴에 묻는다는 말도 있다. 그만큼 자식을 먼저 보낸 부모의 마음이 아프다는 것이다.

2014년 4월 16일 '세월호' 참사가 있었다. 사망자와 행방불명자를 포함하여 300여 명이 희생됐다. 특히 희생자 대부분이 어린 학생이었다. 그들을 떠나보내는 부모의 심정이 어떤 것이었는가는 미뤄 짐작할 수 있다. 그리고 인터뷰 때 희생자의 부모가 자신이 겪는 슬픔을 격하게 표현했을 때, 많은 시청자도 같이 울었다. 우리문화에서

---

27 조사옥 편 『아쿠타가와 류노스케 전집 1』(제이앤씨, 2009)
28 참고로 박경리는 『일본산고』에서 일본인의 정서를 우수와 허무주의로 보고 있다. 일본인에게 그런 측면이 있다고 한다면 지진과 쓰나미 그리고 태풍과 같은 자연 재해가 일본인의 정서에 적지 않게 영향을 미쳤다고 생각한다.
박경리 『일본산고』(마로니에북스, 2013)

는 이런 감정 표현이 너무 자연스러운 것이다.

그렇다면 왜 일본인은 감정 표현을 잘 드러내지 않는 것일까? 거기에는 문화형의 차이가 있다. 일본인은 자신의 감정을 거르지 않고 그대로 표현하는 사람을 좋게 보지 않는다.[29] 어린애 같다고 생각한다.[30] 또한 일본문화에는 '우치内·ウチ'와 '소토外·ソト'라는 개념이 있다. 우리식으로 번역하면 '우치'는 '우리'가 되고, '소토'는 '남' 곧 '타인'이 된다.

일본인은 인터뷰와 같은 공적인 장소에서는 자신의 솔직한 감정, 특히 슬픔 감정은 잘 드러내지 않는다.[31] 취재하는 사람이나 불특정 다수의 시청자는 '소토'에 속하는 타인이기 때문이다. 그런 사람에게는 자신의 감정을 표현하지 않는다. 그러나 인터뷰를 마치고 자신의 집에 들어가서는 복받치는 감정을 가족에게는 드러낼 수 있다. 가족은 '우치'에 속하는 '우리'이기 때문이다. 곧 우리와 남을 구분하면서 자신의 감정을 표현하는 것이다.

일본인에게 '우치'와 '소토'를 정확히 구분하는 의식이 있다는 것

---

29 루스 베네딕트는 『국화와 칼』에서 다음과 같이 말한다.
"'(일본인에게, 인용자) 감정을 입 밖에 낸다'는 것은 수치다. 그것은 자기를 '속 속들이 드러내는' 것이기 때 문이다."
루스 베네딕트 『국화와 칼』(을유문화사, 2008)
30 참고로 영국인도 자신의 감정을 노골적으로 표현하는 사람을 싫어한다고 한다. 그런 사람은 문명화가 덜 됐다고 판단하기 때문이다.
31 기쁜 감정도 그렇다. 예컨대 일본 씨름 경기인 스모에서 상대를 이긴 선수가 우리나라 씨름 선수처럼 고함을 치면서 승리의 기쁨을 표현하지 않는다. 물론 스모라는 특수성도 있겠지만 일본인은 슬픔 감정도 더불어 기쁜 감정도 잘 표현하지 않는다. 굳이 표현한다면 담담하게 나타낸다.

을 잘 보여주는 예가 있다. 세쓰분節分이 그렇다. 보통 입춘 전날을 세쓰분이라 부른다. 이때 일본인은 콩을 뿌리면서 이렇게 외친다. "복은 안으로, 도깨비는 밖으로福は内 鬼は外"

마키노 세이치는 '우치'와 '소토'에 관한 일본인의 의식을 아래와 같이 잘 정리한다.

> 일본에서는 2월 세츠분에 콩을 뿌리면서 "복은 들어오고, 귀신은 나가라"고 하는데, 이것은 일본인이 우치와 소토를 엄격히 구분하고 있음을 여실히 보여줄 뿐만 아니라, 우치라는 공감의 영역이 행복의 원천이라는 의식, 그리고 그러한 영역에 행복을 파괴할 수도 있는 타인을 넣고 싶지 않다는 바람을 표현하고 있는 것입니다.[32]

해마다 세쓰분에는 나에게 중요한 역할이 부여된다. 내가 도깨비 탈을 쓰고 도깨비 역할을 하면 아내와 딸아이는 내게 콩을 뿌린다. "복은 안으로, 도깨비는 밖으로"라고 외치면서 말이다. 아이를 위해 도깨비 역할을 하는 것은 어렵지 않다. 아니, 아이도 즐거워하니 기쁜 마음으로 하고 있다. 하지만 아내가 뿌리는 콩을 맞으면서 "복은 안으로, 도깨비는 밖으로"라는 말을 듣는 것은 서글프다. 내가 우리 가족이라는 곧 '우치'라는 울타리에서 갑자기 '소토'라는 곧 남이 된

---

32 마키노 세이치 『공간의 언어문화학-일본문화로 해석한 아날로그 일본문법』(제이앤씨, 2001)

제3장 구분 문화형

도깨비 탈을 쓰고 방망이를 든 큰딸[33]

것 같기 때문이다. 내년에는 아내에게 좀 부탁을 해야겠다.
 "당신은 좀 빠지면 안 돼?"
라고.

---

33 아빠가 불쌍했던지 금년에는 큰딸이 나를 대신해서 도깨비가 돼 주었다.

일본인 "팥빙수도 섞어 먹는 거야?"
한국인 "당연하지!"

　작년 여름 방학 기간에 아이들을 데리고 일본에 다녀왔다. 처가가 일본에 있기 때문이다. 어렸을 때 나도 방학에는 가끔 외가에 갔었다. 외가란 곳은 설명하기 어려운 친근감이 있어서 좋다. 나만 그런 것은 아닌 것 같다. 그래서 그런지 우리는 술집이나 음식점에 가서 잘 알지도 못하는 아주머니에게 '이모!' 라고 부르는지도 모른다.
　내가 아이들은 일 년에 두 번 정도 꼭 일본 외가에 보내는 것은 나의 어릴 적 추억 때문만이 아니다. 더 중요한 이유가 있기 때문이다. 굳이 국적으로 말한다면 딸아이들은 한국인이면서 일본인이다. 일본인이면서 한국인이다. 한국에서 나고 자랐기 때문에 우리문화는 자연스럽게 체득할 수 있지만 일본문화는 그렇지 못하다. 체험할 수 있는 기회가 많지 않기 때문이다. 한국문화도 알아야 하지만 일본문

제3장 구분 문화형

화도 잘 알았으면 하는 나의 바람 때문이다.

처가에서 차로 30분 정도 가면 '어린이 나라子供の国'라는 곳이 있다. 한 마디로 말하면 아이들이 놀 수 있는 유원지이면서 학습체험 장소다. 처가에 갈 때마다 들리는 곳이기도 하다. 그날도 큰딸을 데리고 이곳에 갔다. 무척 더운 날이었다. 매표소 옆에는 음료수와 과자 그리고 빙수를 파는 가게가 있었다. 아이가 빙수 그림을 보더니 빙수를 사달라고 졸라댔다. 순간 나는 기억을 더듬어봤다. '내가 일본에서 빙수를 먹은 적이 있나?' 기억이 나지 않았다. 어쩌면 먹은 적이 없는지도 모른다. 잘 됐다 싶어서 빙수를 사주기로 했다.

가게 앞으로 갔다.

"빙수 한 개 주세요."

라고 말했더니,

"어떤 맛이요?"

라는 대답이 돌아왔다.

그랬다. 이 가게에서 파는 빙수에는 3가지 맛이 있었다. 딸기 맛 빙수, 레몬 맛 빙수, 망고 맛 빙수였다. 여기서 '맛'이라고 한 것은 빙수에 딸기나, 레몬이나, 망고가 직접 들어 있지 않기 때문이다. 그런 맛을 내는 시럽을 빙수에 끼얹어놓은 것에 불과했다.[34] 다음 페이지의 이미지와 같이 말이다.

레몬 맛 빙수를 샀다. 그런데 아이가 투덜거렸다. 망고 맛 빙수를

---

[34] 우리나라의 '바나나 우유'가 사실은 '바나나 맛 우유'인 것처럼 말이다.

일본문화의 패턴

딸아이가 산 빙수

사고 싶었는데, 내가 잘못 주문했다는 것이다. 미안하다고 했다. 다음에 하나 더 사주겠다고 약속했다. 하지만 아이 기분이 영 좋지 않았다. 아이들이란…… 참, 솔직하다. 무서울 정도로.

겨우 달래서 아이와 함께 빙수를 먹기 위해 레몬 시럽이 들어간 빙수를 마구 섞었다. 하얀 빙수가 노랗게 물들었다. 맛있어 보였다. 그때였다. 아내와 연애하던 시절이 갑자기 떠올랐다.

아내와 나는 서울에서 만났다. 지금도 많은 사람들이 오해하는 것이 있다. 유학 시절에 아내를 만났다고 생각하는 사람이 적지 않다. 그래서 아내를 삿포로 출신이라고 오해를 하곤 한다. 아니다. 내 아내는 군마 출신이다. 그런데 연애를 하면서 느낀 건데 아내는 내가 만났던 일본인과는 좀 달랐다. 시간 약속도 잘 지키지 못했고, 더치페이도 잘 하지 못했다. '뭐 이런 일본인이 다 있어?' 하고 생각한 적

제3장 구분 문화형

도 없지 않았다. 나중에 그 이유를 자연스럽게 알게 됐다. 처가는 딸기농사와 함께 논농사와 밭농사를 하는 농가였다. 농가에는 농가의 시간 관념과 돈 관념이 있었던 것이다.[35] 좋은 의미로든 그렇지 않든 한국인의 감각에 좀 가까웠다.

결혼 전이었다. 여름이었다. 아내가 팥빙수를 먹자고 했다. 근무하는 직장 근처에 마침 팥빙수 가게가 있었다. 각자 먹고 싶은 팥빙수를 주문했다. 잠시 후 팥빙수가 나왔다. 그 아름다움에 아내는 황홀해 했다. 사진을 찍고 난리가 아니었다. 그런데 곧바로 흥미로운 광경이 연출됐다. 나는 팥빙수를 마구 섞어서 먹고 있는데, 아내는 팥빙수를 섞지도 않고 얌전하게 떠먹고 있지 않는가! 아니나 다를까 아내 입에서 이런 말이 튀어나왔다.

"팥빙수도 섞어 먹는 거야?"

질문이 계속 이어졌다.

"왜 한국인은 뭐든지 섞어 먹어?"

최근에 한국음식을 즐기는 일본인이 많이 늘었다. 배용준의 〈겨울연가〉로 시작된 한류붐의 덕이 크다. 일본인이 좋아하는 한국 음식에는 비빔밥, 불고기, 감자탕, 죽 등이 있다. 이중에서 가장 인기 메뉴는 단연 비빔밥이다. 특히 이시야키石燒き비빔밥이라고 하는 돌솥비빔밥을 아주 좋아한다. 일본인이 비빔밥을 좋아하는 것은 여기에

---

[35] 일본인은 시간관념이 우리보다 철저한 편이다. 그렇다면 이런 시간관념은 언제 형성된 것일까? 근대 이후다. 그리 오래되지 않았다는 말이다. 그리고 근대적 시간관념은 군대에서 시작됐다.
요시다 유타카 『일본의 근대』(논형, 2005)

다양한 야채가 들어 있기 때문이고, 그것이 들어 있는 비빔밥이 아름답기 때문일 것이다. 게다가 밥(그릇)을 들지 못하고 놓고 먹어야 하는 이국적 정취 때문이라고 생각한다.

아내도 비빔밥을 좋아한다. 연애하면서 비빔밥을 수없이 먹었다. 그런데 먹는 풍경이 너무 달랐다. 비빔밥이 나오면 나는 비비고 섞는데 정신이 팔렸는데, 아내는 비빔밥을 감상하는데 정신이 없었다. 아름답다는 말을 하면서 말이다. 먹기 아깝다는 말도 빠뜨리지 않았다. 그러면서 내게 꼭 물었다.

"비빔밥은 꼭 섞어서 비벼서 먹어야 하는 거야?"

결혼 직후의 일이다. 아내가 감자탕을 좋아해서 집 근처 감자탕집에 갔다. 아내에게 물었다.

"일본인은 왜 감자탕을 좋아해?"

아내가 대답했다.

"고기가 들어 있고, 감자도 들어 있어서!"

뭔가 멋있는 답변이 있기를 잔뜩 기대했는데⋯⋯ 너무도 당연한 말이 돌아왔다.

실망스러운 표정을 감추지 못한 채 감자탕 국물에 밥을 말아서 먹으려는 순간이었다. 바로 그때 아내의 날카로운 질문이 날아왔다.

"왜 한국인은 뭐든지 말아서 먹어?"

"말아서 먹다니?"

아내가 말을 이어갔다.

"당신 가끔 물에다가 밥을 말아서 먹기도 하잖아?"

아내의 문제의식을 모르는 바는 아니다. 일본에는 비비고 섞어서 먹는 음식문화가 거의 없다. 말아서 먹는 음식문화도 거의 없다. 일본음식에 오코노미야키お好み焼き라는 것이 있다. 우리나라 파전 비슷한 것이다. 하지만 이것은 처음부터 비비고 섞은 후에 요리해서 먹는 것이다. 비빔밥과는 다르다. 일본음식에 오차즈게お茶漬け가 있다. 밥에 간이 들어간 분말 가루를 넣고 뜨거운 물을 넣어서 먹는 것이다. 우리식의 말아서 먹는 음식과 비슷하기는 하지만 인스턴트 음식이라는 점에서 크게 다르다.

일본의 음식문화에 왜 비비고 섞고 말아서 먹는 것이 없을까? 아마도 일본인이 시각적 아름다움에 우리보다 큰 가치를 두기 때문일 것이다.[36] 초밥 곧 스시すし를 떠올려 보면 그렇다. 일본의 포장문화를 생각해보면 그렇다. 이와 동시에 각각의 식재료가 내는 고유한 맛을 즐기는 경향이 있기 때문이라고 생각한다. 예를 들면 일본인도 술을 섞어 마신다. 하지만 우리처럼 처음부터 맥주에 위스키를 섞어 마시지 않는다. 맥주에 소주를 넣어 마시지 않는다. 우선 맥주를 마시고 다음에 위스키를 마시고 그리고 소주를 마시는 식으로 섞어 마신다. 결론은 같지만 과정이 다른 것이다. 역시 각각의 술 맛을 느끼고 싶기 때문일 것이다. 그래서 일본문화는 구분 문화형에 속한다고 말할

---

36 이어령도 『읽고 싶은 이어령』에서 다음과 같이 일본인은 시각으로 먹는다고 말한다. "일본인들이 시각으로 먹고, 인도인들이 촉각으로 먹고, 프랑스인이 미각으로 먹는다면, 한국인은 시각, 청각 그리고 촉각, 후각까지 즉, 온몸으로 식사를 한다."
이어령 『읽고 싶은 이어령』(여백, 2014)

수 있다.

 빙수 주문을 잘못 해서 아이에게 미안했는데, 마침 장모님이 처가 근처에 유명한 빙수 가게가 있다고 귀띔해 줬다. 장모님의 안내로 아이와 함께 빙수 가게에 갔다. 빙수 세 개를 시켰다. 나와 아이는 빙수를 보자마자 비비고 섞어서 먹었다. 장모님은 우리가 먹는 모습이 신기하다는 듯 쳐다보면서 빙수를 섞지 않고 얌전하게 드셨다.[37]

---

37 역시 장모님이다. 한국인 사위가 곤란해 할 질문은 하지 않으니 말이다.

제4장

고맥락 문화형

●

한국인 "OK라는 의미인가요, NO라는 뜻인가요?"
일본인 "그것도 모르세요?"

다음 퀴즈에 답하시오.

1. 교토京都에 사는 일본인 지인의 집에 놀러갔다고 하자. 마침 점심때였다. 지인이 '오차즈케'라는 간단한 식사를 내겠다고 하면서 점심을 같이 하자고 한다. 권유대로 같이 식사를 해야 할까, 다른 일정이 있다고 하면서 그 자리를 떠야 할까?

2. 일본인과 논쟁을 하고 있다고 가정하자. 이쪽 주장을 열심히 펼치고 있는데, 상대방은 연거푸 고개를 끄덕이며 '나루호도なるほど(그렇지요)' 혹은 '소데스카そうですか(그런가요)'라고 맞장구만 치고 있다. 상대방은 이쪽 주장을 긍정적으로 받아들이고 있을까, 그렇지 않을까?

3. 일본인에게 이쪽 주장을 피력하고 있다. 상대방은 '와카리마시

타わかりました(알겠습니다)'만 반복할 뿐이다. OK라는 의미일까, NO라는 뜻일까?

우선 1번 문제부터 풀어보자. 언론인이자 정치가인 전여옥은 『일본은 없다1』에서 다음과 같이 말한다.

> 오차즈케란 찬물에 밥을 말아 먹는 것으로 가장 간단한 일본 음식을 가리킬 때 쓰는 말이다. 우리식으로 하면 "와서 수제비라도 들어요." 하는 식의 일본 인사말이다. 왜 교토의 오차즈케 이야기가 유명한가 하면 타지 사람들이 교토에 와서 교토 사람이 "우리 집에 와서 오차즈케라도 들어요." 하는 말을 듣고 처음에는 사양하다 두 번째쯤 일본식으로 집에 찾아가면 뒷소리로 "아유, 낯도 두껍지." 하는 소리를 듣는 데서 나온 말이다. 그래서 교토에서는 청하면 보통 네 번째쯤에야 그 청을 받아들인다고 한다. …… 내가 아는 어느 신문사의 중견간부가 병아리기자 시절 홋카이도 지방에서 기자생활을 시작했는데 취재 중에 친해진 사람이 집으로 청하자 교토식으로 "아, 감사합니다. 찾아뵙지요." 하고 당연히 그 초청이 인사치례인 것으로 알고 그냥 넘겼다고 한다. 그런데 다음날 초청한 사람의 화가 몹시 난 얼굴을 대하고 놀랐다는 이야기를 했다. 그는 거의 전부가 정착민인 홋카이도 지방의 툭 터놓고 지내는 인간적인 분위기가 좋아 고향을 떠나 탈교토를 선언했다고 한다.[1]

제4장 고맥락 문화형

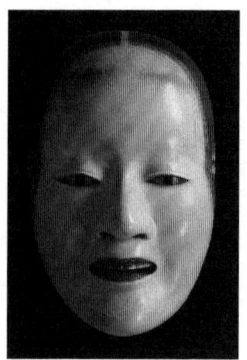

가면을 쓴 일본인[2]

오차즈케는 밥에다가 따뜻한 녹차를 넣어서 먹는 간단한 식사를 말한다. 여기에 낫토納豆라는 청국장의 된장을, 혹은 우메보시梅干し 곧 매실장아찌를 넣어서 먹기도 한다.

위 인용문에서 알 수 있는 것은 일본인, 특히 "교토 사람이 오차즈케라도 같이 하죠."라고 말하면 인사말이고 인사치레이니 권유대로 해서는 안 된다는 말이다. 지역에 따라, 사람에 따라 예외는 있을 수 있지만 이 지적은 대체적으로 맞다고 볼 수 있다. 일본인은 웬만해서는 그냥 알고 지내는 사람을, 하물며 외국인을 자기 집에 초대해서 식사하는 경우는 매우 드물기 때문이다. 혹 식사를 한다면 외식

---

1 전여옥『일본은 없다1』(지식공작사, 1994)
2 한국을 비롯해 적지 않은 외국인이 일본인은 알 수 없다는 말을 자주 한다. 본심을 모르겠다는 말이다. 진정한 의미를 알 수 없다는 뜻이다. 그래서 일본인을 표상할 때 이와 같이 가면을 쓴 일본인으로 하곤 한다.
http://image.search.yahoo.co.jp

을 하자고 할 것이다.

2번 문제는 어떨까? 전여옥은 같은 책에서 일본인이 상대방의 말에 맞장구를 칠 때 자주 쓰는 말인 '나루호도'와 '소데스카'에 관한 에피소드를 들려준다.

> 아카바네에 있는 그 외교관 숙사에서는 여느 일본의 사택처럼 한 달에 한 번씩 모임이 열린다. 생활환경이 열악한 것은 누구나 느끼는 일이었고 어느 날 평소 말수가 적은 어떤 외교관 부인이 불평을 했다고 한다. …… 그 자리에 있던 많은 부인들은 그녀가 말하면 '아, 소테스카(그런가요)' '나루호도(그렇지요)' 하고 맞장구를 친 것은 물론이었다. 일본인들이 상대방 앞에서 묘한 미소를 지으며 맞장구치는 것은 거의 기계적이거나 반사적으로 하는 것이기 때문에 그 맞장구를 듣는 사람은 자기와 같은 의견이거나 찬성하는 것으로 착각하게 된다는 것은 일본인은 물론이고 일본 생활에 어느 정도 익숙해진 외국인이라도 쉽게 알게 되는 현상이다.[3]

일본인은 상대방이 말을 할 때 경청한다. 그리고 상대방의 말 중간 중간에 '그런가요'·'그렇지요'라는 맞장구를 끊임없이 친다.[4] 이

---

3 전여옥 위의 책(『일본은 없다1』)
4 임영철은 『한국어와 일본어 그리고 일본인과의 커뮤니케이션』에서 맞장구를 예시하면서 우리의 언어커뮤니케이션이 대화對話형이라면, 일본은 공화共話형이라고 지적한다.

제4장 고맥락 문화형

런 반응을 들으면 말하는 사람은 상대방이 자신의 주장이나 견해에 100% 동의한다고 생각하게 된다. 물론 상대방의 주장이나 의견에 동의할 때 맞장구를 치기도 한다. 하지만 대부분은 내가 당신의 말을 경청하고 있다는 표시로 맞장구를 칠 뿐이다. 이점을 잊어서는 안 된다. 명심해야 한다.

마지막으로 3번 문제를 풀어보자. 김현구는 『김현구 교수의 일본이야기』에서 아래와 같이 '와카리마시타(알겠습니다)'의 일화를 소개해준다.

> 1970년대에 미국은 홍수처럼 밀려드는 일본의 섬유제품으로 골치를 앓고 있었다. 그래서 당시 닉슨 대통령이 사토 총리와의 하와이 정상회담에서 섬유류 제품의 수출을 자제해줄 것을 요청했고 이에 대해서 사토 총리는 "와카리마시타(알겠습니다)" 하고 대답했다. 그 후 닉슨 대통령은 일본이 섬유류 수출을 자제해주기를 기다리고 있었지만 일본 측에서는 전혀 그런 기색을 보이지 않았다. 이에 화가 난 미국이 일본에 약속이행을 촉구하고 나서자 일본은 "와카리마시타"라고 했지 섬유류 수출을 자제하겠다고 약속한 일은 없다고 대답했다는 것이다.[5]

사토 총리의 '와카리마시타(알겠습니다)'에 대한 닉슨 대통령의

임영철 『한국어와 일본어 그리고 일본인과의 커뮤니케이션』(태학사, 2008)
5 김현구 『김현구 교수의 일본이야기』(창비, 1996)

155

당혹감은 충분히 이해한다. 닉슨은 사토의 '와카리마시타(알겠습니다)'를 'OK' 곧 승낙으로 해석했던 것이다. 하지만 이것은 오해다. 일본어의 '와카리마시타(알겠습니다)'는 승낙을 의미할 때도 있지만 보통은 '당신이 말하고 싶은 것, 주장하고 싶은 것은 알겠다. 그러나 내 생각은 다를 수도 있다' 정도의 뜻이다.

위와 같이 일본인이 사용하는 말, 곧 언어커뮤니케이션은 함축적인 경우가 적지 않다. 일본이 고맥락 문화형high context culture이기 때문이다. 한국도 고맥락 문화형에 속하기 때문에 일본인의 표현을 비교적 잘 이해하는 편이다. 하지만 항상 제대로 파악하고 있다고는 말하기 어렵다. 일본이 우리보다 더 고맥락 문화형에 들어가기 때문이다.[6]

홍민표도 『언어행동문화의 한일비교』에서

> 일본에서는 전통적으로 '입은 재앙의 원인口は災いのもと' '침묵은 금'과 같이 입에 관한 부정적인 속담이 있는 것처럼 일본인은 일반적으로 자기주장이 약하고 논쟁을 좋아하지 않으며 상대의 기분이나 마음을 헤아리는 배려가 중시되고 좋은 화자보다는 좋은 청자가 되려 한다.[7]

---

6 다른 사람에게 어떤 제안을 받았을 때, 일본인이 '생각해보겠습니다'라고 답하면 그것도 'YES'가 아니다. 'NO'에 가깝다.
야마쿠세 요지 『일본인이 오해받는 100가지 말과 행동: 국제교류와 비즈니스에서 일본을 이해하는 힌트』(한울, 2013)
7 홍민표 『언어행동문화의 한일비교』(한국문화사, 2010)

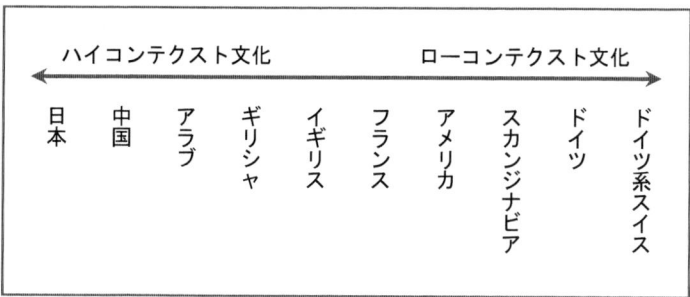

국가별 고맥락 및 저맥락[8]

라는 오사카 마사루의 지적을 인용하면서 일본이 한국보다 더 고맥락 문화에 속한다고 말한다.

　아내와 결혼한 지 10년이 넘었다. 그럼에도 가끔 아내의 말을 이해하기 어려울 때가 있다. 예컨대 아내가 나에게 창문을 닫아달라고 부탁할 때는

　"여보, 창문이 열려 있네!"

라고 말하지, 직접적으로

　"여보, 창문 좀 닫아줄래."

라고는 하지 않는다. 또한

　"여보, 좀 도와주면 좋겠는데……"

라고 말하지, 직접적으로

---

8 왼쪽으로 갈수록 고맥락 문화이고, 오른쪽으로 치우칠수록 저맥락 문화다. 여기서 우리는 일본이 최상위의 고맥락 문화형이라는 것을 알 수 있다. 반면 독일ドイツ, 미국アメリカ 등은 저맥락 문화형에 속한다.
http://image.search.yahoo.co.jp

"여보, 도와줘."
라고는 하지 않는다.

그럼 왜 직접적으로 말하지 않을까? 상대방에게 강요한다는 느낌을 주기 싫기 때문이다.[9] 아내와 원만하게 잘 사기 위해서 가장 필요한 것은 무엇일까? 사랑일까? 아니다. 돈 일까? 아니다. 그럼 사랑과 돈일까? 있으면 좋다. 하지만 필요충분조건이 아니다. 정작 필요한 것은 눈치다. 눈치가 있어야 한다.

어느덧 10여 년이나 눈칫밥 생활을 하고 있다. 앞으로도 눈칫밥을 먹을 것 같다. 내 숙명이다. 누구를 탓하랴!

---

9 유영수는『일본인 심리상자: 우리가 몰랐던 일본인의 24가지 심리 코드』에서 언어학자들의 다음과 같은 견해를 인용한다. "일본인들에게 '~해 주세요'라는 표현은 아무리 정중해도 명령형으로 여겨져 불편해한다."
유영수『일본인 심리상자: 우리가 몰랐던 일본인의 24가지 심리 코드』(한스미디어, 2016)

한국인 "저한테 호감 있나요?"
일본인 "아니요. 아무 뜻 없이 그냥 웃은 건데요……"

 꿈에도 그리던 유학을 가게 됐다. 동경에 있는 대학으로 유학 가고 싶었지만, 떨어졌다. 실망하고 있을 때였다. 일본에서 학위를 막 마치고 돌아온 선배가 홋카이도대학으로 유학 가는 것을 권했다. 지푸라기라고 잡는 심정으로 홋카이도행을 정했다. 지금 생각해보면 이 결정은 내 인생 최고의 선택이었다.
 일본으로 떠나기 며칠 전 학과 교수님들을 찾았다. 인사를 드리기 위해서였다. 그런데 교수님 중 한 분이 이런 말을 했다. 일본에 가면 여학생이 웃으면서 너에게 이야기할 것이라는 말과 그 웃음이 너에게 호감을 나타내는 의미가 아니라는 말이었다. 이상했다. '상대방이 나에게 호감이 없는데, 어떻게 웃으면서 이야기 해?' 이해가 가지 않았다. 웃음이란 작업의 정석 아닌가?

유학생활이 시작됐다. 적응하느라 한 달 정도는 정신없이 보냈다. 구청에 가서 외국인등록도 해야 했고, 은행에 가서 계좌도 만들어야 했다. 전화국에 가서는 전화도 신청해야 했고, 대형마트와 우체국 등이 어디에 있는지 확인해야 했다. 자전거와 생활에 필요한 가전제품을 구하는 데도 시간이 걸렸다.

유학생활에 필요한 최소한의 준비가 끝나자 비로소 마음에 여유가 생겼다. 그러자 유학 떠나기 전에 들었던 교수님의 충고가 생각났다. 여학생이 웃으면서 너에게 이야기해도 오해하지 말라는 그 말이 떠올랐다. 내가 공부하는 연구실에는 여학생이 유독 많았다. 일본 국문학과 문화를 연구하는 곳이라서 그랬던 것 같다. 그런데 연구실에 있는 대다수의 여학생이 환하게 웃으면서 나에게 말을 거는 것이 아닌가! 교수님의 말 그대로였다. 그냥 웃으면서 이야기만 걸었다면 교수님의 조언대로 생각했을 것이다. 그런데 다른 점이 있었다. 어떤 여학생은 손수 만든 케이크를 먹어보라고 했고, 어떤 여학생은 직접 원두커피를 내려주면서 권했고, 어떤 여학생은 자신이 만든 샌드위치를 한번 먹어보라고 했다. 순간 '와! 드디어 내가 여학생에게 인기를 얻기 시작하네. 한국에서도 없었던 인기를. 그것도 일본이라는 외국에서. 오! 하느님! 감사합니다'라고 속으로 몇 번이나 환호성을 올렸다.

하지만 그 여학생들의 웃음과 행동 곧 웃으면서 케이크, 커피, 샌드위치를 대접하는 것이 단순한 호의에 불과하다는 것을 알게 되는 데는 많은 시간이 걸리지 않았다. 달콤한 꿈을 잠시 꾼 것이었다.

제4장 고맥락 문화형

일본 여학생의 웃음은 나에게는 문화충격이었다. 일본 여학생의 웃음, 아니 일본인의 웃음은 어느새 나의 연구 대상이 되었다. 유학할 때 일본인에게 한국어를 가르칠 기회가 있었다. 개인 교습을 비롯하여 외국어학원, 구청 문화센터, 고등학교, 대학에서 한국어 교사를 했다. 한국어 수업을 하다보면 자연스럽게 학생에게 질문을 하게 된다. 그런데 한국어를 배우는 일본인에게는 공통점이 있었다. 질문을 하면, 웃는다는 것이다. 특히 모르는 것에 대해 질문을 하면 그냥 웃기만 한다는 것이다. 처음에는 '대체 이 웃음의 의미는 뭔가?' 하고 적잖이 당황했다. 하지만 차차 그 의미를 알게 됐다. 질문에 대한 답을 모른다는 뜻이었다. 그래서 웃었던 것이다. 웃으면서 어색하고 창피한 장면을 모면하고 싶었던 것이다. 일본어에 '와랏데 고마카스笑ってごまかす'라는 말이 있듯이 말이다. 직역하면 '웃으면서 어물어물 넘긴다' 혹은 '웃으면서 얼버무린다'라는 뜻이다.

일본인의 웃음과 함께 그들의 행동은 대단히 함축적이다. 다니엘 롱·오하시 리에는 『일본어로 찾아가는 일본문화탐방』에서 일본인의 행동 특히 동작에 대해

> 표상 기호(어떤 기호로 사용되는 동작을 말함)로 사용되는 신체동작은 그 동작에 대한 공통 이해가 있는 사회 또는 그 동작을 사용하는 사람들끼리가 아니면 의미가 전달되지 않는다.[10]

---

10 다니엘 롱·오하시 리에『일본어로 찾아가는 일본문화탐방』(지식의날개, 2012)

고 말한다. 웃음과 마찬가지로 동작도 기호인데, 그것은 같은 문화형의 사람이 아니면 이해하기 어렵다는 말이다.

유학 시절에 H라는 일본인 대학원 선배가 있었다. 무척 성실한 사람이었다. 내 튜터 역할도 1년이나 해줬다. 신세를 많이 졌다. 그와 나는 지도교수가 같았기에 자주 만났고, 연구회나 세미나가 끝나면 함께 술도 마셨다. 워낙 사람이 좋아서 그는 항상 간사 노릇을 했다. 술집을 찾을 때도 그가 선봉에 섰다.

어느 날이었다. 연구회를 마치고 지도교수와 학생들이 모여 술 한 잔 하기로 했다. H가 앞서 가더니 어느 술집 앞에서 양손으로 동그라미 모양을 만들어서 우리에게 보여줬다.

순간 '뭘 의미하나?' 하고 당황했다. 한국에서는 좀처럼 볼 수 없는 동작이었기 때문이다. 하지만 곧바로 문맥상 '이 술집이 좋다'는 뜻으로 해석했다. 추측대로였다.

H와 전철을 같이 탄 적이 있다. 혼잡했다. 혼잡을 피해 그가 앞으로 가려고 했다. 그때의 동작이 흥미로웠다. 실례한다는 뜻 같았다. 한 손을 세로로 세우고, 그 손을 위 아래로 올렸다 내렸다 하면서 앞으로 나아갔다.

에드워드 홀은 『문화를 넘어서』에서

> 고맥락성의 사람들은 자기 마음속에 있는 이야기를 할 때 상대방이 자신이 하려는 말을 이미 알고 있다고 믿기 때문에 구체적으로 이야기할 필요가 없다고 생각한다. 그러므로 그는 핵심을

건드리지 않고 돌려서 이야기하게 되며 핵심을 집어내는 일은 듣는 사람의 몫이다. 말하는 사람이 핵심을 일러주는 것은 듣는 사람의 인격에 대한 모욕이자 침범이 된다.[11]

고 말한다. 그리고 에드워드 홀의 이런 지적은 행동(동작)에도 그대로 적용된다.

고맥락 문화형의 사람들은 이심전심으로 통한다는 말이다. '이심전심以心伝心'이라는 한자성어는 한국에서도 일본에서도 사용한다. 큰 틀에서 보면 한국과 일본은 고맥락 문화형에 속한다는 의미다. 하지만 자세히 살펴보면 일본이 한국보다 상대적으로 좀 더 고맥락 문화형이라고 말할 수 있다. 그렇다. 일본인의 말 곧 언어커뮤니케이션뿐만이 아니라 일본인의 웃음과 행동(동작) 곧 비언어커뮤니케이션도 고맥락 문화형에 속한다. 그래서 이해하기 쉽지 않은 것이다.

예컨대 일본 연인 사이에서 흔히 볼 수 있는 모습에 이런 것이 있다. 잘 사귀던 커플이었는데, 어느 날 갑자기 한쪽에서 연락을 하지 않거나 만나주지 않는다. 상대방에게 싫증이 났거나 다른 사람이 생겼다는 뜻이다. 하지만 변심한 당사자는 상대방에게 싫증이 났다거나 다른 사람이 생겼다고 말하지 않는 것이 일반적이다. 왜 그럴까? 솔직히 말하면 상대방이 상처를 받을 수 있다고 생각하기 때문이다. 또한 말한 사람이 상대방에게 상처를 줬다고 자책할 수도 있기 때문

---

11 에드워드 홀 『문화를 넘어서』(한길사, 2003)

이다. 그러면 어떻게 할까? 아무런 말도 행동도 하지 않는다. 그것으로 상대방이 자신의 변심을 알아채기를 바라는 것이다. 일본어에 '와캇데모라이타이分かってもらいたい'라는 말이 있듯이. 직역하면 '알아주길 바란다'라는 의미다.

얼마 전에 아내가 나에게 고민을 털어놨다. 주위에 있는 한국 남자들이 자꾸 치근덕거린다는 것이다. 속으로 '아이 딸린 유부녀를 누가 치근덕거리겠어'하고 생각했다. 하지만 아내가 너무 진지하게 말하기에 좀 걱정도 됐다. 그래서 물어봤다.

"무슨 계기라도 있었어?"

"밝은 표정으로 웃으면서 이야기만 했는데…… 자꾸 둘이서 식사하자고 하네!"

갑자기 말문이 막혔다. '뭐라고 대답해야 하나? 웃으면서 말하는 당신 표정과 행동이 한국 남자에게는 오해를 사게 할 수 있으니 앞으로는 그러지 말라고 해야 하나? 아니면 상대방이 원래 바람둥이 같으니 무시하라고 해야 하나?……' 고민에 고민을 거듭한 끝에 결국 아무 말도 하지 못했다.

한국인 "일본인은 이중인격자인가요?"
일본인 "무슨 소리죠? 당신이 눈치가 없는 거예요!"

그날도 눈이 계속 내리고 있었다.

2월의 삿포로는 은세계였다. 어둠이 채 가시지도 않은 새벽 5시였다. 달빛과 가로등의 불빛만이 어두운 거리를 밝히고 있었다. 오늘도 기온은 영하였지만 평상시와 같이 몸에서 땀이 났다. 땀 냄새가 진동했다. 몸에서 수증기가 올라왔다. 자전거로 달리기도 하고 발로 뛰기도 한지 벌써 1시간 이상이 지났기 때문이다.

한겨울 빙판길 위에서 그것도 새벽에 신문을 배달하는 이가 있었다. 바로 나였다. 20여 년 전의 일이다. 아르바이트 가운데 굳이 신문배달을 했던 것은 내게 그 경험이 있었기 때문이었다. 신문배달이라면 자신이 있었다. 대학에 입학했을 즈음 아버지가 모 신문사의 지국장 곧 신문보급소 소장을 했다. 일손도 부족하니 좀 도와달라고 했고, 반 년 정도 일을 거든 적이 있다. 내가 담당했던 구역은 행당동이었고, 그중에서는 언덕 위 주거지도 있었다. 힘들 긴 했지만 재미도 있었다. 신문배달에도 능력이 필요했다. 하나는 100군데 넘는 집을 얼마나 빨리 그리고 잘 기억하여 사고 없이 집집마다 신문을 정확히 배달하는가의 능력이다. 대학입시를 막 치룬 뒤였기에 암기에는 자신이 있었다. 덕분에 신문이 도착하지 않는 것, 이 업계 용어로 말하면 불착不着이 거의 없었던 것 같다. 또 다른 능력은 신문대금을 받는 능력 곧 수금 능력도 필요했다. 당시는 지로giro 방식으로 납부하는 것이 많이 보급되지 않아서 신문을 배달하는 사람이 일일이 수금하고 다녔다. 나는 비교적 수금도 잘했다. 배달원 가운데 항상 상위 1, 2위를 다퉜다.

참, 신문을 배달하면서 느낀 점이 있다. 지금은 어쩐지 잘 모르겠지만 80년대 후반만 하더라도 신문배달은 가난한 고학생이 한다는 인식이 팽배했다.[12] 그래서 그런지 초등학교 저학년 아이들에게 불쌍해 보인다는 말을 자주 들었고, 그런 말을 하는 아이에게 핀잔을 주는 어머니도 자주 봤다. 왜 그런 인식이 생겼는지 궁금하다. 아마도 TV 때문인 것 같다. 여하튼 그러다 보니 나에게 우유나 주스를 주는 아주머니도 있었다. 고생한다면서 말이다. 고맙게 마셨다. 이 자리를 빌려 다시 감사했다는 말씀을 드리고 싶다.

---

12 일본의 동화인 구리 료헤이의 『우동 한 그릇』에도 가난한 학생이 신문배달로 가계를 돕는다는 이야기가 나온다. 일본에서도 신문배달은 고학생의 상징이었나 보다!
구리 료헤이 『우동 한 그릇』(청조사, 1989)

제4장 고맥락 문화형

　신문배달 경험이 있었기에 일본에서 신문배달하는 것에는 어떤 두려움도 없었다. 신문 배달 아르바이트를 처음 제안했던 사람은 같은 연구실에 있는 유학생 선배였다. 사실 그도 신문을 배달했었다. 선배 말에 따르면 일본 유학에서 성공하기 위해서는 끈기와 인내가 필요한데 그것을 갖추고 있는지의 여부를 알 수 있는 바로미터가 바로 신문배달이라는 것이다. 눈 내리는 삿포로에서 신문배달을 해낼 수 있는 사람은 성공하고 그렇지 못하는 사람은 실패한다나. 지금까지 10여 명의 유학생을 봐왔는데 신문배달이라는 고난을 통과한 사람만 진학을 했고, 학위도 받았다고 했다. 그러면서 일일이 호명하는 것이었다. 듣고 보니 그런 것 같기도 했다. 유학 온 지 얼마 되지 않은 나는 선배의 말을 금과옥조로 여겼다. 하지만 시간이 지나고 보니 그의 말은 순전히 개인 경험에 따른 신념에 불과했다. 속았다. 완전히 속았다.

　선배에게 속아서 시작한 신문배달이기는 하지만 당시 나로서는 선택의 여지가 없었다. 시간당 천 엔 정도 곧 우리나라 돈으로 만 원의 시급을 받을 수 있는 아르바이트는 신문배달과 이삿짐센터에서 일하는 것뿐이었다.[13] 사비 유학생인 나로서는 한 푼이라도 더 받는

13　유학 당시인 1990년대 후반, 일본에서는 프리터가 유행했다. 프리터는 자신의 꿈을 위해 일부러 정직을 갖지 않고 아르바이트로 생활하는 사람들을 가리키는 말이었다. 멋있어 보였다. 그런데 프리터에는 스스로 적극적으로 프리터가 된 경우도 있지만 어쩔 수 없이 프리터밖에 할 수 없는 경우도 있다는 것을 나중에 알게 됐다. 그리고 프리터의 대다수는 빈곤층으로 전락하게 된다는 것도 알게 됐다. 명명은 아름답지만 결국 프리터는 사회문제였던 것이다.
다치바나키 도시아키 『격차사회』(세움과비움, 2013)

아르바이트를 해야만 했다. 방값과 생활비를 벌어야 했기 때문이다. 당시 대학 기숙사에 있었는데 월세가 만 엔 정도였고, 한 달 생활비는 2만 엔 정도였다. 한화로 환산하면 약 30만 원에 해당했다. 일주일 내내 하루도 빠짐없이 신문배달을 해서 손에 들어오는 월급이 3만 엔이었으니 그것으로 월세와 생활비를 얼추 감당할 수 있었다. 경험이 있어서 그랬는지 삿포로에서의 신문배달은 할 만 했다. 100여 곳의 집도 금세 외웠다. 배달 사고가 거의 없었다. 하지만 어려웠던 점도 있었다. 같은 100부의 신문이라고 해도 일본 신문에는 우리와 달리 광고 곧 치라시ちらし가 많았다. 그러다 보니 부피가 상당했다. 무거웠다. 배달원이 신문 대금을 직접 수금하지 않았던 것은 좋았다. 배달할 때 우유나 주스를 얻어먹지 못했던 것은 아쉬웠다. 나중에 안 사실이지만 일본에는 배달원에게 수고한다며 음료수를 건네는 문화가 없었다.

　신문배달을 그만둘 때가 기억난다. 그만두기 위해서는 담당했던 구역을 인수인계해야 했다. 마침 내 후임은 20대 후반인가 30대 초반으로 보이는 일본인이었다. 그런데 배달할 집을 잘 외우질 못했다. 몇 번이나 가르쳐줘도 곧 잊어버렸다. 환장할 지경이었다. 잘하지도 못하는 일본어로 많이 혼냈다. 그도 자존심이 적잖이 상했을 것이다. 일본어도 능숙하지 않은 유학생에게 잔소리 들어가며 일을 배워야 했으니까. 지금이라도 미안했다는 말을 전하고 싶다.

　그날도 눈이 계속 내리고 있었다. 게다가 심하게 바람까지 불고 있었다.

제4장 고맥락 문화형

삿포로 눈 풍경

어느 고급 맨션 앞에 배달용 자전거를 세워두고 신문 한 뭉치를 옆구리에 끼고서 엘리베이터 앞에 섰다. 승강기 안에서 맨 위층인 10층을 누른 후 옆에 걸려 있는 거울을 봤다. 머리도 하얗고, 눈썹도 하얗다. 한 층 한 층 내려오면서 배달할 집의 현관 앞에 신문을 가지런히 내려놓고[14] 자전거를 세워둔 곳으로 걸음을 옮겼다. 그런데 자전거 주위에 신문이 널브러져 있지 않은가! 바람 때문이었다.

삿포로의 겨울바람은 세기로 유명하다. 눈을 동반하면 더욱 지독하다. 우산으로 어떻게 해보려 해도 안 된다. 무용지물이다. 삿포로 사람인지 여행 온 관광객인지를 알 수 있는 가장 간단한 방법이 있다. 눈 올 때 우산을 쓰면 관광객이다. 거의 100% 확실하다.

그날도 눈보라 때문에 자전거가 넘어졌고, 그 바람에 자전거 위에

---

14 일본에서는 신문을 아무렇게나 던져놓아서는 안 된다. 가지런히 그리고 반듯하게 놓아야 한다.

쌓아두었던 신문이 여기저기에 흩어졌다. 어떤 것은 눈 속에 파묻혀 있었고, 또 어떤 것은 신문의 일부가 없어졌다. 흩어져 있는 신문을 하나하나 주웠다. 눈물이 났다. 왠지 하늘을 쳐다보고 싶어졌다. 하늘을 원망하고 싶어서였을까? 무심하게도 눈은 계속 내리고 있었다. 그것도 펑펑.

배달을 마치고 6시경 신문보급소로 들어갔다. 무뚝뚝하기 그지없었던 소장이 평소와 다르게 100엔을 건네주는 것이 아닌가. 돌이켜 보면 처음이자 마지막이었다. 따뜻했다. 고생했다면서 보급소 앞에 놓인 자판기를 가리키며 커피라도 뽑아 먹으라는 것이었다. 고마웠다. 그러나 나는 그 100엔을 꼭 움켜쥐고 그대로 발길을 대학 기숙사로 옮겼다. 그 100엔으로 자판기 커피를 도저히 마실 수 없었다. 생활비에 보태고 싶었다.

기숙사에 도착하자 그렇게도 퍼붓던 눈이 거짓말 같이 그쳤다. 삿포로의 날씨 변화는 늘 그랬다. 삿포로의 날씨는 일본인을 닮았나 보다. 속을 알 수 없기 때문이다.

일본에 가서 얼마 후 학위논문의 연구테마를 정해야 했다. 지도교수는 나에게 연구테마가 정해지면 연구실로 오라고 했다. 며칠 후 연구테마를 3가지 정도로 좁혀서 지도교수를 찾았다. 하나씩 하나씩 설명했다. 지도교수는 A는 이래서 나쁘지는 않고, B는 저래서 나쁘지는 않고, C는 이러저러한 이유로 나쁘지는 않다는 코멘트를 했다. '나쁘지는 않다니……' 그럼 연구테마가 모두 좋다는 말인지 그렇지 않다면 나쁘다는 것인지, 순간 판단이 서지 않았다. 어리둥절

제4장 고맥락 문화형

해 있었는데 바로 그때 지도교수가

"연구테마를 튜터tutor와 상담해보세요."

라고 말했다.

당시 내가 유학하던 대학에서는 대학원으로 유학 온 학생에게 1년간 튜터를 붙여주는 제도가 있었다. 보통은 일본인 대학원생이 튜터가 됐다. 가정교사와 같은 역할을 하며 유학생이 일본 생활과 대학원 생활에 적응할 수 있도록 여러모로 도와줬다. 참 좋은 제도였다.

지도교수의 조언대로 튜터를 만났고, 전후 사정을 이야기했다. 그랬더니 지도교수와 똑같은 지적을 하는 것이 아닌가! '지도교수와 튜터가 사전에 모의라도 했나' 하고 의심할 정도였다. 튜터를 만나면 문제가 풀릴 줄 알았는데 오히려 더 복잡해졌다. 혹 떼러갔다가 혹 하나 더 붙인 격이다. 심난했다. 유학생에게 연구테마는 목숨과 같다. 연구테마를 잘 정하지 못 하면 지도교수와 관계가 나빠진다. 그러면 바로 짐 싸서 귀국해야 한다. 그런 유학생에 대한 이야기를 예전부터 많이 들었고, 그런 유학생을 실제로 목격하기도 했다. 그것도 내가 속한 연구실에서 말이다.

며칠이 지났다. 지도교수를 다시 찾아갔다. 그리고는 튜터도 지도교수와 같은 지적을 하더라는 말을 전했다. 그랬더니 빙그레 웃는 것이 아닌가? 이 웃음의 정체는? 지도교수는 웃으면서

"내 말이 맞지!"

라고 말하면서 D라는 새로운 연구테마를 주었다. 일단 그것으로 연

구해보라는 것이었다.

　지도교수는 처음부터 내가 제시한 연구테마가 마음에 들지 않았다. 그래서 나쁘지는 않다고 평했고, 튜터와 만나보라고 했던 것이다. 나는 지도교수의 본심을 알지 못했다. 지도교수의 말 그대로 연구테마가 나쁘지는 않다고만 생각했다. 곧 좋지는 않지만 그렇다고 나쁜 것도 아니라고 받아들였다. 하지만 사실은 나빴던 것이다. 나빴는데 나쁘지는 않다고 표현했을 뿐이었다. 보통의 일본인이라면 나쁘지 않다는 평가를 바로 나쁘다고 해석했을 것이다. 하지만 나는 그것을 알지 못했다. 겉으로 드러나는 표현만 받아들이는데 그쳤다.

　지도교수는 나에게 왜
"연구테마가 좋지 않네요. 다른 것으로 하세요."
라고 말하지 않았을까?

　다니엘 롱과 오하시 리에는 『일본어로 찾아가는 일본문화탐방』에서

> 일본에서는 타인에게 의사전달을 할 때 자신이 말하고 싶은 내용을 전부 표현하는 것이 아니라 반 정도만 표현하고 나머지는 청자가 추측하게 하는 커뮤니케이션이 흔하다. 이때 청자는 화자가 말하고 싶어 하는 내용을 커뮤니케이션이 이루어지는 주변 상황, 즉 콘텍스트에서 추측한다.[15]

---
15 다니엘 롱·오하시 리에『일본어로 찾아가는 일본문화탐방』(지식의날개, 2012)

라고 지적한다. 이것을 참조하면 문제는 지도교수에게 있었던 것이 아니다. 나에게 있었던 것이 된다. 내가 눈치가 없었던 것이다.

지도교수는 진정한 교육자였다. 교육자로서 본으로 삼을 만했다. 그런 성품과 인격을 겸비한 교수였기에 나에게 상처를 주고 싶지 않았을 것이다. 그것도 유학생이기에 더욱 그랬을 것이다. 배려했던 것이다. 지도교수는 예컨대 강영진이『갈등해결의 지혜』에서 말한 것과 같은 것을 의식했는지도 모른다.

> '나쁘다', '싫다', '더럽다'와 같은 부정어에는 부정적인 에너지가 함께 실려 있어서 상대방의 심리를 거스르게 된다. 그 대신 '좋지 않다', '마음에 들지 않다', '깨끗하지 않다'라는 표현을 사용함으로써 상대방의 심리적 저항감을 줄일 수 있다.[16]

하지만 그것이 당신의 의도와는 다르게 오히려 나에게 상처가 됐다는 것을 지도교수는 몰랐을 것이다. 지도교수는 일본문화에 익숙한 일본인이고, 나는 한국문화가 몸에 밴 한국인이기 때문이다.

그런데 이와 같은 일본인의 언어문화에 대한 혼란은 나만 느끼는 것이 아니었다. 일본문화를 논할 때 반드시 나오는 언급이었다.

이원복은『새 먼나라 이웃나라』시리즈의 일본·일본인편에서 일찍부터 상업이 발달했고, 그래서 상인의 이중성이 오늘의 일본인에

---

16 강영진『갈등해결의 지혜』(일빛, 2009)

게 많은 영향을 끼쳤다고 말한다.[17] 곧 일본인이 하는 말에는 본심에서 하는 말과 그냥 하는 말이 있다는 지적이다. 이것을 일본어로는 '혼네本音'와 '다테마에建前'라고 한다. 김현구도 『김현구교수의 일본이야기』에서 여러 에피소드를 들려주면서 일본인에게는 본심에서 하는 말과 그냥 하는 말이 있다고 지적한다.

> 경주를 여행하게 되었는데 미리 예약된 집에서 점심으로 삼계탕을 들게 되었다. 그런데 일본 사람들이 삼계탕을 좋아하지 않는다는 사실을 모른 가이드 아주머니가 주문을 받지 않고 일괄해서 삼계탕을 미리 예약을 했는지, 식사가 시작됐는데도 영 분위기가 냉랭했다. 가이드 아주머니도 어색한 분위기를 깨달았는지 이 테이블 저 테이블을 열심히 돌아다니면서 맛이 어떠냐고 묻는 것이었다. 그러자 여기저기서 "오이시이(맛있다)! 오이시이!" 하는 소리가 연발되고 있었다. 그러나 식사가 끝난 뒤에 보니 태반이 음식을 남겼다. 여행은 그 이튿날도 계속 됐는데 어제 일방적으로 결정을 해서 음식을 안 먹은 사람들이 많았던 것이 마음에 걸렸던지 그날은 버스 안에서 점심식사 메뉴 신청을 받았다. ······ 전날 그렇게 "오이시이, 오이시이" 하던 삼계탕은 한 사람도 손을 들지 않았다.[18]

---

17 이원복 『새 먼나라 이웃나라-일본·일본인편』(김영사, 2000)
18 김현구 『김현구교수의 일본이야기』(창비, 1996)

제4장 고맥락 문화형

위의 일화에서 일본 관광객들은 내심으로는 삼계탕을 좋아하지 않았지만 다른 일본 관광객도 있고, 주문한 가이드의 체면도 고려해서 그냥 먹기로 했던 것 같다. 식사 후 가이드가 맛이 어땠냐고 물었을 때도 다른 일본 관광객의 눈과 가이드의 체면 등을 생각해서 예의상 맛있다고 했을 뿐이다.

일본인 중에는 삼계탕을 즐기는 사람도 있지만 그다지 좋아하지 않는 사람이 많다. 내 지도교수만 봐도 그렇다. 지도교수가 한국을 방문한 적이 있다. 여름이었다. 학위를 마친 후 몇 년 만에 만난 지도교수이기에 서울에서 유명한 삼계탕 집으로 안내했다. 삼계탕을 맛보는 것은 처음이라고 했다. 그런데 먹성 좋기로 유명한 지도교수가 삼계탕을 반도 먹지 못했다. 표정도 영 좋지 않았다. '나는 맛은 어땠어요?'라는 말조차 붙이지 못했다. 지도교수도 삼계탕에 대해 아예 언급하지 않았다. 인사치레로 맛있다는 말은 할 것 같았는데, 그렇지도 않았다.

일본인이 보통 삼계탕을 좋아하지 않는 것은 당연하다. 일본에서는 우리 음식문화와 달리 '탕 문화'[19]가 그다지 발달하지 않아서 그렇다. 삼계탕과 같이 닭이 통째로 보이는 음식이 없기 때문에 그렇다. 그로테스크했을 것이다.

---

19 이어령은 『젊음의 탄생』에서 한국의 국물 문화를 말하면서 "서구사회의 문명과 이념을 한 마디로 요약한다면 '국물 없는 문화'라 할 수 있습니다. 즉 서구문화와 그 사회사는 국물 없애기(미각문화), 곡선 없애기(시각문화), 노이즈 없애기(청각문화), 그림자 없애기(합리주의)라고 요약할 수 있겠네요."라고 지적한다.
이어령 『젊음의 탄생』(마로니에북스, 2013)

일본인은 상대방의 입장과 체면을 고려해서, 그리고 말하는 자신의 교양 등을 생각해서 말할 경우가 적지 않다. 상대방에게 이것은 어떠냐는 질문을 받았을 때는 특히 그렇다. 이럴 때 일본인이 좋다고 혹은 괜찮다고 말하면 그 말을 그대로 믿어서는 안 된다. 말보다 행동을 살펴봐야 한다. 그것도 주의 깊게.

그러고 보니 아직도 풀리지 않은 수수께끼가 하나 있다. 지도교수에 관한 것이다. 지도교수 밑에서 같이 유학하던 한국인 여자 유학생이 있었다. 유학생 사이에서는 요리 잘하기로 유명했다. 그런데 그 유학생이 언젠가 지도교수에게 김치를 선물로 주었다. 잠시 맛을 보더니 지도교수는

"지금까지 맛 본 김치 중에서 이 김치가 최고로 맛있다."
고 말했다. 순간 나는 '정말일까?' 하고 생각했다. 그 일이 있은 후 얼마 지나 새로 유학 온 유학생이 지도교수에게 한국에서 가져온 김치를 선물했다. 그러자 지도교수는

"지금까지 맛 본 김치 중에서 이 김치가 최고로 맛있다."
고 다시 말했다. 그렇다면 다음에 또 새로운 유학생이 그 지도교수에게 김치를 선물로 주면 뭐라고 말할까? 아마 모르긴 몰라도 그 때도

"지금까지 맛 본 김치 중에서 이 김치가 최고로 맛있다."
고 대답할 것이다.

지도교수는 정말로 김치를 좋아하는 것일까?

한국인 "술잔은 누가, 언제 채워야 하나요?"
일본인 "눈치껏 하면 돼요."

 필름이 끊긴 적이 있다. 술을 마시다가 정신을 잃은 것이다. 지금까지 2, 3번 정도 있다. 대학 1학년 때였다. 신입생 환영회에 참석했다. 술은 태어나서 처음이었다. 소주였다. 다른 종류는 없었다. 마시지도 못하는 술을 마셨다. 술을 못 한다고 말할 수 있는 분위기가 아니었다. 먼저 간다고도 하지 못했다. 분위기 망친다는 말이 무서웠기 때문이다. '학과 선배에게 노래 한번 불러봐'라는 말을 들었다. 아는 노래가 없었다. 초등학교 때 봤던 TV 애니메이션 주제가를 불렀다.
 "기운 센 천하장사 무쇠로 만든 사람 인조인간 로봇 마징가 Z……."
 장내가 갑자기 썰렁해졌다. 꿈에 그리던 내 대학생활은 악몽으로 시작됐다. 참, 좋았던 것도 있었다. 딱 하나 있었다. 술값을 내지 않았다는 것이다.

절친한 친구가 있다. 그에게도 신입생 환영회 때의 추억이 있다. 학과 선배가 큰 대접에 막걸리를 가득 붓더니, 친구에게 원샷one shot 하라고 했다고 한다. 내 경험도 있고 해서 친구에게 물었다.

"원샷했어?"

친구가 대답했다.

"아니, 내가 왜? 나는 술 냄새만 맡아도 취하잖아!"

걱정됐다. 친구에게 다시 물었다.

"학과 생활 어떻게 하려고……"

친구 답변이 걸작이다.

"그래서 이렇게 힘들게 살잖아!"

"……"

그랬다. 80년대 후반 학번인 우리들, 특히 나와 친구와 같이 술을 잘 마시지 못하는 사람은 학교 생활하기 힘들었다. 아니, 한국사회에서 살기 힘들었다.

내 인생에 또 한 번의 신입생 환영회가 있을 줄이야! 그것도 일본에서. 1997년 가을에 홋카이도대학으로 석·박사 학위를 하러 유학을 갔다. 얼마 후 신입생 환영회가 나를 기다리고 있었다. 이번에는 만반의 준비를 했다. 유학에서 실패하면 갈 곳이 없었기 때문이다. 배수진을 친 것이다. 술 먹는 연습도 했다. 노래 부르는 연습도 했다. 그것도 일본 노래를. 게다가 2곡씩이나. 〈고이비토요恋人よ〉와 〈블루라

제4장 고맥락 문화형

신입생 환영회 모습

이트요코하마ブルライト横浜)다.

아, 그런데 이게 웬일인가? 신입생 환영회에서 술을 마시지 못한다고 하니, 권하지 않았다. 노래를 언제 부를까 하고 조마조마하게 기다리고 있었는데, 환영회가 끝날 때까지 노래를 부르게 하는 일도 없었다. 노래방 곧 가라오케カラオケ에서 얼마나 연습했는데…… 게다가 먼저 간다고 하니 붙잡지도 않았다. 다만 먼저 가려면 회비는 내고 가란다. 신입생이라 특별히 깎아준다면서 말이다. 고마워서(?) 눈물이 날 정도였다. 한국과 일본의 음주 문화는 달라도 너무 달랐다. 기껏해야 현해탄을 사이에 둔 정도인데 말이다. 일본은 외국이었다.

그런데 나를 놀라게 한 것은 이것만이 아니었다. 일본에서는 보통 술을 할 때 입가심으로 맥주부터 마신다. '우선 맥주 한 잔 하고나서'라는 의미로

"도리아에즈 비이루とりあえずビール"

179

라고 말하면서. 당시 일본어를 잘 못했기에 맥주 가운데 '도리아에 즈 비이루'라는 브랜드가 있는 줄 알았다. '이 정도도 모르면서 일본 유학을 결심하다니……' 무식하면 용감하다는 말이 있다. 나를 두고 하는 말이었다. 이런 사람을 어떻게 제자로 받아주었는지 지금도 잘 모르겠다. 지도교수가 인품이 좋았거나, 판단이 틀렸거나 그 어느 쪽일 것이다.

옆에 있던 일본 대학원생이 나에게 물었다.

"박상와 나니니스루 パクさんは何にする."

넌 뭘 마시겠냐는 말이었다. 로마에 가면 로마법을 따르라는 말도 있기에, 눈치를 봤다. 맥주를 마신다고 했다.

맥주 안주가 걸작이었다. 마른 오징어가 아니었다. 땅콩도 아니었다. 삶은 풋콩이었다. 일본어로 에다마메 枝豆 였다. 소금기가 있어 짭짤했다. 의외로 먹을 만 했다.

일단 맥주를 마신 후가 더 흥미로웠다. 가만히 지켜보니 첫 잔을 맥주로 한 후, 각자 자신이 마시고 싶은 술을 시켰다. 맥주를, 사케 日本酒를, 위스키를, 와인을, 제각각이었다. 완전히 지방분권이었다. 중앙집권이 아니었다. 결국은 섞어 마시기였다. 단지 우리식 폭탄주가 아닐 뿐이었다.

친절하게도 옆에 앉아 있던 일본 여학생이 나에게 물었다.

"박상와 나니니스루."

너는 뭘 마시겠냐는 말이었다. 속으로 생각했다. '뭘 알아야 시키지……'

에다마메

아는 것은 맥주밖에 없었다. 맥주라고 말했다. 그런데 상대방이 이해하지 못한 표정을 지었다. 발음이 문제였다. 나는 비이루ビール라고 말하려고 했는데 비루ビル가 된 것이다. 맥주가 아니라 빌딩이 된 것이다. 빙그레 웃으면서 맥주ビール를 시켜주었다. 일본어는 장음과 단음을 잘 구별해서 발음해야 하는 언어다. 장·단음에 따라 의미가 바뀌는 경우가 흔하기 때문이다. 예컨대 오오도오리大通り라고 하면 큰길이 되고, 오도리踊り라고 하면 춤이 된다.

술자리는 점점 무르익어갔다. 내 일본어도 무르익어갔다. '아니, 무르익어갔다'고 착각했다. 일본어가 술술 나왔다. '역시 외국어는 술을 마시고 말해야 한다는 통설이 맞나보다'라고 생각했다. 그런데 궁금증이 생겼다.

"저녁은 언제 먹는 거야?"

한국에서 술을 마실 때는 으레 밥을 먹으면서 술을 했기 때문이다. 그런데 통 식사할 생각을 하질 않는 것이었다. '일본인은 소식小

食한다고 하던데, 아예 저녁을 먹지 않는 건가' 하고 생각했다. 하지만 그런 것이 아니었다.

1차가 끝나자 2차로 자리를 옮겼다. 2차가 끝나자 3차로 갔다. 간 곳이 다름 아닌 라면집ラーメン屋집이었다.

내가 유학했던 삿포로는 라면으로 유명했다. 된장 맛이 나는 미소라면味噌ラーメン, 진한 돼지 국물 맛이 나는 돈코쓰라면豚骨ラーメン 등이 명물이었다. 삿포로 사람은 라면을 먹으면서 식사를 대신했고, 라면을 먹으면서 술자리를 마무리했다.

신입생 환영회의 술자리에서 나를 당혹하게 하는 장면이 있었다. 내 바로 앞자리에 50대의 여교수님이 앉아 있었다. 그런데 내 술잔이 좀 비자 교수님이 나에게 술을 따라주는 것이 아닌가! 내 술잔에는 아직 술이 남아 있었는데도 말이다. 말로만 듣던 첨잔이었다. 황송해 하면서 두 손으로 술을 받았고, 부끄러운 듯 한쪽으로 고개를 돌리면서 마셨다. 여교수님은 주위에 있던 일본인 남학생에게도 술을 따라주었다. 그네들은 한 손으로 받고, 고개를 돌리지도 않았다. 대놓고 담배까지 피워댔다. 소문으로만 듣던 맞담배였다. 김현구도 『김현구교수의 일본이야기』[20]에서 방금 언급한 것과 유사한 경험을 했듯이 많은 한국 유학생이 당혹해 하는 것이 위와 같은 장면이다. 유교문화권이라고는 하지만 우리와는 많이 달랐다.

여교수님은 주위의 학생들에게 술을 따르느라 바빴다. 첨잔이다

---

20 김현구 『김현구 교수의 일본이야기』(창비, 1996)

보니 더욱 그랬다. 상대방의 술잔이 적당히 비면 술을 따라주었고, 또 따라주었다. 언젠가 일본인에게 이런 말을 들은 적이 있다.

"상대방의 술잔이 비면 눈치껏 잔을 채워줘야 한다. 그러지 못하는 여자는 시집가기 힘들다."

그랬다. 신입생 환영회에게 여교수님은 술자리 내내 상대방의 술잔을 의식하면서 시간을 보냈던 것이다. 적당한 타이밍에 술을 따라주기 위해서다. 상대방의 술잔을 채워야 하는 맥락을 끊임없이 읽었던 것이다. 왜냐고? 술잔이 비어도 술을 따라달라고 상대방에게 요구하지 않기 때문이다. 빈 술잔을 채우는 것은 철저하게 상대방의 몫이기 때문이다. 상대방이 눈치껏 해야 하는 것이기 때문이다. 고맥락 문화였다. 참, 여교수님은 결혼했다고 한다. 다 이유가 있었던 것이다.

신입생 환영회를 모두 마치고 학교 기숙사로 가기 위해 횡단보도에서 신호를 기다리고 있었다. 그 근처에 있던 트럭은 후진하면서 전자음을 내고 있었고, 한 사람은 후진하는 트럭을 불안한 듯 지켜보면서 연거푸 소리를 지르고 있었다.

트럭에서는

"파쿠시마스 バックします."

라는 소리가 났다. 후진한다는 말이다.

후진하는 트럭을 보고 있던 사람은

"오라이! 오라이! オーライ オーライ"

라고 외쳤다. 후진해도 좋다 all right 는 말이다.

순간 웃음이 절로 나왔다. '역시 본토 발음은 다르네! 영어가 일본에 와서 고생하네!' 하고 생각했다. 일본식 영어 발음과 함께 삿포로의 가을밤은 깊어만 갔다.

제5장

결속 문화형

한국인 "날 뭐로 보고 이런 선물을 하는 걸까?"
일본인 "배려해서 그런 건데……"

일본 유학을 결심한 것은 일본 고전학을 제대로 공부하고 싶었기 때문이다. 내가 일본 대학원으로 유학 가던 당시에는 일본 유학이 그리 쉽지 않았다. 유학 방법은 크게 두 가지가 있었다. 하나는 우리나라의 교육부에 해당하는 일본의 문부성文部省 국비유학시험을 통과해서 국비 유학생으로 가거나, 사비유학을 하는 것이었다. 국비유학시험을 준비했지만 결과가 좋지 않았다.[1] 어쩔 수 없이 사비로라도 유학을 가고 싶었다. 1년만이라도 좋으니 일본에서 공부하고 싶었기 때문이다. 그런데 문제가 있었다. 사비 유학을 하기 위해서는 일본 지도교수의 사전 승낙과 일본인 신원보증인이 필요했다. 그렇

---

[1] 운 좋게도 일본에 가서 국비를 받게 됐다.

게 하기 위해서는 누군가가 장차 지도교수가 될 사람에게 나를 소개해줘야만 했다. 난감했다. 그럴 수 있는 사람이 없었기 때문이다. 답답했다.

천우신조였을까? 일본에서 공부를 마치고 막 귀국한 학과 선배를 우연히 알게 됐다. 일본 유학에 관한 전후 사정을 이야기했더니, 선뜻 중계를 해주겠다는 것이다. 고마웠다. 그래서 가게 된 대학이 바로 홋카이도대학이었다.

유학 가기 직전에 일본 대학원을 소개해준 선배가 나에게 당부를 했다. 지도교수와 조수助手[2] 그리고 문학부 직원들에게 간단한 선물을 가져가는 게 좋다고 말했다. 그래서 어떤 선물을 가져가는 게 좋으냐고 물어봤다. 그랬더니 작고 비싸지 않은 것, 그리고 과자처럼 먹는 것이 좋다고 했다. 가격은 만 원 정도이고, 먹으면 없어지는 것이 좋다고 했다. 순간 어리둥절했다. 내가 생각했던 선물이 아니었기 때문이다. 선물이란 모름지기 좀 가격이 나가면서 오래 남는 것이 선물이라고 생각했었다. 그런데 만 원 정도에 게다가 과자라니……

선배가 나에게 말했던 것은 우리가 보통 생각하는 선물이 아니었다. 오미야게お土産라는 것이었다. 오미야게란 일반적으로 여행을 다녀 온 사람이 지인이나 친구 및 친척에게 줄 생각으로 현지에서 산 것을 말한다. 보통 먹을 것과 마실 것 같은 것이다. 음식물이다. 예를

---

[2] 조수는 우리나라 대학의 조교가 아니다. 보통 박사수료를 하거나 박사학위를 받은 교원으로 대학 행정과 함께 강의도 담당했다.

들어 홋카이도를 대표하는 오미야게로 시로이코이비토白い恋人라는 과자가 있다. 우리나라의 쿠크다스와 비슷한 맛이다.

　일본에 도착한 다음날 인사차 지도교수를 찾아갔다. 그리 크지 않은 연구실이었다. 준비한 만 원 정도의 먹을 것을 건넸더니 고맙게 받아주었다. 흥미로웠던 것은 연구실 중앙에 큰 테이블이 있었는데, 그 위에 과자 같은 군것질거리가 가득 있었다는 것이다. 마치 과자 가게 같았다. 지도교수와 이런저런 이야기를 하고 있었는데 노크 소리가 났다. 대학원생처럼 보이는 일본 남학생이 들어왔다. 그때 나는 장차 이 사람이 내 튜터가 될 것이라고는 상상도 하지 못했다. 들어오자마자 지도교수에게 인사를 하더니 뭔가를 내밀었다. 과자였다. 고향에 잠시 갔다왔는데 오미야게로 가져왔다는 것이다. 자기 고향에서는 유명하다는 말도 잊지 않았다. 지도교수는 마침 잘 됐다면서 나를 그 사람에게 소개했다. 서로 간단히 인사를 나눴다.

　인사가 끝나자 그는 자기가 가져온 과자 포장지를 뜯더니 과자를 꺼내 지도교수와 나에게 직접 하나씩 하나씩 건네는 것이었다. '아! 그렇구나! 오미야게는 이렇게 건네는구나!' 하고 생각했다. 그런 생각을 하고 있을 때, 지도교수는 나와 그에게 차를 내주었다. 녹차였다. 나중에 안 사실이지만 일본인은 과자를 먹을 때 녹차나 커피 같은 음료수와 같이 먹는다. 녹차가 대세이기는 하지만 말이다. 우리가 보리차를 물처럼 마시듯, 일본인은 녹차를 물처럼 마셨다. 그리고 단 과자와 씁쓰름한 녹차는 너무 잘 어울렸다.

　일본은 선물문화가 대단히 발달해 있다. 오미야게가 특히 그렇다.

여행지마다 그 지방색을 반영한 독특하고 깜찍한 오미야게가 적지 않다. 여행객의 손이 자연스럽게 지갑에 가게 만든다. 그런데 이런 오미야게에 대해 한국인은 종종 오해를 한다. 예를 들어 김현구의 『김현구교수의 일본이야기』에는 일본인 교수에게 오미야게를 받은 한국인 교수가 오미야게를 잘못 이해하는 대목이 나온다. 그 오해의 핵심을 요약하면 대체로 다음과 같다.[3]

"날 뭐로 보고 이런 선물을 하는 걸까."

이렇게 오해하는 데에는 우리의 선물문화에 받은 선물의 가치로 상대방이 나를 어떻게 생각하는지를 가늠하는 경향이 있기 때문이다.

전여옥은 『일본은 없다1』에서 일본사람은 주기도 싫어하고 받기도 싫어한다고 말한다.[4] 그러나 사실은 그 반대다. 일본인은 상대방과의 인간관계를 위해 끊임없이 주고받는다. 혜민 스님은 『멈추면, 비로소 보이는 것들』에서 아래와 같이 말한다.

> '주고받음'이 많아질수록 우리의 관계는 돈독해지고 정이 깊어집니다. 무엇을 주고받았는가가 중요한 것이 아닙니다. 서로간에 오고 간 것이 있었다는 사실 자체만으로 관계는 아주 특별해지고 따뜻해집니다.[5]

---

3 김현구 『김현구교수의 일본이야기』(창비, 1996)
4 전여옥 『일본은 없다 1』(지식공작소, 1994)
5 혜민 『멈추면, 비로소 보이는 것들』(샘앤파커스, 2012)

제5장 결속 문화형

위 인용문은 일본의 오미야게에 대해 언급한 것은 아니지만, 일본의 선물문화 곧 오마야게 문화를 정의한다면 대체로 이와 같다고 볼 수 있다.

그렇다면 일본인은 왜 이렇게 오미야게와 같은 선물을 끊임없이 주고받는 것일까? 오미야게에 대한 스트레스는 없는 것일까? 아니다! 일본인이 가지고 있는 오미야게 스트레스는 대단하다. 일본인인 내 아내를 봐도 그렇다. 아내는 일본에 귀국할 때마다, 일본에서 한국으로 들어올 때마다 오미야게 스트레스를 받는다. 일본에 가자마자 한국에 돌아갈 때를 대비하여 지인에게 줄 선물을 미리 산다. 꼼꼼히 체크까지 하면서 말이다. 어떤 선물을 줘야 상대방이 좋아할까, 어떤 선물이 일본적인 선물일까 등등 고려 사항이 한두 가지가 아니다. 거기에는 물론 가격도 포함된다. 너무 비싸면 상대방이 부담스러워하지 않을까 하면서 말이다. 나는 이런 광경을 볼 적마다 속으로 생각한다. '그냥 대충대충 사지, 뭐 그렇게까지 생각해. 걱정도 팔자야!' 하고. 하지만 아내 생각은 달랐다. 작은 선물이지만 상대방을 생각하는 자신의 마음을 잘 표현할 수 있는 선물을 고르고 싶었기 때문이다. '남자가 여자와 함께 쇼핑하는 것은 역시 쉬운 일이 아니다'라는 내용을 어딘가에서 읽은 적이 있는데 정말 그렇다. 게다가 일본인이라면 더욱 그렇다.

일본인이 상대방과 끊임없이 선물을 주고받는 것은 정情 때문이 아니다. 일본어에서 '정'은 보통 죠じょう 혹은 나사케情け라고 발음한다. 사전적 의미는 인간미가 느껴지는 마음, 인정, 배려 등이다. 하지

만 이 나사게가 반드시 긍정적으로만 쓰이는 것은 아니다. 그렇다면 뭐 때문인가? 기즈나絆때문이다.⁶ 기즈나를 우리말로 번역하면 결속이라고 할 수 있다. 일본에서 부부가 함께 사는 것도 보통은 기즈나 때문이다. 우리처럼 미운 정 고운 정 때문이 아니다. 예컨대 2016년 12월 12일자 한국교직원신문에 따르면 일본의 시니어전문 숙박 사이트인 '유코유코'가 50대 이상의 시니어를 대상으로 부부관계를 한자로 표현하면 어떻게 되는지를 설문조사했다고 한다. 그 결과 남편은 기즈나를 뜻하는 반絆자를, 아내는 친구를 뜻하는 우友자를 가장 많이 골랐다고 한다. 한편 아내는 기즈나를 의미하는 반자를 네 번째로 많이 선택했다. 부부 모두 기즈나를 중시하는데, 특히 남편이 더 중시하는 것을 알 수 있다.⁷

한규석은 『사회심리학의 이해』에서 정에 대해 다음과 같이 말한다.

> 정은 함께하는 경험을 통해서 형성되며, 정들고 말고는 상대방과 얼마나 한 가족 같은 행동을 하느냐 않느냐에 달려 있다. …… 정을 바탕으로 한 행위는 의도성이 약하다는 면에서 친절한 행위와 구별되며, 보편성 및 가치지향성이 없고 규범에 의한

---

6 최상진은 『한국인의 심리학』에서 우리의 정과 일본의 '기리義理'를 구분한다. 즉, 일본의 '기리'는 의무성을 띠며 제도화된 체계 속에서 외부적으로 주어진 책임과 연계된 의무의 성격을 띠고 있다고 말한다. 하지만 나는 우리의 정과 구분해야 하는 것은 일본의 '기리'라기보다는 '기즈나'라고 생각한다.
최상진 『한국인의 심리학』(학지사, 2011)
7 김웅철「한자어로 부부관계를, 남자는 絆 여자는 友」(한국교직원신문, 2016. 12. 12)

책임, 의무성을 지니지 않는 점에서는 자비심과 구별된다.[8]

그렇다. 정을 느끼기 위해서는 무엇인가를 함께해야 하고, 상대방과 가족처럼 행동해야 한다. 정에는 의도성이 없어야 한다. 보편성 및 가치지향성이 없고 의무성이 없어야 한다. 그렇다면 기즈나는?

오히라 겐은 『새로운 배려-젊은 그들만의 코드』에서

> 기즈나란 본래, 개나 말을 묶는 사슬이나 끈을 말합니다. 이것이 사람과 사람의 강한 연결을 의미하게 되었습니다. '기즈나'라고 읽어, 보통은 애정이 깃든 결속 관계를 나타내는 데 …… 서로의 자유를 속박하는 관계라는 의미가 됩니다. ……'속박' 없는 결속은 있을 수 없다.[9]

기즈나에는 상대방과의 연결이, 결속이, 속박이 들어 있다. 그런 점에서 다분히 의식적인 행동이고, 끊임없이 상대방과 기즈나를 확인하고 강화해 가지 않으면 안 되는 것이다.

연말이 되면 연구회에서 송년회를 했다. 이 연구회는 지도교수를 모시고 학부생과 대학원생이 자율적으로 운영했다. 평소에는 거의 나오지 않았던 학생도 송년회에는 꼭 참여했다. 정 때문이 아니었다. 기즈나 곧 연구회와 자신과의 결속을 강화하고 확인하기 위해서였다.

---

8 한규석 『사회심리학의 이해』(학지사, 1995)
9 오하라 겐 『새로운 배려-젊은 그들만의 코드』(쇠화, 2003)

오미야게는 나와 상대방과의 기즈나 곧 결속을 공고히 하는데 중요한 역할을 한다. 일본인이 왜 오미야게에 목숨을 걸고 있는지 충분히 이해가 간다.

여기서 퀴즈 두 개를 내겠다. 첫 번째 질문이다. 우선 일본인에게 오미야게를 받으면 상대방에게 어떤 선물을 하면 좋을까? 가격 면에서 말이다. 그렇다. 받은 선물과 비슷한 가격이면 된다. 너무 쉬웠나?

그럼 두 번째 퀴즈를 내겠다. 좀 어렵다. 일본인에게 오미야게를 받으면 답례로 상대방에게 언제 선물하면 좋을까? 시간 면에서 말이다. 그렇다. 가능한 한 빨리 되갚는 게 좋다.[10] 정말이다. 가능한 한 빨리! 그렇지 않으면 상대방에게 고마움을 표현할 줄 모르는 사람이 된다. 우리와 반대다. 정반대다.

참, 유학 당시 좀 관심이 가는 학부생이 있었다. 여학생이었다. 한국에서 가져온 선물을 줬다. 약소한 것이었다. 그랬더니 나에게 답례로 초콜릿을 줬다. 1시간도 채 되지 않은 시간이었다. 내가 받은 답례 중 가장 빨랐다.

그런데 왜 그렇게 빨리 되갚았을까? 내 선물이 부담스러웠을까? 그렇지 않으면 나와 결속을 강화하고 싶었던 것일까?

---

10 루스 베네딕트는 『국화와 칼』에서 일본인은 다른 사람에게 은혜를 입으면 곧바로 갚으려 하고, 그게 되지 않으면 되갚아야 할 부담을 점점 크게 느낀다고 지적한다.
　　루스 베네딕트 『국화와 칼』(을유문화사, 2008)

한국인 "뭘 그렇게 골라. 대충대충 사면 되지."
일본인 "무슨 소리야! 선물인데 잘 골라야지."

    또 반복됐다. 아내와 말다툼을 했다. 선물 때문이다. 아내는 1년에 한 두 번은 꼭 일본에 간다. 나와 아내는 대학에서 근무하기 때문에 보통 여름방학과 겨울방학 때 함께 간다. 아내는 늘 걱정이다. 일본에 갈 때는 친인척과 친구들에게 뭘 선물할까로, 귀국할 때는 딸아이 친구들과 우리 집 도우미 아주머니에게 뭘 선물할까로 고민한다. 생각에 생각을 거듭한다. 이런 광경을 볼 때마다 나는
    "뭘 그렇게 골라. 대충대충 사면 되지!"
라고 말하고, 아내는
    "무슨 소리야! 선물인데 잘 골라야지!"
하고 응수한다.
    일본에 갈 때는 보통 김을 산다. 그런데 그냥 김이 아니다. 백화점

에 가서 잘 포장된 김을 산다. 그렇지 않으면 선물이 아니라고 생각한다. 한국에 올 때는 일본의 녹차나 과자 그리고 식재료를 산다. 그렇지 않으면 선물이 아니라고 생각한다.

얼마 전에도 아내와 아이를 데리고 잠시 처가에 다녀왔다. 아니나 다를까 이번에도 선물 때문에 한바탕했다. 아내는 일주일에 한 번 우리 집에 와서 집안일을 도와주는 일본인 아주머니에게 선물을 하고자 했고, 공항에서 일본의 인스턴트 카레와 식재료를 샀다. 그것을 사고는

"U가 마음에 들어 할까?"

라고 말하며 또 고민했다. 나는 속으로 생각했다. '걱정도 팔자라고.'

일본인은 국내·외 여행이나 출장을 가면 현지의 음식, 특히 과자나 술 그리고 밑반찬 같은 것을 사서 지인이나 친인척에게 건넨다. 이것을 오미야케라고 부른다. 일본은 이런 선물 문화가 대단히 발달했다.

주겐中元이라는 것이 있다. 주겐은 평소 여러모로 신세를 지고 있는 사람에게 여름 안부 인사 겸 선물을 주고받는 것이다. 하지만 이런 풍습이 대단히 긴 역사를 자랑하는 것은 아닌 것 같다. 또한 여기에는 상인들의 장삿속도 들어 있는 것 같다. 이이쿠라 하루타게의 『일본의 연중행사와 관습 120가지 이야기』를 보면 아래와 같이 나와 있다.

제5장 결속. 문화형

주겐 선물[11]

세보[12]

주겐이 지금과 같이 비즈니스 관계 등 신세를 진 사람에게까지 선물을 하는 관습이 된 것은 1900년경부터입니다. 백화점 등 상가의 매출이 하락하는 여름철에 주겐을 통해 대대적인 매출을 올리고 나서부터 매년 여름 주겐에 선물을 하는 관습이 정착되었습니다.[13]

또한 연말에는 세보歲暮라고 해서 연말선물을 주고받는다. 이것도 평소 신세를 진 친인척이나 직장 상사 등에게 선물을 보내는 것이다. 일본인은 이와 같은 선물만 주고받는 것이 아니다. 여름에는 여름 인사 엽서, 겨울에는 연하장을 주고받는다.[14]

---

11 http://image.search.yahoo.co.jp
12 위 사이트
13 이이쿠라 하루타게『일본의 연중행사와 관습 120가지 이야기』(어문학사, 2010)
14 다만, 우리와 같이 크리스마스카드를 주고받는 문화는 거의 없다. 기독교 신자가 적기 때문인 것 같다.

그런데 이런 선물의 증답에는 하나의 큰 원칙이 있다. 즉시 답례를 한다는 것이다. 그렇게 하지 않으면 결례가 된다.

그렇다면 일본인들은 왜 이렇게 뭔가를 끊임없이 주고받는 것일까? 그것을 푸는 하나의 열쇠가 일본 동화인 〈모모타로桃太郎〉에 있다고 본다. 〈모모타로〉이야기는 대체적으로 다음과 같다.

> 옛날 옛날에 할아버지와 할머니가 살고 있었습니다. 어느 날 할머니가 빨래를 하기 위해 강으로 갔습니다. 그때 강 위쪽에서 커다란 복숭아가 둥둥 떠내려 왔습니다. 할머니는 그 복숭아를 주워 집으로 돌아왔습니다. 복숭아를 먹으려고 복숭아를 반으로 잘랐는데 그 안에서 건강한 사내아이가 태어났습니다. 할아버지와 할머니에게는 마침 자식이 없었습니다. 크게 기뻐하며
> "복숭아에서 태어났으니 모모타로라는 이름을 지어주자."
> 라고 말하며 아이 이름을 모모타로[15]라고 했습니다.
> 두 사람은 모모타로를 소중히 키웠습니다. 모모타로는 순식간에 자라 힘세고 용감한 사내아이가 됐습니다. 어느 날 모모타로가 할아버지와 할머니에게 말했습니다.
> "도깨비를 무찌르러 오니가시마鬼ヶ島에 다녀올게요."
> 길을 떠나는 모모타로에게 할아버지와 할머니는 수수경단きびだんご을 만들어 주었습니다. 모모타로는 도깨비들이 사는 오니가시

---

15 복숭아를 일본어로 '모모'라고 한다. '타로'는 보통 남자아이에게 붙이는 이름이다.

제5장 결속 문화형

마로 가는 도중에 개 한마리가 나타났습니다. 개가 말했습니다.

"모모타로님, 모모타로님. 저한테 수수경단을 하나만 주세요."

모모타로는 대답했습니다.

"지금부터 도깨비를 무찌르러 가는 중이야. 나와 함께 가면 줄게."

이렇게 해서 모모타로는 개를 부하로 삼았습니다. 오니가시마로 가는 도중에 이번에는 원숭이를 만났습니다.

원숭이가 말했습니다.

"모모타로님, 모모타로님. 저한테 수수경단을 하나만 주세요."

그러자 모모타로는 대답했습니다.

"지금부터 도깨비를 무찌르러 가는 중이야. 나와 함께 가면 줄게."

좀 더 가자 이번에는 꿩을 만났습니다.

꿩이 말했습니다.

"모모타로님, 모모타로님. 저한테 수수경단을 하나만 주세요."

모모타로는 대답했습니다.

"지금부터 도깨비를 무찌르러 가는 중이야. 나와 함께 가면 줄게."

이렇게 해서 모모타로는 개, 원숭이, 꿩과 함께 오니가시마로 갔습니다. 모모타로와 세 마리 동물들이 오니가시마에 도착하자, 도깨비들이

"뭐야 이 녀석들. 건방지군. 해치우자."

하고 덤벼들었습니다.

　그러자 개는 도깨비의 다리를 물고, 원숭이는 도깨비의 얼굴을 할퀴고, 꿩은 도깨비의 머리를 쪼았습니다. 그 사이에 모모타로는 칼을 휘둘러 도깨비들을 모두 무찔렀습니다.

　도깨비들은

"죄송합니다, 죄송합니다. 이제는 나쁜 짓을 하지 않겠습니다. 부디 용서해주십시오."

라고 말하며 모모타로에게 항복했습니다. 그리고 많은 보물들을 바쳤습니다.

　이렇게 해서 모모타로는 많은 보물들을 가지고 할아버지와 할머니가 기다리는 집으로 금의환향했습니다.

〈모모타로〉는 선한 폭력이 악한 폭력을 몰아내는 이야기로 읽을 수 있다. 여기에서 흥미로운 점은 모모타로가 혼자서 도깨비를 무찌르지 않고, 개와 원숭이 그리고 꿩의 도움을 받아가면서 도깨비를 퇴치한다는 것이다. 그런데 이들 동물은 모모타로를 도와줄 때 그냥 돕지 않는다. 수수경단을 주면 도깨비를 무찌르는데 동참하겠다고 한다. 조건부다. 그래서 모모타로는 개, 원숭이, 꿩에게 각각 수수경단을 건네줬고, 이들은 모모타로에게 도깨비 퇴치라는 선물을 준다. 모모타로가 세 마리 동물들을 부하로 삼기는 했지만, 이들은 철저한 교환과 계약 관계였다. 수수경단과 승리라는 선물의 주고받음이 있었다.

제5장 결속 문화형

〈모모타로〉에 등장하는 모모타로는 미국 영화에 나오는 슈퍼맨이나 로보캅이 아니다. 슈퍼맨이나 로보캅이었다면 개와 원숭이 그리고 꿩과 같은 동물의 도움이 필요 없었을 것이다. 이 점이 중요하다.

비록 세 마리 동물이 모모타로의 부하가 됐기는 했지만 모모타로와 세 마리 동물 사이는 강한 결속이 있었다. 내가 원하는 것을 상대방이 들어주면 나도 상대방이 원하는 것을 해준다는 신뢰와 결속이 있었다. 그런 의미에서 그들에게는 결속으로 이루어진 동료의식 곧 나카마仲間 의식이 있었다고 말할 수 있다.

그랬다. 아내는 간단한 선물 곧 오미야게로 일본에 있는 지인뿐만이 아니라 한국에 있는 지인과도 결속을 다지고 싶었던 것이다. 다시 말하면 지금은 한국에 살고 있지만 언젠가 일본으로 영구 귀국할 수도 있기 때문에 그랬고, 또한 지금은 한국에 살고 있기 때문에 그랬다. 결국 어느 쪽과도 결속의 끈을 놓치고 싶지 않았던 것이다.

일본인 "한국 결혼식 문화는 왜 이래?"
한국인 "뭐가 어때서?"

"한국 결혼식 문화는 왜 이래?"

아내가 또 시작했다. 아내가 한국인 지인의 결혼식에 다녀오면 빼먹지 않고 꼭 하는 말이다. 그러면 나도 질세라
"뭐가 어때서?"
라고 퉁명스럽게 대답한다.

아내가 한국의 결혼(식) 문화에 대해 지적하는 것은 대체로 다음과 같다.

첫째, 결혼식에 참석한 대부분의 사람은 결혼식을 끝까지 보지 않고 왜 도중에 밥 먹으러 가나? 진정으로 축하하고 싶은 마음이 있는가? 그렇지 않으면 밥만 먹으러 왔는가?

둘째, 별로 가깝지도 않은 사람을 왜 결혼식에 초대하는가?

셋째, 결혼식에 참석하는 사람 중에는 복장이 너무 캐주얼한 경우도 있다. 신랑 신부에게 실례가 아닌가?

넷째, 결혼을 해도 여자는 왜 남편 성姓을 따르지 않고 그냥 자기 성을 사용하는가?

한국 결혼식 문화에 대한 아내의 문제제기는 충분히 이해할 수 있다. 한국 결혼식을 경험한 일본인이라면 아마 아내와 비슷한 느낌을 받을 수 있기 때문이다. 달리 말하면 그만큼 한일 간에는 결혼식 문화가 다르다는 것이다.

내 결혼식 때의 일이다. 아내와 나는 전통 결혼식을 했다. 아내가 꽃가마를 꼭 타고 싶다고 말했기 때문이다. 그런데 안타깝게도 우리가 결혼식을 올렸던 곳에서는 신부가 꽃가마를 타는 세리모니가 없었다. 아내는 지금도 꽃가마를 타지 못했던 아쉬움을 가끔 토로한다. 전통 혼례이다 보니 하객 중에는 어린아이 손님도 적지 않았다. 결혼식을 축하하러 오는 김에 우리 전통문화를 아이에게 체험해 주기 위해서였던 것 같다. 그런데 내 손님 중에는 청첩장을 보내지도 않았는데 오신 분도 몇 분 있었다. 그분들은 어린 자제까지 데리고 왔다. 고마웠다. 우리의 결혼식 문화는 이런 것이다.

그럼 일본의 결혼식 문화는 어떨까? 결혼식에 가까운 친인척, 친구, 학교와 직장 선후배 등을 부른다는 점에서는 같다. 곧 초대하는 대상은 대체적으로 같다. 하지만 친구라고 해서, 학교와 직장 선후배라고 해서 모두 초대하지는 않는다. 그 중에서도 과거, 현재, 미래

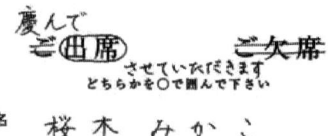

출석 및 결석 표시[16]

에 지속적으로 깊은 관계를 맺어왔거나 맺을 사람만 부른다. 그러다 보니 자연스럽게 초대하는 인원은 우리보다 훨씬 적게 된다. 엄선한다는 말이다.

신랑과 신부는 엄격하게 고른 사람들에게 사전에 청첩장을 보낸다. 거기에는 결혼식 당일 참석 여부를 표시하는 곳이 있다. 참석한다고 표시하면 결혼식에 반드시 참석해야 하고, 참석하지 못한다고 체크하면 참석할 수 없다. 결혼식장 혹은 피로연장에 배치된 좌석이 지정석이기 때문이다.

초대받은 사람들은 특별한 일이 없는 한 결혼식 도중에 식장을 떠나지 않는다. 끝까지 자리를 지킨다. 피로연에도 반드시 참석한다.

결혼식에 참석할 때의 복장인데, 남자는 보통 정장을 한다. 깔끔

---

16 상단에 '결석'이라는 글자가 지워지고 기꺼이 참석한다고 표기돼 있다. http://image.search.yahoo.co.jp

제5장 결속 문화형

여성 하객

하게 말이다. 여자는 드레스 같은 것을 입는다. 공주 같이 말이다. 화려한 드레스에 고가의 핸드백을 준비한다. 머리에는 꽃 장식과 목에는 빛나는 목걸이를 하고 결혼식에 참석한다. 우리 시각으로 보면 하객이 신부 같다는 착각을 불러일으킬 정도다.

한국에서는 결혼해도 여자가 보통 자기 성을 남편 성으로 고치지 않는다. 부부별성別姓제이다. 일본은 보통 여자가 남편 성을 따른다. 부부동성同姓제다. 최근에는 남자가 여자의 성을 차용하기도 하고, 한국처럼 부부별성을 하기도 하지만 부부동성이 일반적이다.

하루는 아내가 우울한 표정을 짓길래 이유를 물어봤다.

"아이들은 모두 당신과 같은 성을 쓰는데, 나만 성이 다르잖아. 나만 외톨이 같고, 나만 왕따를 당하는 것 같아! 나만 가족이 아닌 것 같아!"

205

권혁태는 『일본의 불안을 읽는다』에서

> 현행 (일본의, 인용자주) 부부동성제도는 가족의 일체감을 높임과 동시에 사회적으로 부부 관계 또는 부모 자식 관계임을 공적으로 나타내는 아주 귀중한 역할을 하고 있다.[17]

고 말한다. 하지만 일본의 부부동성제란

> 일본의 '전통'이라기보다는 메이지 시대 이후에 절대주의적 천황제 아래 국민을 수직적으로 계열화시키기 위해 '고안'된 가부장적 '이에(家, 인용자)'제도의 산물이다. 근대적 발명품인 이에 제도가 부부 동성제를 전통으로 '포장'한 것이다.[18]

고 설명한다.[19]

한국의 결혼식은 알고 지내는 사람이라면 누구라도 초대할 수 있고, 초대 받지 않은 사람도 참석할 수 있다. 잔치이기 때문이다. 결혼식으로 새로운 인맥을 쌓을 수 있는 것이다. 평소 사이가 좋지 않은 사람도 이 기회로 관계를 재정립할 수 있다. 그런 의미에서 한국의 결혼식 문화는 미래지향적이다. 일본의 결혼식은 잘 알고 지내는 사

---

17 권혁태 『일본의 불안을 읽는다』(교양인, 2010)
18 권혁태 위의 책(『일본의 불안을 읽는다』)
19 이탈리아, 오스트리아, 독일, 덴마크, 스웨덴 등은 남편성에다 부인성을 더한 부부결합성제를 사용하고 있다.

람과 좀 더 깊은 관계를 맺는 파티다. 그래서 일본의 결혼식 문화는 과거 및 현재지향적이다. 결속 문화형이다.

아내는 결혼했어도 일본처럼 여자가 남편 성을 차용하지 않는 한국의 결혼문화에서 외로움을 느끼고 있다. 가족이 됐는데도, 가족이 아니라고 느끼고 있다. 결속이 없다고 생각하고 있다.

얼마 전에 호적 등본을 뗐다. 부모님과 나, 그리고 아이들 이름까지는 실려 있었다. 아내 이름은 없었다.[20] 외국인이기 때문이다. 그것을 본 아내의 슬픈 표정을 잊을 수 없다.[21]

다문화가정의 아내와 엄마는 투명인간이다.[22] 그녀들의 눈물을 닦아줄 날은 언제쯤 올까?[23]

---

20 호적 등본이라는 공식 문서에서도 아내는 빠져 있었다. 가족이라는 결속이 표시되지 않았다.
21 여자 선배에게 이런 말을 들었다. 그 선배의 언니가 미국인과 결혼했는데, 최근에 자기 성을 버리고 남편 성을 차용했다고 한다. 그 소식을 들은 선배 아버지가 눈물을 흘렸다고 한다. 슬퍼서였다고 한다. 성에 관한 한일 간의 문화 차이는 이 정도로 크다.
22 최근에 다문화에 관한 포럼에 참석했다. 건국대학교 아시아 디아스포라연구소가 주최한 「'다문화 수도 서울'의 아젠다 확산과 환류」가 그것이다. 이 포럼에서 한 발표자의 내용을 듣고 한국사회에서 결혼이민자 여성이 '씨받이'와 같이 인식되기도 한다는 충격적인 사실을 접할 수 있었다.
건국대학교 아시아·디아스포라연구소 「'다문화 수도 서울'의 아젠다 확산과 환류」(건국대학교 아시아·디아스포라연구소, 2016)
23 아내는 "왜 한국인으로 귀화하지 않나요?"라는 질문을 자주 듣는다고 한다. 어쩌면 이 질문이 우리의 다문화 이해를 나타내는 바로미터인지 모른다. 우리의 다문화 정책은 '동화'인 것이다. 한국 '국민'이 되길 바란다는 것이다. 하지만 진정한 다문화 사회가 이런 것일까? 우치다 타츠루는 『하류지향』에서 다음과 같이 말한다. 우리가 지향할 방향의 하나라고 생각한다.
"진정한 '다문화 공생'이란 한 사람 한 사람 안에 복수의 가치관, 복수의 언어, 복수의 미의식이 혼재해 있어, 그것이 느슨하게 통합돼가는 과정을 통해서만 실현 가능하다고 저는 생각합니다."
우치다 타츠루 『하류지향』(민들레, 2013)

한국인 "이지메는 없어질까요?"
일본인 "아마 어려울 것 같아요."

왕따, 곧 집단 따돌림이나 집단 괴롭힘을 처음 경험한 것은 초등학교 고학년 때였다. 같은 반 아이 중에 보육원(구 고아원) 출신이 있었다. 그 아이는 점심시간에는 늘 밖에 나갔다. 처음에는 왜 그런지 잘 몰랐다. 어느 날 점심 때 그 아이가 운동장 수돗물을 먹고 있는 것을 봤다. 도시락을 싸오지 못했던 그는 수돗물로 점심을 대신했던 것이다. 수돗물로 배를 채우던 그의 뒷모습이 지금도 잊혀지지 않는다.

어느 날이었다. 반에서 힘 좀 쓴다는 아이들 몇 명이 교실에서 그 아이를 둘러싸고 보육원 출신이라며 놀리고 있었다. 그 광경을 나와 반 아이들이 목격했다. 누가 먼저라고 할 것도 없이 우리는 보육원 아이를 놀리고 괴롭히는 아이들에게 그러지 말라고 했다. 괴롭히는 아이들은 그들의 숫자보다 우리의 숫자가 더 많다는 것을 의식했던지 그날 이후 보육원 아이를 괴롭히는 일은 없었다.

고등학교 때였다. 반에서 싸움 좀 한다는 아이가 있었다. 그 아이가 반에서 가장 약해 보이는 아이를 평소 괴롭혔다. 집단으로 괴롭힌 것은 아니었지만, 심했다. 그날도 그랬다. 그런데 웬일인지 그날 나는 그 광경을 더 이상 지켜볼 수 없었다.

"그러지마! 그만해!"

라고 말하자,

"너 미쳤니! 너 죽을래!"

라는 험악한 말이 돌아왔다.

반 아이들이 깜짝 놀랐다. 샌님으로 모범생으로 알려진 내가 싸움꾼에게 싸움을 건 꼴이 됐기 때문이다. 무슨 정의감 때문에 그런 것은 아니었다. 다만, 그 광경을 그대로 볼 수가 없었을 뿐이다. 그와 내가 일촉즉발의 상황에 처했다. 나머지 반 아이들이 그를 말리지 않았더라면 나는 그에게 죽도록 맞았을 것이다.

내가 경험했던 왕따, 혹은 왕따와 비슷한 상황은 이런 것이었다. 집단 따돌림이나 집단 괴롭힘을 더 큰 다른 집단이 막아주는 것이었다. 다수가 약한 자를 보호해주는 것이었다. 그런데 나의 이런 체험을 완전히 뒤엎은 것은 일본의 '이지메いじめ'였다.[24]

전여옥은 『일본은 없다1』에서 이지메를 아래와 같이 정의한다.

---

24 현재 한국사회에서 볼 수 있는 왕따는 예전에 내가 목격했던 왕따라기보다는 일본의 이지메에 가까운 것 같다. 안타깝다.

이지메라는 말은 일본 사람들이 일상생활에서 참으로 많이 쓰는 단어의 하나이다. 직장에 들어가서 고참들의 이지메 때문에 고생했다느니, 학교에서 이지메를 당한 아이들이 등교거부를 한다느니. 또 자살했다느니 하는 이야기가 너무나 자주 들리기 때문이다. 즉 남을 괴롭히는 일을 통틀어 가리키는 말이다.[25]

일본에서 이지메는 사회의 여러 분야에서 일어나는데 주로 학교 내의 이지메가 언론에 보도된다.

그럼 이지메는 구체적으로 어떻게 표현될까? 전여옥은 같은 책에서 아래와 같은 사례를 든다.

그(이지메, 인용자) 대상은 '약하고 힘없는' 존재이다. 괴롭히는 데는 뚜렷한 이유가 없다. 그저 반 전체가 한 아이를 놓고 집단으로 괴롭히는 일이다. 숙제를 해온 공책에 붉은색으로 잉크칠을 하거나 도시락에 죽은 벌레를 집어넣는다. 또는 뒤에 앉은 아이가 앞에 앉은 '이지메' 대상 아이를 바늘로 살짝 긁거나 피가 나게 찌르기도 한다.[26]

김현구도 『김현구교수의 일본이야기』에서 다음과 같은 일화를 예시한다.

---
25 전여옥 『일본은 없다1』(지식공작소, 1994)
26 전여옥 위의 책(『일본은 없다1』)

이지메 사건은 다반사이기 때문에 웬만해서는 언론에 보도조차 되지 않는다. 누군가 자살이라도 하거나 특이한 사건일 때만 관심을 갖는다. 그런데 어느 날 저녁을 먹고 뉴스를 보기 위해 텔레비전을 켜니까 이지메 때문에 중학생이 자살한 사건을 보도하고 있었다. …… 보도 내용인즉 한 중학생이 이지메 때문에 학교를 못 가다가 며칠 만에 나갔더니 이지메 그룹이 자기 책상 위에 검은 리본을 단 자기 사진과 조화를 장식해놓은 것이었다. 그들끼리 자기 장례식을 치른 셈이다. 그 광경을 접한 학생이 쇼크를 받아 자살해버렸다.[27]

일본에서 직접 이지메를 경험할 수 있었던 것은 삿포로에 있는 고등학교에서 기간제 교사를 하면서였다. 교실에 들어가면 알 수 있었다. 이지메를 직접 목격한 것은 아니지만 특정한 학생에 대해 눈빛도 주지 않는 학생들의 싸늘한 태도로 어떤 학생이 이지메 혹은 그와 비슷한 것을 당하는지 느낄 수 있었다.

또 한 번의 경험은 좀 특별했다. 삿포로의 겨울은 눈이 있어 아름다웠지만 추웠다. 그래서 이중창으로 된 유리문을 꼭꼭 닫는다. 어느 한겨울 나와 몇 몇 대학원생이 연구실에서 자료를 조사하고 있었다. 마침 점심때였다. H라는 일본 대학원생이 연구실 문을 열고 들어왔다. 가볍게 인사를 하더니 빈자리에 앉았다. 무언가를 꺼내기

---

27 김현구 『김현구교수의 일본이야기』(창비, 1996)

시작했다. 편의점 도시락이었다. 카레였다. 먹기 시작했다. 나는 '한 겨울에 연구실과 같은 밀폐된 공간에서 카레라니…… 좀 심하다!'라고 생각했다. 하지만 내 속내를 말하지는 못했다. 주위의 다른 일본인 대학원생도 아무 말도 하지 않았다. 점심을 다 먹은 H는 빈 도시락을 다시 비닐봉투에 담아 연구실을 나갔다. 환기도 하지 않은 채 말이다.

바로 그때였다. 일본인 대학원생 가운데 한 학생이 웃으면서

"우리 H를 이지메할까?"

라고 제안을 하자, 나를 포함해 연구실에 있던 모든 대학원생들이 웃으면서

"응!"

하고 대답했다.

물론 '우리 H를 이지메할까?'라고 제안한 대학원생이나 거기에 '응!'이라고 대답한 우리나 모두 농담이었다. 하지만 H와 같은 타입이 일본에서는 이지메의 대상이 될 수 있다는 것을 피부로 느낄 수 있었다.

예컨대 전여옥은 앞의 책에서 아시아계 외국인이나 외국에서 살다 온 일본인 학생 곧 귀국자녀帰国子女가 이지메의 대상이 되기 쉽다고 말했다.[28] 또한 『일본은 없다2』에서는 정신적으로나 육체적으로 나약한 사람이 이지메를 당한다고 고발했다.[29]

---

28 전여옥 앞의 책(『일본은 없다1』)
29 전여옥 앞의 책(『일본은 없다2』)

결국 '이지메'는 집단이 한 사람을 언어적 및 신체적으로 괴롭히는 일체의 행위를 말한다. 이지메를 당한 초중고 학생은 유서를 남기면서 자살하는 경우가 적지 않다. 이지메로 자살 사건이 언론에 보도되면, 자살한 학생의 부모와 학생이 다녔던 학교의 교장 등이 TV 등에 나온다. 학부모는 자신의 자식이 이지메를 당했는지 몰랐다고 말하고, 학교 당국은 학교에서 이지메가 있었는지 몰랐다고 말한다. 항상 그랬듯이 말이다.

그런데 이지메는 어떤 구조에서 성립하는 것일까? 이지메는 보통 3각 구조, 즉 괴롭히는 다수, 괴롭힘을 받는 한 사람, 방관하는 다수로 설명된다.[30] 이 때 방관하는 다수에는 선생님도 포함된다. 교사가 교실에서 이지메가 일어나고 있는 것을 알고도 제대로 대처하지 못하는 경우가 있는 것은 잘못 하다가는 교사도 이지메를 당할 수 있다는 불안감 때문이다. 정확한 통계 자료를 갖고 있지 않지만 교사가 학교를 그만두는 이유 중에 학생의 이지메가 원인인 경우도 적지 않다고 들었다.

예컨대 김현구는 같은 책에서 학생이 교사에게 폭행하는 사례를 아래와 같이 소개한다.

일본에서는 오래 전부터, 고등학교에서는 별로 그런 일이 없는데, 중학생들이 교사들에게 폭력을 휘두르는 사건이 커다란 사회

---

30 오사카시립大阪市立대학교의 모리타 요조는 이지메를 피해자, 가해자, 관중(지켜보는 자), 방관자(못 본 척 하는 자)와 같이 4중구조로 파악한다.

문제로 부각되고 있다. 얼마 전에는 중학교 교사가 학생들의 폭력에 견디다 못해 호신용 칼을 가지고 다니다가 발견되어 우리나라의 매스컴에 소개된 적이 있다.[31]

그런데 만약 이지메를 당하는 학생을 누군가가 도와주었다고 하자. 어떻게 될까? 지금까지 이지메를 당한 학생은 어느새 이지메를 가하는 쪽에 돌아서서 자신을 도와준 사람을 이지메하는 경우도 종종 있다. 이처럼 일본의 이지메 구조는 고정적인 것이 아니라 유동적이다. 큰 특징이다.

그럼 일본사회에서 이지메는 사라질까? 안타깝게도 당분간은 존속할 것 같다. 왜 그럴까? 첫째, 이상하게도 일본사회에서는 이지메를 당하는 피해자에게도 책임이 있다는 인식이 있기 때문이다. 남편이 아내에게 폭행을 가했을 때, 남편도 문제지만 매 맞는 아내에게도 그럴 사유가 있지 않는가 라는 인식과 비슷하다. 둘째, 이지메는 형태를 달리한 차별이라는 인식이 적기 때문이다. 이지메를 당하는 자의 아픔과 괴로움을 상상할 수 있는 상상력이 부족하기 때문이다.[32]

그런데 이와 같은 요인과 더불어 우리가 놓쳐서는 안 되는 것은 이지메에는 그것을 통해 그들이 속한 집단의 결속을 강화하는 측면이 있다는 것이다. 이때 이지메를 당하는 사람은 조직 내에서 희생양으로 쓰이는 것이다. EBS 지식프라임 제작팀은 『지식프라임』에서

---

31 김현구 앞의 책(『김현구교수의 일본이야기』)
32 박상현 『한국인의 일본관』(박문사, 2015)

제5장 결속 문화형

다음과 같이 르네 지라르의 희생양 이론을 소개한다.

프랑스의 문화인류학자 르네 지라르는, 사회적 경쟁[33]이 공동체의 위기를 야기할 만큼 과열될 때마다 사회는 민심 속에 만연한 폭력적 욕망을 하나의 대상에 집중시키기 위해 희생양을 찾아낸다고 주장한다. 사람들의 막연한 분노를 희생양에 집중시킴으로써 공동체의 화해와 카타르시스, 순화를 유도한다는 것이다.[34]

정곡을 찌르는 지적이다.

예를 들어 1923년 9월 관동대지진 때 발생한 조선인 학살도 당시 일본사회가 안고 있던 불안[35]을 극복하고 내부 결속을 다지는 측면이 있었기에 가능했다고 생각된다.

이지메와 결속과의 관련성은 왕따에도 있을 수 있다. 우리가 왕따에 좀 더 적극적으로 대처해야 하는 이유가 바로 여기에 있는 것은 아닐까?

참, 초등학교 다닐 때 같은 반 친구였던 보육원 출신 아이는 지금 어디서 어떻게 지내고 있을까?[36]

---

33 일본에서는 학교 내 이지메의 주요 원인으로 입시 경쟁이 지목된다.
34 EBS 지식프라임 제작팀 『지식프라임』(밀리언하우스, 2009)
35 사회 경제적 불안이 있었겠지만 식민지 조선인에 대한 신뢰 부족에서 생긴 불안도 있었을 것이다. 물론 이 불안은 일본의 식민 정책에서 야기된 것이다.
36 미안하다, 친구야! 너의 이름을 기억하지 못해서……

일본문화의 패턴
−일본문화를 이해하는 10가지 문화형−

제6장

개인주의 문화형

-
일본인 "부부라고 꼭 같은 침대에서 자야 해?"
한국인 "부부인데?"

유학시절 가장 부러웠던 사람이 있었다. 결혼한 유학생이었다. 독신이 외로워서 그런 것이 아니었다. 결혼하면 가족 기숙사에 들어갈 수 있었기 때문이었다. 가족용 기숙사에는 큰 방에다 화장실, 거실, 욕조 딸린 목욕탕 등이 있었다. 기숙사비도 저렴했다. 깨끗했다. 반면에 대학의 독신용 기숙사는 원룸이었다. 샤워실도, 부엌도, 화장실도 공용이었다. 저렴했지만 깨끗하지는 않았다.

한국 유학생 동기에 K가 있었다. 첫사랑과 결혼했다. 조만간에 가족용 기숙사에 들어간다고 자랑 아닌 자랑을 했다. 그에게 부럽다고 하니, '그럼 너도 결혼해'라는 말이 돌아왔다. '누군 결혼하기 싫어서 안 하나'라고 대꾸하고 싶었지만 하지 않았다. 그렇게 말하면 더 초라해질 것 같아서였다.

하루는 K에게 물었다.

"유학 중인데 어떻게 결혼에 성공했어?"

그랬더니

"가족용 기숙사 사진을 보여줬더니 사귀던 사람이 좋아하던데."

라는 답변이 돌아왔다. 그러면서 쓸데없는 조언까지 해줬다.

"너도 한번 해봐. 가족용 기숙사 효과가 크니까."

얼마 후 K가 집들이를 한다며 독신 유학생들을 불렀다. 드디어 말로만 듣던 부부용 기숙사를 직접 보게 됐다. 현관에는 빨간 하트 모양으로 'LOVE'라는 글자가 장식돼 있었다. 달콤한 장미 향기가 났다. 신혼부부 집이라는 느낌이 들었다. 부러웠다. 독신용 기숙사와는 비교가 되지 않을 정도로 좋았다. K는 가족용 기숙사의 여기저기를 소개해줬다. 침실도 안내해줬다. 그런데 방문을 들어서는 순간, 깜짝 놀랐다. 신혼부부 방이 잘 꾸며져 있어서가 아니었다. 침대 때문이었다. 더블침대일 거라고 생각했는데 트윈침대였다.

순간 예전에 일본인 지인에게 들은 말이 떠올랐다. '일본인은 부부라도 잠 잘 때는 따로따로 자는 것이 일반적이다'라는 이야기였다. 정말 그대로였다. 그때 일본인 지인에게 이렇게 물었던 것으로 기억한다.

"부부인데 왜 더블침대가 아니라 트윈침대를 사용하나요?"

지인의 대답이 걸작이었다.

"불편하잖아!"

그랬다. 아무리 부부라도 잘 때만큼은 편하게 자고 싶다는 것이다. 침대에서 같이 자면 남편이 혹은 아내가 잠을 설치는 경우 상대방도 같이 잠을 설치게 된다. 피해를 주고 싶지도 않고 피해를 받고 싶지도 않다는 의미다. 일종의 개인주의다.[1]

이와 같은 일본인의 자세와 심정을 생각해보니 지난 과거사에 대한 한일 간의 인식차가 떠올랐다. 박규태가 『일본정신의 풍경』에서 일본은 과거에 저지른 침략전쟁, 식민지화, 종군위안부 문제, 야스쿠니 문제 등을 인정하지 않으려고 한다[2]고 지적했듯이 아직까지도 한일 간에 놓인 과거사 문제는 정리되지 않고 있다.

그렇다면 왜 한일 간의 과거사 문제는 해결의 기미가 보이지 않는 것일까? 여기에는 현대 일본인의 다음과 같은 인식이 강하게 깔려 있기 때문이다. 서경식은 『언어의 감옥에서: 어느 재일 조선인의 초상』에서

> 무언가 피해를 준 것이 있다고 해도 그것은 모두 지나간 옛일이며, 앞 세대가 저지른 것이다. 자신들에게 그 책임을 지라는 것은 불쾌한 일이다.[3]

---

[1] 물론 일본에는 집단주의적 면모도 있다. 예를 들어 가토 슈이치는 『일본문화의 시간과 공간』에서 일본문화를 집단주의라고 규정하고 그것은 벼농사 경작을 중심으로 한 지역 공동체의 역사에서 비롯됐다고 지적한다. 내가 보기에 일본문화는 집단주의에서 개인주의로 이동하고 있으면서도 현재 이 두 가지가 혼재돼 있는 것 같다. 일본 개인주의의 특징은 서양과의 비교, 한국과의 비교 속에서 좀 더 자세한 모습을 드러낼 것이다.
가토 슈이치 『일본문화의 시간과 공간』(작은이야기, 2010)
[2] 박규태 『일본정신의 풍경』(한길사, 2009)
[3] 서경식 『언어의 감옥에서: 어느 재일 조선인의 초상』(돌베개, 2011)

라고 지적한다. 곧 현대 대다수의 일본인은 '내가 저지른 일도 아닌데, 왜 내게 책임을 묻냐?'는 생각을 가지고 있다는 것이다. 게다가 일본인은 가해자 의식보다는 오히려 피해자 의식을 가지고 있다. 피해자 의식이라고?[4] 정말 그렇다![5]

박규태는 일본인의 피해자 의식에 대해 『애니메이션으로 보는 일본: 소녀와 마녀 사이』에서 다음과 같이 말한다.

---

4 일본인이 피해자 의식을 갖게 된 데에는 패전 후 만주 등지에 남아 있던 일본인들이 조선(한국)을 거쳐 일본에 돌아올 때 고생했다는 것과 히로시마와 나가사키가 원폭을 당했다는 것이 크게 작용하고 있다. 특히 전자는 『요코이야기』에서 잘 나타난다.
요코 가와시마 윗킨스 『요코이야기』(문학동네, 2005)

5 가토 슈이치는 『양의 노래』에서 원폭이 투하된 히로시마의 풍경을 다음과 같이 전한다. 원폭과 원전 폭발의 무서움에 대한 상상력이 부족한 우리에게는 많은 것을 생각하게 한다.
"히로시마에는 녹색 나무가 한 그루도 없었다. ……1945년 8월 6일 아침까지 그곳엔 히로시마 시가 있었고, 폭격당하지 않은 성하城下 도시의 줄줄이 늘어선 집이 있었으며 수만이나 되는 가정이 있었고, 일상의 소소한 기쁨과 슬픔과 후회와 희망이 있었다. 그런데 그날 아침 갑자기 히로시마가 자취를 감추고 시가 중심지에 살던 사람 대부분은 무너진 가옥 아래 깔리고 배수구로 뛰어들어 익사당하고 폭풍에 얻어맞아 그 자리에서 즉사했다.……그래도 죽지 않고 살아남은 시골 친척들을 만나 얼싸안고 구사일생의 기쁨을 나눈다고 여겼겠지만, 그것도 얼마 못 가 서너 주 지난 뒤에는 머리카락이 빠지고 코와 입에서 피를 흘리다가 급기야는 고열 때문에 의사의 손길을 받지도 못한 채 그대로 죽어갔다.
또한 이부세 마즈시는 『검은 비』에 등장하는 시게마쓰를 통해 원폭의 피해와 후유증을 적나라하게 보여주고 있고, 오에 겐자부로는 『히로시마 노트』에서 인간의 비참함과 위엄에 대한 반성을 촉구한다.
가토 슈이치 『양의 노래』(글항아리, 2015)
이부세 마즈시 『검은 비』(소화, 1999)
오에 겐자부로 『히로시마 노트』(삼천리, 2012)

종종 전쟁책임에 대한 일본국가의 무책임성이 지적되곤 하는데, 이는 일본인이 개인의 책임과 집단의 책임을 혼동하는 데에서 비롯된 것인지도 모릅니다. 실제로 여론조사의 통계 결과는 많은 일본인들이 가해자라기보다는 오히려 피해자 의식을 가지고 있는 것으로 나옵니다.[6]

한일 간에는 지난 과거사에 대한 개인 책임과 집단 책임에 대한 인식차가 있다. 한국인은 집단 책임을 주장하고, 일본인은 개인 책임을 말하고 있다.[7] 한국인이 주목하는 집단 책임 의식은 박노자가 『주식회사 대한민국』에서 말하는 공동체 감정이다. 곧 내가 한 일은 아니지만 같은 한국인으로 부끄럽다는 태도다.

2014년 초 동남아시아로부터의 세 가지 소식이 많은 국내인들을 놀라게 했다. 방글라데시에서 최대의 의류업체로 통하는 영원무역에서 임금 삭감이 이루어지자 이에 격렬하게 반대하는 노동자들의 시위가 진압당하는 과정에서 한 여성 노동자가 경찰의 실

---

6 박규태 『애니메이션으로 보는 일본: 소녀와 마녀 사이』(살림, 2005)
7 일본이 패전한 후 마루야마 마사오는 개인과 주체 그리고 책임의 문제를 고민했다. 그는 일본에는 근대적 개인과 주체가 없기에 책임에 대해서도 모호한 태도를 취한다고 지적했다. 그리고 마루야마 마사오의 핵심적 고민 즉, 일본이라는 특수성을 넘어 보편성을 지향하려는 그의 노력은 가루베 다다시의 『마루야마 마사오: 리버럴리스트의 초상』에 잘 나타난다.
마루야마 마사오 『현대정치의 사상과 행동』(한길사, 1997)
가루베 다다시 『마루야마 마사오: 리버럴리스트의 초상』(논형, 2011)

탄에 맞아 죽었다. 캄보디아에 진출한 약진통상의 저임금에 신음해온 노동자들의 시위에 군대가 실탄을 발포해 다수의 사망자와 부상자를 냈는가 하면, 또 베트남 삼성전자 건설 현장에서 노동자에 대한 경비 직원의 폭력이 결국 '봉기'를 방불케 하는 노동자의 집단 저항을 유발했다. 이 소식을 접한 이들 중에서, 수치심을 느낀 사람들은 적지 않았다. 기아임금부터 폭력까지, '한국식 노무관리' 백태가 또 하나의 '한류(?)'처럼 한국계 기업들이 가는 곳마다 번져 현지인들에게 고통을 준다는 것은 실로 부끄러운 일이 아닐 수 없다.[8]

이런 태도는 미국 버지니아공대에서 발생한 총기살인 사건에서도 잘 드러난다. 범인은 한국계 미국인이었다. 이에 대해 한국인은 자신들 모두의 책임이라고 여기고 국가 차원에서 미국에 사과해야 한다고 생각했다. 주한 미국대사관 앞에서 애도와 사과의 뜻으로 촛불집회를 열었다. 인터넷에서 희생자를 추모하는 게시판을 만들었다. 한국 대통령은 세 차례에 걸쳐 유감성명을 표명했다.

이와 같은 집단 책임 의식이 강한 한국과 많은 수는 아니지만 일본의 몇몇 양심적 지성인은 일본에게도 집단 책임 의식을 가져야 한다고 말한다. 예컨대 김소운, 모모세 타카시, 미치가미 히사시, 탁석산, 서경석 등의 주장을 들어보자.

---

8 박노자 『주식회사 대한민국』(한겨레출판, 2016)

그들의 부조父祖가 저지른 과오에 대해서는 마땅히 그들 자신도 책임을 느껴야만 옳을 것이다. 당사자가 의식했건 안 했건, 그 나라에 태어난 이상 이것은 회피할 수 없는 책임이다. 그것이 '민족'의 의미요, 숙명이기도 하다.[9]

일본의 젊은이들이 한국에 와서 '나는 외국인이다'라고 생각하고 행동하는 것이 좋다. 또 그래야 한다. 그러나 그들이 '과거 일은 내 알 바가 아니다, 나는 모른다'고 해서는 절대로 안 된다. 그것은 역사다. 일본인들은 과거의 역사에 대한 인식을 가지고 행동해야 한다.[10]

전후에 태어났다 하더라도, 현재 평화와 윤택한 생활을 누리고 있는 대가로서, 일본의 선인들이 과거에 했던 행위에 무관할 수는 없다.[11]

문화공동체로서 민족의 유산은 상속된다고 봅니다. 일본 국민이 지금 누리고 있는 경제적 혜택과 문화적 환경은 분명히 앞선 세대에 빚진 것입니다. 따라서 잘못된 일에 대해서는 비록 자신이 한 일이 아니더라도 사과해야 한다고 생각합니다.[12]

---

9 김소운『목근통신: 일본에 보내는 편지』(아롬, 2006)
   단,『목근통신』초판은 1973년.
10 모모세 타카시『한국이 죽어도 일본을 못 따라잡는 18가지 이유』(사회평론, 1997)
11 미치기미 히사시『한국을 모르는 한국인 일본을 모르는 일본인』(문한, 1999)

전후에 태어난 일본인들은 일본국의 식민지 지배와 침략전쟁에 대해 '죄'는 없지만 일본인으로서 '집단적 책임'은 면할 수 없다.[13]

사실 한국인이 주목하는 일본인의 집단 책임은 마이클 센델의 『정의란 무엇인가』에서도 그 근거를 찾을 수 있다.

> 나는 내 가족, 내 도시, 내 부족, 내 나라의 과거에서 다양한 빚, 유산, 적절한 기대와 의무를 물려받는다. 이는 내 삶에서 기정사실이며 도덕의 출발점이다. 또한 내 삶에 도덕적 특수성을 부여하는 것이기도 하다.[14]

결국 한국인은 집단 책임의식을, 일본은 개인 책임의식을 강조하고 있다. 문화형이 다른 것이다. 과거사에 대한 한일 간의 인식차는 바로 문화형의 차이에서 비롯됐다고 말할 수 있다.[15]

신접살림을 장만할 때가 생각난다. 일본인은 부부라도 더블침대가 아니라 트윈침대를 선호한다는 것을 알고 있었던 나는 아내에게 조심스럽게 물어봤다.

"침대는 더블이 좋아, 트윈이 좋아?"

---

12 탁석산 『탁석산의 한국의 민족주의를 말한다』(웅진닷컴, 2004)
13 서경식 앞의 책(『언어의 감옥에서: 어느 재일 조선인의 초상』)
14 마이클 센델 『정의란 무엇인가』(김영사, 2010)
15 물론 일본에게는 의도적으로 책임 회피의 측면도 있다. 하지만 문화형의 차이로 접근하는 것이 문제를 이성적으로 풀 수 있지 않을까.

제6장 개인주의 문화형

"……"
잠시 침묵이 흐른 뒤였다.
"돈도 없는데, 더블로 하지!"
가난이 가져온 행운이었다.

일본인 "각자 부담해요."
한국인 "고마워요."

"너 요즘 연애하니?
"어떻게 알았어?"
"책을 전혀 사지 않잖아!"
"……"

그랬다. 연애를 하면, 주위 친구들은 금방 눈치를 챘다. 책을 사지 못했기 때문이다. 대학생 때였다. 대단한 연애는 아니지만 좋은 감정을 가졌던 대학 후배가 있었다. 같은 대학을 다니다 보니 자연스럽게 함께할 수 있는 시간이 많았다. 수업도 같이 들었다. 수업 내용이 귀에 들어오지 않았다. 그녀가 내 손을 꼭 잡아줬기 때문이다. 따뜻했다. 체온이 느껴졌다. 나에 대한 감정이 전해졌다. 도서관에도 같이 다녔다. 서로 자리를 맡아줬다. 주위 사람에게는 미안했다. 하지만 미안함보다는 지금 내 앞에 있는 사람이 더 소중했다. 어느 날인가는 그녀가 포도를 가져왔다. 도서관에서 같이 먹었다. 주위 사람에게 신경이 쓰였다. 하지만 어느새 나는 부끄러움도 잊어버렸다. 하지만 그녀와의 만남은 그리 오래 지속되지 못했다. 대부분의 첫사랑이 그런 것처럼 말이다. 우리의 만남도 예외가 아니었다. 내 손을 잡아줬던 그녀의 온기만이 지금도 내 기억 속에 남아 있을 뿐이다.

연애? 지금도 그러는지 모르겠지만 내가 대학생 때 연애란 함께 영화 보는 것을 의미했다. 한동안은 개봉작이란 개봉작은 다 봤다. 철 지난 영화는 비디오 감상실에서 꼭 챙겨봤다. 영화를 본 다음에는? 식사를 했다. 식사가 끝나면? 차를 마셨다. 차를 마시면 그녀의 집까지 데려다줬다. 즐거운 시간이었다. 연애는 한 사람을 성장시키고, 자신을 뒤돌아보게 하는 귀중한 체험이었다. 기쁨도 있으면 아픔도 있는 법. 그것이 인생이라는 것을 무엇보다도 자세하게 그리고 구체적으로 가르쳐준 것이 연애였다. 좋은 만남을 가지면 가질수록 나는 점점 가난해졌다. 대학생으로 부모에게 받는 용돈은 정해져 있었고, 아르바이트로 버는 돈은 얼마 되지 않았기 때문이다. 예나 지금이나 대학생에게 지급되는 시급은 많지 않았기 때문이다. 열정 페이pay? 당시에는 이런 아름다운 말은 없었다. 대신 노골적인 말은 있었다. 노동력 착취!

연애? 지금도 그러는지 모르겠지만 내가 대학생 때는 남자는 오빠였다. 사귀는 여학생보다 보통 나이가 많았다. 나도 그랬다. 나이가 많다는 것은 돈을 낸다는 것을 뜻했다. 영화를 보면 영화비를, 식사를 하면 식사비를 냈다. 차를 마시면? 그것은 상대방이 내줬다. 이런 방식에 불만은 없었다. 으레 그런 것이라고 생각했기 때문이다. 물론 가끔씩은 상대방이 영화를 보여주기도 했다. 고마웠다. 미안했다. '그래도 내가 남자고 선배인데'라는 심정이 있었기 때문이다. 그렇다고 내가 특히 가부장적인 것은 아니었다. 나는 그런 사람이 못 된다. 연애란 그런 줄 알았을 뿐이다. 상대방을 집에까지 데려다주다 보면 가끔 버스나 지하철이 끊길 때도 있었다. 택시비가 비쌌다. 그녀가 사는 집과 내가 사는 집은 정반대였기 때문이다.

20대 중후반에 일본으로 유학을 갔다. 유학을 간다는 것은 만나던 사람과 헤어지게 된다는 것이다. 적어도 나에게는 그랬다. 그녀가 말했다.

"꼭 유학을 가야 해? 난 졸업과 동시에 결혼하는 게 꿈인데."

"미안해……"

그녀의 꿈은 소박했다. 그 꿈을 이뤄주지 못했던 것을 지금도 미안하게 생각한다. 하지만 나에게도 꿈이 있었다. 다만 내 꿈과 그녀의 꿈을 동시에 이루게 하는 지혜가 당시 나에게는 없었다. 아니, 지혜라기보다는 용기가 없었는지 모른다.

일본 유학생활이 어느 정도 익숙해졌다. 어느 날 연구실에서 세미나 발표 준비를 하고 있을 때였다. 마침 연구실에 모 여자대학교를 졸업하고 홋카이도대학으로 진학한 S라는 여자 대학원생이 있었다. 그녀가 나에게

"커피 어때요?"

라고 묻기에

"네, 부탁해요."

라고 대답했다.

"이건 내가 집에서 만든 쿠키에요. 드셔볼래요?"

"고마워요. 잘 먹을게요."

내가 공부했던 연구실은 일본문학과 일본문화를 연구하는 곳이었다. 그러다 보니 자연히 여학생이 많았다. 그런데 그 여학생들에게는 공통점이 있었다. 손수 만든 요리, 이것을 일본어로 데료리手料理라고 하는데, 자신이 직접 만든 쿠키나 케이크를 연구실로 가져와서 다른 학생과 나눠 먹는 것이었다. 그 가운데 S라는 여학생이 단연 인기였다. 남학생들은 그녀 앞에서 또는 그녀가 보이지 않는 곳에서 장차 좋은 신부가 될 거라며 칭찬했다. 그때 알았다. 일본에서는 이런 타입의 여성이 인기가 있다는 것을.

어떤 계기가 있었는지 정확히 기억나지는 않지만, 그녀와 좋은 느낌을 서로 갖게 됐다. 어떤 특별한 계기가 있었던 것은 아닐 것이다. 같은 지도교수 밑에서 같은 수업을 듣다 보니 자연스럽게 친해졌다는 것이 진실에 가까울 것이다. 어느 날 그녀와 둘이서 식사를 하기로 했다. 좋았지만 한편으로는 걱정도 됐다. 당시 나는 사비로 유학을 했다. 수중에 돈이 없었다. 장학금을 받기는 했지만 그리 큰 금액은 아니었다. 그러다 보니 한국에서처럼 연애하는 것이 상당히 부담스러웠다. 또 옛날처럼 책도 못 사는 시절로 다시 돌아가는 것인가? 게다가 유학까지 와서? 갈등도 있었다. 앞으로 어떻게 할 것인가로 고민했다.

그런데 이게 웬일이란 말인가? 식사를 해도, 차를 마셔도 각자 부담이었다. 처음이니까 그러려니 했다. 그렇지 않았다. 쭉 그랬다. 그래서 조심스럽게 물어봤다.

"왜 각자 부담해?"

"우린 서로 학생이잖아!"

우문현답愚問賢答이었다.

"그래도 내가 남자고 나이도 많은데……"

"경제적으로 남자에게 의존하고 싶지 않아."

멍청한 질문에 현명한 대답이 다시 돌아올 뿐이었다.

그럼에도 내가 가끔, 정말 가끔 가뭄에 콩 나듯이 한 턱 내면 황송할 정도로 고마워했고, 미안해했다. 그녀는 그런 사람이었다. 그런데 그녀만 그런 것이 아니었다. 대체적으로 일본 여성은 그랬다. 적어도 내 주위에 있는 커플은 그랬다.[16]

내가 살던 목조 아파트에는 홋카이도대학의 학생도 많이 살고 있었다. 2층에 살았는데 1층에는 동거하는 남녀학생이 있었다. 학부생인지 대학원생인지는 잘 모르겠다. 참고로 일본에서는 동거하는 학생이 적지 않다. 동거는 이미 그들의 아버지 세대에서 시민권을 얻은 것 같았다. 요즘 우리나라의 대학촌에도 원룸 보급으로 동거하는

---

16 하지만 반드시 그런 것은 아닌 것 같다. 적어도 연애 초기에는 일본 여성도 상대방이 한 턱 내기를 기대한다고 한다. 그렇지 않으면 쩨쩨하다고 생각한다고 한다.

학생이 꽤 되는 것으로 알고 있다.

어느 날이었다. 학교에 가려는데 1층에 사는 남녀학생이 마침 등교하려고 집을 나서고 있었다. 그런데 매우 흥미로운 광경을 목격했다. 남학생은 자전거를 타고, 여학생은 걸어가는 것이었다. 내가 살던 목조 아파트[17]에서 학교까지는 걸어서 30분 정도는 족히 걸리는 거리다. 과연 언제까지 이런 상태가 지속되는지 궁금했다. 결국 학교까지 이어졌다. 좀 충격이었다. 거꾸로 해야 되는 거 아냐? 여자한테 자전거를 주고, 남자가 걸어야지!

아침에 목격했던 그 광경을 S에게 말했다. 흥분해서 말이다. 그런데 의외의 반응이 돌아왔다. 자전거가 남자 것이니까 남자가 탄 것 아니냐는 것이었다. 자기 것을 자기가 타는 데 뭐가 문제냐는 것이다. 그렇게 자전거를 타고 싶다면 여자도 자전거를 사거나 빌리면 된다는 것이다. 아! 이럴 수가! 그렇게도 생각할 수 있구나.

언젠가는 이런 일도 있었다. 장을 보러 집 근처에 있는 대형슈퍼에 갔다. 다정해 보이는 남녀 커플이 쇼핑하고 있었다. 물건 값을 치루고 슈퍼를 나설 때였다. 또 이건 뭔가? 남자는 가벼운 짐을 들고, 여자는 무거운 짐을 들고 있지 않는가? 격분했다. 아니 이럴 수가! 흥분해서 S에게 전화를 했다. 자초지정을 말했다. 그런데 이번에도 반

---

17 일본 주택은 크게 목조아파트, 시(도)영 주택, 맨션으로 나눌 수 있다. 목조 아파트는 높아야 보통 2~3층으로 돼 있는데, 문제는 목조이기에 지진 발생 시 화재에 치명적으로 약하다는 것이다. 주로 서민이 산다. 시(도)영 주택은 우리나라의 시영 아파트에 해당한다. 여기에도 주로 서민이 산다. 맨션은 고급 주택이다. 주로 경제적으로 여유 있는 사람이 산다.

일본문화의 패턴

애인 가방 들어주는 한국 남자

응은 예상 밖이었다. 남자가 산 것은 남자가 들었을 것이고, 여자가 산 것은 여자가 들었겠지. 뭐가 이상하냐는 것이었다.

S는 자신의 가방을, 자신의 짐을 나에게 한 번도 들어달라고 부탁한 적이 없었다. 아무리 가방이, 짐이 무거워도 말이다. 내가 말했다.

"무거우니까 내가 들어줄게!"

S가 나에게 말했다.

"내 것인데 내가 들어야지."

"그래도……"

"들어주다가 떨어뜨리거나 분실하면 내가 널 원망하게 되잖아. 그게 싫어서 내가 드는 거야. 게다가 내가 들 수 있으니까 드는 거고."

얼마 전에 학교 근처에서 동료 교수와 치맥을 했다. 계산을 하고 나오는데 화장실에 들어가는 여학생에게 남학생이 말했다.

"Y야, 핸드백 줘. 들어줄게."

여학생이 대답했다.

"응!"

핸드백 무게는 얼마일까? 남학생은 여학생에게 왜 핸드백을 달라고 했고, 여학생은 왜 핸드백을 남학생에게 맡겼을까?

궁금해졌다. 화장실뿐만이 아니다. 거리에 나가면 수많은 선남선녀가 오늘도 도시를 아름답게 수놓고 있다. 핸드백을 남자에게 맡긴 채. 핸드백을 한 손에 든 채.

일본인 "앞으로 뭐라고 불러요?"
한국인 "오빠라고 불러요."

H라는 대학 후배가 있었다. 그를 회상할 때마다 '느끼하다'라는 단어가 떠오른다. 지금도 그렇다. 이 순간에도 그렇다. 그렇다고 그가 생긴 것이 느끼한 것은 아니다. 결코 아니다. 잘 생긴 것은 아니지만 그렇다고 크게 모자라지도 않았다. 매너도 좋았다. 한 턱도 잘 냈다. 문제는 항상 여자 후배한테만 잘 하고, 한 턱 낸다는 것이었다.

내가 다녔던 학과는 사범대학에 있었기 때문인지 유독 여학생이 많았다. 한 학년 40명 정원에 대개 30명 정도가 여학생이었다. 게다가 우리 학과는 음악교육과 학생과 같이 수업을 들었다. 주위가 온통 여학생뿐이었다. 여대에 다니는 느낌이었다. 이런 말을 하면 타학과나 타대학에 다니던 내 친구들은 부러워서 죽으려고 했다. 특히 공대생은 난리가 아니었다. 후배를 소개시켜 달라고 보챘다. 하지만 나에게는 주변에 여학생이 너무 많은 게 역으로 작용했다. 오히려 관심이 가지 않았다. 항상 옆에 있었기 때문이다. 지금 생각해보면 너무 아쉽다. 멍청했다. 모든 게 한 때라는 것을 알기에는 너무 젊었다. 아니, 젊었다기보다는 너무 어렸다.

하루는 나와 H 그리고 학과 여자 후배가 자판기에서 커피를 빼서 교정에서 함께 마시려고 했다. 이런 상황에서는 H가 평소에 하지 않는 행동을 한다. 자기가 커피를 사는 것이다. 멋지게 보이고 싶었을 것이다. 후배 여학생이 있었으니까. 생존 본능이었다. 선배로서 충분히 이해가 갔다.

후배 여학생이 말했다.

"선배님! 앞으로 뭐라고 불러요?"

H가 말했다.

"오빠라고 불러!"

좀 느끼했지만 그래도 이 정도는 넘어갈 만 했다. 그런데 H가 자기 자신을 가리키면서

"이 오빠가 말이야……"

라고 말할 때는 정말 참기 어려웠다. 이런 말을 들을 때면 '네가 친오빠니?' 하고 말해주고 싶을 정도였다.

그렇다고 내가 오빠라는 호칭을 싫어하는 것은 아니다. 나도 여자 후배에게 선배라고 불리는 것보다는 오빠라고 불리는 게 더 좋았다. 선배라고 부르는 여자 후배에게는 100원짜리 자판기 커피를 빼주지

만 오빠라고 친근하게 불러주는 여자 후배에게는 학생식당이기는 하지만 점심을 사줬으니까 말이다. 하지만 여자 후배를 앞에 두고 자기를 가리킬 때 '이 오빠가 말이야……'는 좀 심하다는 느낌이었다. 이렇게 말하지만 어쩌면 내가 더 이상한지도 모른다. 내 주위에는 H와 같은 타입이 꽤 있었으니까.

일본 유학을 하게 됐다. 가족과 떨어져 지낸 적이 없던 나로서는 새로운 체험이었다. 일본어도 잘 하지 못했기 때문에 불안하기도 했다. 삿포로로 가는 비행기에서 '이럴 줄 알았다면 좀 더 일본어 공부를 해뒀으면 좋았을 텐데' 하고 수없이 후회하고 후회했다. 하지만 후회해도 어쩔 수 없었다. 오직 앞만 보고 가기로 했다.

내 인생에는 참 희한한 점이 있다. 대학에 다닐 때도 주변에 여학생이 많았는데, 유학을 와도 그랬다. 그렇다고 내가 여학생에게 인기가 많았다는 것이 아니다.[18] 그냥 주위에 풍경처럼 여학생이 많다는 것이다. 박사과정 때 고등학교에서 3년간 한국어 강사를 했다. 그 고등학교는 여학생이 많은 남녀 공학이었다. 또 삿포로에 있는 여자 대학에서 1년간 한국어 강사를 했다. 역시 여학생뿐이었다. 귀국해서도 그랬다. 서울에 있는 모 대학에 교수로 합격 통지를 받은 적이 있다. 여자대학이었다. 내 인생은 참 희한하다. 그런데 정작 평생직장으로 취직한 곳은 사이버대학이다. 거의 학생을 만날 수가 없다. 여학생이든 남학생이든.

---

18 일단 이렇게 말해두자. 겸손하게!

희한한 인생 이야기는 이제 그만하고 이야기를 다시 유학 시절로 되돌려야겠다. 여학생이 많은 연구실이다 보니 호칭이 특히 신경 쓰였다. 과연 일본 여학생은 나를 뭐라고 부를까? 선배라고 부를까, 오빠라고 부를까? 그리고 나는 그네들을 뭐라고 불러야 할까? 의문은 오래 가지 않았다.

나에 대한 소문이 났는지 같은 연구실에 있던 여학생들은 나를 '박상朴さん'이라고 불렀다. '상さん'이라는 것은 성姓 밑에 붙이는 경칭으로 가장 널리 쓰인다. 나와 그네들과는 적어도 5살, 많게는 10살 가까이 나이 차이가 났다. 그런데도 '박상'이면 족했다. 나도 여학생들에게 '상'을 붙여 말했다. 그것으로 충분했다. 일본 학생들 사이에서는 선배라는 말도 잘 쓰지 않았다. 전혀 안 쓰는 것은 아니지만 말이다. 보통 축구나 야구 등과 같은 스포츠를 함께하는 사이에서 자기보다 나이 많은 남자나 여자에게 선배라는 용어를 썼다. 하물며 연구실 내에서 쓰는 호칭으로 '오빠'라는 말은 있을 수 없었다. 참고로 일본어로 오빠는 '오니이상お兄さん' 혹은 '오니이짱お兄ちゃん'이라고 한다.

일본어에서 '상'이라는 호칭만큼 편리하면서도 평등한 호칭도 없는 것 같다. 대학 동료 교수끼리도 성 밑에 '상'을 붙여서 서로 부를 수 있다는 것에는 정말이지 깜짝 놀랐다. 일본 장인어른과 장모님이 나를 부를 때도, 처남이 나를 부를 때도 '박상'이다. 고등학교에서 한국어 강사를 할 때 여고생이 나를 '박상'이라고 불렀다. 물론 친근하게 말이다. 애교 섞어서 말이다.

'상'이라는 호칭에는 에피소드가 적지 않다. 예컨대 은행이나 우체국, 시청이나 구청과 같은 관공서에서 자주 겪은 일화가 있다. 한자로 이름을 쓰는 곳이 있으면 '박朴'이라고 썼다. 그러면 나를 '박상'이 아니라 '보쿠상'이라고 불렀다. '朴'이라는 한자는 일본어로 '보쿠ぼく'라고 읽을 수 있기 때문이다. 예컨대 '소박素朴'이라는 한자를 '소보쿠そぼく'라고 읽듯이 말이다. 처음에는 '보쿠상'이 아니다, '박상'이라고 읽어야 한다고 친절하게 정정해줬다. 하지만 상대방이 영 고쳐지질 않았다. 외국인 이름이란 역시 어려운 모양이다.[19] 나중에는 나도 포기했다. 그래서 '보쿠상'이라고 불리면 '하이, 보쿠데스'라고 일부러 말했다. 웃으라고 말이다. 왜 웃기냐고? '하이, 보쿠데스'를 일본어로 고치면 'はい、朴です。'도 되지만 'はい、僕です。'도 된다. 즉 상대방은 내 이름을 불렀지만 나는 '네, 난데요'라고 대답한 것이다. 단, 이 조크가 항상 통했던 것은 아니다. 성공 가능성은 50% 정도였다. 참고로 일제강점기에 이상이라는 유명한 시인이 있었다. 시 〈오감도〉도 유명한 시인 이상말이다. 그가 왜 이상이라고 불렸을까? 일설에 따르면 '李箱'이기에 '이상'으로 부른 게 아니라 일본인이 '이李'에 경칭 '상さん'을 붙여 '이상李さん'이라고 불렀기에 '이상'이 됐다는 말도 있다. 진짜 그럴까, 하고 의심이 가지만 그럴 수도 있을 것 같다.

---

19 내 아내 이름은 '토모코'다. 우리 부모님은 일본어를 전혀 모른다. 그래서 처음에는 아내 이름을 '토목 고등학교'(물론 이런 고등학교는 없지만)의 준말인 '토목고'로 외웠다고 한다. 역시 외국인 이름은 어려운가 보다.

제6장 개인주의 문화형

아내와 막 연애를 시작했을 때였다. 처음에는 '상'이라는 편리한 경칭을 서로 썼다. 그런데 어느 순간부터 좀 거리감이 느껴졌다. 어느 날 그녀가 나에게 말했다.

"앞으로 뭐라고 불러?"

라고.

그래서 내가 대답했다.

"오빠라고 불러!"

"친오빠도 아닌데?"

"그래도 오빠라고 불러!"

"왜 한국남자는 오빠라고 부르는 걸 좋아해?"

"그냥, 좋은 거야! 오빠! 친근하고 좋잖아!"

그랬다. 적어도 연애하는 사이에는 '상'이라는 경칭도, 선배라는 말로 필요 없다. 아니, 그것으로는 성에 차지 않는다. 역시 오빠가 제격이다. 비로소 알게 됐다. 왜 대학 후배인 H가 오빠라는 말에 목숨을 걸었는지 말이다. 오빠라는 말, 느끼하지 않다. 오히려 친근하다.[20] H후배에게 공식적으로 사과한다.

"내가 미안했어! 역시 오빠라는 말은 좋은 말이야."

스즈키 다카오가 『언어로 살펴본 일본문화』에서 말했듯이 인류

---

20 지금 생각해보니 후배 H는 애교 있고 사랑스런 후배였다. 그런 측면에서 일본 여성이 연상된다. 일본 여성은 흔히 귀엽다고 평가받기 때문이다. 참고로 요모타 이누히코는 『가와이이 제국일본』에서 '가와이이かわいい 곧 귀엽다'라는 일본어를 문화 측면에서 다각도로 비평한다.
요모타 이누히코 『가와이이 제국일본』(펜타그램, 2013)

241

학에서는 혈연관계가 아닌 타인에게 오빠, 누나, 언니와 같은 친족 명칭으로 부르는 것을 친족 명칭의 허구적 용법fictive use이라고 한다.[21] 그리고 한림대 일본학과 교수인 사이토 아케미는 『다른 듯 같은 듯 언어와 문화의 한일비교』에서 한국 특유의 가족적 분위기가 학교나 사회에서 오빠, 누나, 언니와 같은 친족 호칭을 다용하게 했다고 말한다. 그리고 유교문화의 영향으로 이런 친족 호칭이 발달했다고 지적한다.[22] 유교 영향인지 어쩐지는 단정하기 어렵지만 한국 사회가 일본보다 가족관계가 확대된 사회인 것은 분명하다. 예컨대 어떤 병원은 그 병원의 슬로건으로 '환자를 가족과 같이 모신다'라는 말을 내걸을 정도이니 말이다. 한국도 개인주의가 없는 것은 아니지만 굳이 말한다면 한국의 개인주의는 확대가족형 개인주의에 가깝다. 반면에 일본은 개인주의 문화형이다.[23]

그런데 대단히 흥미로운 점이 있다. 일본에서도 오빠라는 친족 명칭의 허구적 용법을 사용하는 곳이 있다. 대단히 제한적이지만 말이다. 술집과 같은 곳이다. 가끔 일본에 출장을 간다. 그리고 가끔 일본의 밤거리를 어슬렁거릴 때가 있다. 그러면 여기저기서 호객하는 소리가 들린다.

"오니이짱(오빠)!, 오니이짱(오빠)!"

일본이 갑자기 친근하게 느껴질 때다. '오빠'라는 말의 마력인가?

---

21 스즈키 다카오 『언어로 살펴본 일본문화』(소화, 2005)
22 사이토 아케미 『다른 듯 같은 듯 언어와 문화의 한일비교』(소화, 2006)
23 물론 일본형 개인주의와 서구형 개인주의는 다르다.

일본인 "감자탕, 같이 먹어요!"
한국인 "네?"

　나는 홋카이도의 한 방송국 PD를 귀로 기억한다. 감성으로 기억한다. 머리로 기억하지 않는다. 이성으로 기억하지 않는다. 그녀를 만나기 전에는 내가 목소리에 그토록 민감하게 반응한다는 것을 몰랐다. 그런 의미에서 그녀는 나의 선생이었다. 잠재된 내 감각을 깨워준 여자였다.
　그녀를 처음 만난 것은 삿포로에 있는 외국어학원에서였다. 그곳에서 나는 한국어를 가르쳤고, 그녀는 한국어를 배우러 왔다. 고급반 수업이었다. 짧은 커트머리에 바지 차림, 커리어우먼의 전형처럼 느껴졌다. 자기소개를 해보라고 했다. 모 국립대학의 철학과를 졸업했다고 했다. 지적인 이미지에 맞는 듯 맞지 않는 듯 좀 묘한 느낌이었다. 아마도 내 기대에 어긋난 대답이었기 때문일 것이다. 나는 속으로 '성악을 전공했겠지'라고 추측했었다. 목소리가 독특했기 때문이다. 왜 한국어를 공부하느냐고 물어봤다. 한국에 흥미가 있어서 그렇다고 했다. 지금과 달리 당시는 한류 붐도 일기 전이었다.[24] 그런데 한국에 흥미라니⋯⋯ 궁금증이 발동했다. 어디에 흥미를 느끼는지 꼬치꼬치 물었다. 선생이 가지고 있는 권력이란 질문이라는 사실을 그때 절실히 깨달았다. 한국인과 한국음식 그리고 한국영화에 관심이 있다고 했다. 그리고는 말을 이었다. 오히려 그녀가 나에게 질문을 했다. 어느새 입장이 전도됐다.

"영화에 관심 있어요?"

"네."

"〈쉬리〉라는 영화 알아요?"

"네, 한국에서 꽤 인기가 있다고 하네요. 한석규와 심은하가 나오는⋯⋯."

"삿포로에서 〈쉬리〉를 상영하는 거 알아요?"

"아, 그래요? 몰랐는데요."

"그럼 다음에 〈쉬리〉 보러 같이 갈래요?"

"아, 네. 그러죠."

영화 보러 가자는 그녀의 권유에 내가 그러자고 대답했던 것은 모

---

[24] 이어령은 『가위바위보 문명론』에서 한류를 다음과 같이 평가한다. "일본인은 오랫동안 서양에 대해서는 열등의식을 품고 아시아 주변인에 대해서는 우월의식을 갖고 차별해 왔다. 〈겨울연가〉의 '한류'는 이 두 가지 콤플렉스의 안개를 보기 좋게 날려버린 것이다."
이어령 『가위바위보 문명론』(마로니에북스, 2015)

두 그녀의 목소리 때문이었다. 거절하기 어려운 목소리! 그런 목소리가 있다는 것을 태어나서 처음 알았다. 그리고 그 이후 그런 목소리를 가진 사람을 만나보지 못했다.

그녀의 이름은 H였다. H는 방송국 PD였기에 나에게 가끔 아르바이트를 소개해줬다. 한국인의 인터뷰 내용을 일본어로 번역하여 자막을 다는 것이었다. 하루는 슬픈 사연을 일본어로 자막을 붙여야 했다. 일제강점기 때 홋카이도로 강제징용을 당한 한국인의 이야기였다. 이곳에 강제 징용된 한국인과 중국인이 상당수 있었다고 한다. 예컨대 1926년에 개설된 치토세시千歳市에 있는 치토세 공항은 강제 징용된 노동자의 피와 땀으로 건설됐다. 지금은 항공자위대의 기지로 운영되고 있다. 또한 삿포로시의 주요 도로도 그들의 힘이 있었기에 가능했다.

10여 년 전의 일이라 자세하게 기억하지는 못하지만 대체로 이런 내용이었다. 당시 홋카이도의 탄광으로 강제징용을 당했다고 했다. 임금을 받기는 받았는데 거의 모든 급여를 회사가 직접 관리했다고 했다. 일본이 패전하자 그는 우여곡절 끝에 한국으로 귀국하게 됐고, 이번에 체불된 임금을 회사에 청구했다는 것이다.[25] 그런데 회사의 답변이 가관이었다. 달라면 줄 수는 있는데 당시의 화폐 가치로 주겠다는 것이다. 돈의 가치가 얼마나 변했는데…… 해도 해도 너무

---

25 최근에 강제 징용 수기가 책으로 나왔다. 이상업의 『사지를 넘어 귀향까지: 일제 강제 징용 수기』가 그것이다. 그는 미쓰비시 산하 업체에 동원돼 탄광에서 일했는데 임금을 전혀 받지 못했다고 한다.
이상업 『사지를 넘어 귀향까지: 일게 강제 징용 수기』(소명출판, 2016)

한다는 생각이 들었다. 그래서 내가 H에게 물었다. 어쩌면 그럴 수 있느냐고. 좀처럼 본심을 말하지 않는다는 일본인이라지만 PD의 양심 때문이지, 나와의 우정 때문인지, 아니면 그녀의 목소리가 그녀에게 그렇게 말하게 했는지 모른다.

"회사 측의 의도는 뻔해요. 시간을 벌겠다는 거예요. 이렇게 해서 시간을 질질 끌면 언젠가는 당사자가 사망하겠죠. 그걸 노리는 거예요. 그렇게 되면 모든 문제는 종결 되니까요."

H는 담담하게 말했다. 하지만 같은 일본인으로 미안하다는 감정을 속이지는 못했다. 목소리가 그걸 말해주고 있었다. 그랬다. 그녀가 한국어를 배우고 싶었던 것은 한국인을, 한국 음식을, 한국 영화를 좋아했기 때문일 것이다. 하지만 그것보다는 한국인에게 미안했기 때문일지도 모른다.

어느 날 그녀가 나에게 이메일을 보내왔다. 직장을 그만둔다고. 한국으로 유학을 간다고. 나는 답장을 보냈다. 그러지 말라고. 왜 그러냐고. 하지만 그해 봄 H는 방송국에 사직서를 내고 한국으로 어학유학을 떠났다. 그리고 그녀를 다시 만나게 된 것은 내가 박사학위를 마치고 귀국한 후였다. 3년 후다.

오랜만에 만난 그녀는 예전 모습 그대로였다. 짧은 커트머리에 바지 차림이었다. 생각해보니 그녀가 머리를 길은 모습을, 스커트를 입은 모습을 본 적이 없다. 상상해봤다. 상상이 가지 않았다. 물어보고 싶었다. 그러지 못했다.

주저주저하고 있을 때 어색한 분위기를 의식했던지 그녀가 말했다.

제6장 개인주의 문화형

"뭘 먹을까요?"

오랜만에 들어보는 그녀의 목소리였다. 전화 너머로 들려오는 목소리도 좋지만 실제 육성이 더 좋았다. 목소리가 빛났다. 전화기가 그녀의 목소리를 제대로 전달하기에는 공기가 부족했다. 울림이 부족했다.

"뭐든지 좋아요."

라고 대답했다.

"여전하네요?"

"뭐가요?"

"항상 그랬잖아요. 식사 메뉴 정할 때."

"그랬나요?"

"감자탕 어때요?"

"감자탕이요? 감자탕 좋아해요?"

"네, 그럼요!"

"그럼, 감자탕으로 해요."

일본의 음식문화에는 '탕'이 없다고 봐도 좋다. 물론 일본식 식사인 와쇼쿠和食에도 국물은 있다. 미소시루味噌汁다. 번역을 하면 된장국이 되지만 된장국은 아니다. 맑은 장국에 가깝다. 미역과 두부 정도가 들어가는 것이 보통이다. 가볍게 마시는 스프다. 그런데 감자탕을 좋아하는 일본인이 적지 않다. 삼계탕은 별로인데 말이다. 희한한 일이다. 감자와 고기 그리고 스프를 함께 맛볼 수 있어서 그런가 하고 생각했다.

이것만이 아니다. 이미 많이 알려져 있듯이, 그리고 주영하도『음식

전쟁, 문화전쟁』에서 세삼 강조했듯이 밥그릇을 들고 젓가락으로 밥을 먹는 일본인의 식사 풍경은 우리에게는 경박하게 보인다. 심하게 말하면 걸인의 식사 같다. 반면 밥그릇을 놓은 채 머리를 숙이고 밥을 먹는 한국인의 식사 풍경은 일본인에게는 개가 밥을 먹는 것과 같다.[26]

감자탕을 주문했다. 감자탕이 나오기 전까지 지난 몇 년간 어떻게 지내왔는지 서로 안부를 묻고, 대답했다. 그런데 별로 기억에 남아 있지 않다. 일상적인 이야기여서 그럴 수도 있겠지만, 사실 나는 그녀가 말하는 내용보다는 목소리에 신경을 집중했었다. 음악에 취하듯, 그녀의 목소리에 취해 있었다.

드디어 감자탕이 나왔다. 내가 주인 아주머니에게 앞접시를 달라고 말하려던 순간이었다.

"같이 먹죠!"

라고 그녀가 말했다.

순간 깜짝 놀랐다. '아니, 앞접시에 각자 덜어서 먹어야지 어떻게 감자탕을 가운데 놓고 숟가락으로 같이 먹어' 하고 생각했다. 깨끗하지 않다는, 청결하지 않다는 생각이 들었다. 식욕이 뚝 떨어졌다. 그랬다. 그녀는 한국식이 됐고, 난 일본식이 됐다.[27] 8년이라는 나의 일본생활은 이렇게도 나를 변하게 했다. 한국생활 3년도 그녀를 변

---

26 주영하『음식전쟁, 문화전쟁』(사계절, 2000)
27 박용민은『맛으로 본 일본』에서 일본에서는 어느 식당에서든 개인별 앞접시에 해당하는 도리자라取))皿와 덜어 먹기 위해 따로 쓰는 젓가락인 도리바시取))箸를 볼 수 있다고 말하면서 일본 음식은 결벽스러울 만큼 개인별 소비를 지향한다고 지적한다.
박용민『맛으로 본 일본』(헤어북스, 2014)

하게 했다. 갑자기 거리감이 느껴졌다.

　일본 생활을 막 시작했을 때였다. 지도교수와 학부 학생 및 대학원생들과 함께 합숙을 갔다. 합숙은 우리나라의 MT와 비슷하다. 다른 점이 있다면 합숙에 가서도 공부한다는 것이다. '놀러 와서 웬 공부? 놀러 왔으면 놀아야지' 하고 생각했다. 학부생은 졸업논문 구상에 대해, 석사과정생과 박사과정생은 각각 학위논문 구상에 대해 발표했다. 발표자는 동료와 선후배 그리고 지도교수의 코멘트를 듣고, 메모하고, 대답했다. 오후 1시부터 시작된 발표회는 저녁 6시 정도가 돼서야 끝났다. 지독하다고 생각했다.

　저녁 시간이었다. 연회석이라는 널찍한 방으로 갔다. 어떤 식사가 나올지 정말 기대가 됐다. 가난한 유학생이 15,000엔(약 15만 원)의 거금을 내고 참가한 합숙이 아닌가! 속으로 생각했다. 큰 테이블을 둘러싸고 모두가 둥글게 앉아서 몇 개의 냄비요리에 숟가락을 섞어가며 왁자지껄하게 떠들면서 오순도순 맛있게 먹는 풍경을 상상했다. 생각만 해도 흐뭇했다.

　아! 그런데 이제 웬일인가? 해도 해도 너무 했다. 10여 명이 함께 합숙에 왔는데, 각자에게 독상이 나온 것이다. 각상各床이라니……

　5년간의 한국생활을 마치고 그녀는 일본으로 돌아갔다. 최근에 바람에 실려 그녀의 소식이 들려왔다. 결혼했다고 한다. 거침없는 그녀의 목소리가 들리는 듯하다.

　"감자탕, 같이 먹어요!"

일본문화의 패턴
-일본문화를 이해하는 10가지 문화형-

제7장

배려 문화형

●
한국인 "일본인의 배려와 한국인의 배려는 다르나요?"
일본인 "네, 다를 수 있어요."

"어, 신발이 또 가지런히 돼 있네!"

장모님이 우리 집에 왔다. 아이를 봐주고, 나의 편의를 봐주기 위해서였다. 아내가 둘째를 가졌고 출산이 얼마 남지 않았다.[1] 장모님은 아내의 출산과 산후 조리까지 보고 일본에 귀국할 예정이다.

장모님은 현관 앞에 어지럽게 놓여 있는 신발을 가만히 보지 못한다. 하루에도 몇 번이고 아이와 내 신발을 질서정연하게 정리한다. 그런데 놀라운 것은 신발 앞부분을 꼭 현관 쪽으로 향하게 한다는 것이다. 나갈 사람에 대한 배려다.

---

[1] 이 글은 둘째 출산 전의 시점에서 쓴 것이다.

일본문화의 패턴

신발

일본인은 다른 사람의 집을 방문하면 자신이 신발을 현관으로 향하게 해놓고 집안으로 들어간다. 손님이 깜빡하고 그냥 놔두면 집주인이 신발 방향을 돌려놓는다. 이렇게 말이다.

어떤 문화평론가는 위 이미지와 같이 일본인이 신발 방향을 바꿔놓는 것은 일본에 전쟁이 많았기 때문이라고 해석한다. 즉 전국戰國시대와 같은 혼란기에 무사가 곧바로 전투에 임하기 위해서 미리 신발을 신기 편하게 해놓았다는 말이다. 언뜻 듣기에 일리가 있어 보인다. 하지만 신기 편하게 해놓는 것과 그렇지 않는 것 사이에 얼마나 시간차가 날까? 별로 없을 것 같다. 여하튼 장모님의 행동은 타인에 대한 배려임에는 확실하다.

그리고 보니 상대방에 대한 일본인의 배려는 남다르다. 예를 들어 백화점이나 대형 마트의 유리문을 열고 들어갈 때 일본인은 보통 뒷사람을 위해 잠시 문을 잡아준다. 멀리서 온 손님에게 선물을 줄 때는 가져갈 것을 고려해서 부피가 크거나 무게가 나가는 것은 주지 않는다. 쇼핑몰 등에서 손님이 물건을 고를 때 점원은 가능한 한 손님에게 말을 적게 건다. 손님이 자유롭게 물건을 고를 수 있도록 하기 위해서다. 상대방에 대한 일본인의 배려는 예시하기 어려울 정도로 많다.

그런데 일본인의 배려[2]와 한국인의 배려는 자세히 살펴보면 다르다. 상대방을 생각한다는 사전적 의미가 같은 데도 말이다.[3] 흥미로운 사실이다.

일본인이 보여주는 배려의 성격과 모양새가 잘 나타난 텍스트에 이미 몇 번 인용했지만 구리 료헤이의 『우동 한 그릇』이 있다.[4]

『우동 한 그릇』의 배경은 섣달그믐날 밤이다. 일본에서는 이날 도시코시소바^{年越し蕎麦} 곧 '해 넘기기 메밀국수'를 반드시 먹는다. 한 해를 마무리 한다는 의미도 있고, 메밀국수의 면 같이 가늘고 길게 장수하기를 바란다는 의미도 있기 때문이다. 여기에 파를 넣기도 한다. 부자 되기를 바라기 때문이다.

---

2 야마쿠세 요지는 『일본인의 정신』에서 일본인의 배려를 아래와 같이 설명한다. "배려란 '마음을 쓴다'라는 사고방식입니다. …… 조화(和)를 유지하려면 상대가 어떻게 느끼고, 행동하고 싶어 하는가를 고려해 그 뜻에 따라 자신이 대응할 수 있도록 해야 합니다."
야마쿠세 요지 『일본인의 정신』(한울, 2014)
3 토박이 사전 편찬실 『보리 국어사전』(보리, 2008)
4 이하 『우동 한 그릇』에 관한 내용은 다음과 같은 논문에 많은 빚을 졌다.
박상현 「구리 료헤이의 『우동 한 그릇』 연구-일본적 문화코드」(『한국일본근대학회, 2017)
박상현·미네자키 토모코 「'가케소바'의 번역어 연구-타국화 번역과 자국화 번역」 『일본문화연구』(동아시아일본학회, 2017)

『우동 한 그릇』의 줄거리는 대체로 아래와 같다. 삿포로에 있는 한 메밀국수 가게인 북해정北海亭에 철 지난 체크무늬 반코트를 입은 엄마가 아들 둘을 데리고 들어왔다. 아이 엄마는 메밀국수 한 그릇만 달라는 것이다. 세 사람이 와서 1인분만 주문한다. 돈이 없었기 때문이다. 아이 엄마 사정을 고려해서 주방에 있던 가겟집 남편은 세 사람이 먹을 수 있도록 아무 말 없이 한 그릇 반의 메밀국수를 만들어주었다. 다음해 마지막 날에도 아이 엄마는 아이들과 함께 북해정을 찾았고, 또 메밀국수 한 그릇을 주문했다. 다다음해 연말에도 세 모자는 북해정에 들렀다. 이번에는 메밀국수 두 그릇을 시켰다. 어느덧 북해정을 운영하는 부부는 연말이 되면 기쁘고 설레는 마음으로 이 세 모자를 기다리게 됐다. 그런데 어느 해부터인가 아이 엄마와 아이들이 연말인데도 북해정에 오지 않게 됐다. 메밀국수 가게 주인 부부는 이제나저제나 세 모자를 기다렸다. 드디어 10여 년이 지난 어느 연말에 엄마는 장성하여 취업한 아이들을 데리고 북해정을 찾았다. 그리고는 메밀국수 세 그릇을 주문했다.

『우동 한 그릇』에는 가난한 세 모자에 대한 메밀국수 가게 부부의 세심한 배려가 잘 나타나 있다. 일본식 배려가 돋보이는 몇 몇 장면을 들어보면 다음과 같다. 여기서 배려는 일본어로 모테나시もてなし 곧 '손님 대접'을 의미한다. 참, 『우동 한 그릇』의 원제목은 『잇파이노 가케소바一杯のかけそば』다. 번역자인 최영혁은 가케소바를 우동으로 번역했지만 여기서는 메밀국수로 옮긴다. 다만, 서명은 우리에게 널리 알려진 대로 『우동 한 그릇』으로 한다.

제7장 배려 문화형

【첫 번째 장면】[5]

두 명의 아들과 함께 북해정에 들어온 아이 엄마는 메밀국수 한 그릇만 주문한다. 세 사람인데도 말이다. 주방에서 있던 가겟집 남자 주인은 손님과 홀에서 일하는 아내 모르게 1인분이 아니라 1인분 반의 메밀국수 면을 끓는 물에 넣는다. 자신의 선행과 배려를 상대방에게 티 내지 않는다. 오른손이 하는 일을 왼손이 모르게 하라는 격이다.

【두 번째 장면】

다음해의 섣달그믐 저녁에도 아이 엄마는 아들 둘을 데리고 북해정을 찾았다. 작년과 같이 또 메밀국수 한 그릇만 삶아달라고 말한다. 가겟집 안주인은 주방에 있는 남편에게 귀엣말로 서비스 차원에서 메밀국수 3인분을 만들어주자고 권유한다. 그러자 남편은 안 된다고 단호하게 거절한다. 그렇게 하면 오히려 손님들이 불편하게 여길 수 있다면서 말이다. 그 대신 작년처럼 우동 한 그릇 반을 내준다. 가겟집 안주인이 메밀국수 3인분을 만들어달라고 했던 것은 손님의 처지가 안타까워서였다. 한국이라면 여주인과 같은 배려가 더 일반적이었을 것이다. 하지만 남편 생각은 달랐다. 그렇게 노골적으로 배려하는 것에 반대했다. 상대방의 자존감[6]을 생각했기 때문이다.

---

5 참고한 번역서는 구리 료헤이 『우동 한 그릇』(청조사, 1989)이다. 이하 같음.
6 2016년도 베스트셀러에 윤홍준의 『자존감 수업』이 있다. 이 책이 많이 팔린 것은 그 내용도 내용이지만 그만큼 우리들이 자존감에 신경을 많이 쓰고 있기 때문이라고 생각한다.

일본에서 유학했을 때가 생각난다. 가끔 한국음식이 그리워지면 삿포로역 내에 있는 한국음식점에 갔다. 유학생에게는 음식 값이 좀 비싼 편이었다. 당시 나로서는 사치였다. 어느 날이었다. 한국음식을 주문해서 먹고 있는데, 그 가게 주인이라는 사람이 내게로 왔다. 한국 유학생이냐고 묻기에 그렇다고 대답했다. 그랬더니 자수성가한 재일교포라며 자신을 소개한 후 다음부터는 우리 가게에 와서 공짜로 식사를 하라는 것이었다. 고마웠다. 하지만 그날 이후로 난 그 가게에 다시는 가지 않았다. 가게 주인의 성의는 고마웠지만 그럴 수 없었기 때문이다. 나의 자존감이 그것을 용납하지 못했다. 마음은 너무 고마웠지만 말이다. 북해정의 남자 주인이 아내의 권유, 곧 아이와 엄마를 위해 메밀국수 3인분을 만들어달라고 했을 때 남편이 거절했던 것에는 아마도 나와 같은 반응을 세 모자가 보일 수도 있다는 우려가 있었기 때문일 것이다. 가겟집 남편의 심정이 너무 이해간다.

【세 번째 장면】

그 다음해 섣달그믐부터는 북해정의 안주인과 바깥주인이 세 모자를 기다리게 됐다. 메뉴표에 있는 '메밀국수 200엔'이라는 표시를 '메밀국수 150엔'으로 고치면서 말이다. 사실 그해 여름에 메밀국수 값이 150엔에서 200엔으로 올랐지만 세 모자를 위해 오르기 전 가격

윤홍균『자존감 수업』(심플라이프, 2016)

표로 바꿔놓았다. 감동적인 장면이다. 가겟집 주인은 세 사람이 돈이 없어서 메밀국수 1인분을 시켜먹는다는 것을 잘 알고 있었다. 상대를 위한 이런 티 안 나는 세심한 배려가 돋보인다.

　북해정의 주인은 세 모자를 위해 2번 테이블을 깨끗이 치웠다. 예약석이라는 팻말을 테이블 위에 놓은 채. 2번 테이블은 세 모자가 늘 식사하던 테이블이었다. 그들을 생각해서 2번 테이블을 특별히 준비해놓은 것이다. 세 모자만을 위한 테이블이라…… 상대방에 대한 대접이 이 정도라면 예술이라고 말할 수 있지 않을까?

【네 번째 장면】

　섣달그믐에 세 모자가 북해정을 찾았다. 경제적으로 좀 여유가 생겼는지 이번에는 메밀국수 2인분을 주문했다. 그들을 2번 테이블로 안내하면서 세 모자 모르게 여주인은 예약석 팻말을 슬그머니 감췄다. 메밀국수 2인분 주문을 받은 가겟집 남자는 메밀국수 3인분의 면을 삶았다. 북해정 부부는 상대방에 대한 배려가 당사자에게 부담으로 느껴지지 않도록 세심한 배려를 했다. 돈만 벌기 위해서라면 그렇게 할 수 없었을 것이다. 메밀국수는 단지 섣달그믐에 먹는 음식이 아니었다. 메밀국수는 세 모자와 북해정 부부를 잇는 커뮤니케이션의 그리고 배려의 매개물이었다.

【다섯 번째 장면】

　섣달그믐의 일이다. 세 모자가 궁핍했던 이유는 아이들의 아빠가 교통사고를 냈고, 그것으로 많은 빚을 졌기 때문이었다. 엄마는 열심히 일해서 드디어 오늘 빚을 모두 청산했다고 아이들에게 알려준다. 이에 큰 아들과 둘째 아들도 엄마에게 고백한다. 둘째인 준淳이 학교 작문 시간에 〈메밀국수 한 그릇〉이라는 작문을 썼다는 것이다. 북해정 부부가 맛있는 메밀국수를 만들어주면서 우리에게 열심히 살 수 있는 용기를 북돋아 주었다는 내용이라고 했다.[7] 그리고 막내 아들 준은 장래에 일본 제일의 메밀국수 가게를 열겠다고 썼다고 한다.

세 모자가 나눈 이와 같은 이야기를 북해정 부부도 다 듣고 있었다. 하지만 부부는 그들에게 모습을 드러내지 않는다. 카운터 깊숙한 곳에 웅크린 채 흘러내리는 눈물을 수건으로 닦고만 있었다. 상대방의 개인적 이야기에 끼어들지 않는, 들어도 못 들을 척 해주는 북해정 부부의 배려가 느껴진다.

【여섯 번째 장면】

또다시 섣달그믐이 찾아왔다. 하지만 세 모자는 북해정을 찾지 않았다. 그렇게 10여 년이 지났다. 북해정은 날로 번창했다. 내부 수리도 깨끗이 다시 했다. 테이블과 의자를 새로 바꿨다. 다만 예외가 있었다. 세 모자가 앉던 2번 테이블과 의자는 옛날 그대로 뒀다. 언젠

---

7 북해정 부부는 가난한 세 모자에게 '힘내라!'와 같이 직접적으로 격려하지 않는다. 대신 '감사합니다. 새해 복 많이 받으세요'와 같이 간접적으로 응원한다. 이러한 것을 아들러 심리학에서는 수평관계에 근거한 용기 부여라고 말한다.
기시미 이치로·고가 후미타케 『미움받을용기』(인플루엔셜, 2014)

제7장 배려 문화형

가 다시 올지 모르는 세 모자를 위해서였다. 상대방의 추억을 소중히 간직해주는 북해정 부부의 마음이 보인다. 얼마 전의 일이다. 학부를 졸업한 대학에 가게 됐다. 청춘을 보낸 곳이기에 감회가 새로웠다. 그런데 이게 웬일인가? 대학이 너무 낯설었다. 내가 나온 대학인가, 하는 의구심이 들 정도였다. 추억이 깃든 옛 건물은 온데간데없고 새로운 건물이 많이 들어섰기 때문이다. 세 모자에 보인 북해정 부부의 배려가 어떤 것인가를 알 수 있다.

『우동 한 그릇』, 다시 읽어봐도 좋다. 잔잔한 감동과 인간미, 일본 정취와 일본인의 배려가 물씬 풍겨서 좋다. 명작이다.[8]

일본인의 배려라…… 지인에 S라는 일본인이 있다. 여자다. S에게는 잘 이해가 가지 않는 측면이 있었다. 남자 친구가 있는데도 새로운 남자 친구를 만들었다. 흔히 말하는 바람이라고 볼 수도 있다. 그래서 언젠가 물어봤다.

"남친이 있는데 왜 새로운 남자와 사귀?"

그녀의 답변이 걸작이었다.

"내가 싫다고 하면 상대방이 상처 입잖아. 상대방에 대한 배려로 사귀주는 거야"

내가 다시 말했다.

---

8 왕하이산은 『하버드 협상수업』에서 상대에게 최대한 호의를 배풀어라, 배려하라고 말한다. 나중에 상대방이 보답할 것이기 때문이란다. 하지만 『우동 한 그릇』에 보이는 북해정 주인 부부의 배려에는 보답을 기대하는 측면이 없다.
왕하이산 『하버드 협상수업』(이지북, 2016)

"변명도 그럴 듯하네."

"……"

어! 그리고 보니 아내 말이 갑자기 떠오른다. 청혼할 때였다. 결혼하자고 졸랐다. 한동안 지금은 싫다는 대답이 돌아왔다. 그런데 어느 날, 나와 결혼하겠다고 했다. 그래서 결혼에 성공했다. 오늘 집에 가서 물어봐야겠다. 진지하게!

"왜 나와 결혼했어?"

어떤 대답이 돌아올지 궁금하다.

"내가 싫다고 하면 네가 상처 입잖아. 너에 대한 배려로 결혼해준 거야"

라는 대답이 돌아오지는 않을까?

설마……

설마……[9]

---

[9] 오히라 겐은 『새로운 배려-젊은 그들만의 코드』에서 요즘 젊은 일본여성들은 상대방에 대한 배려 때문에 좋아하지도 않는 상대와 결혼하는 경향이 있다고 말한다.
오히라 겐 『새로운 배려-젊은 그들만의 코드』(소화, 2003)

한국인 "왜 그렇게 극진히 대접하세요?"
일본인 "손님이니까요."

얼마 전에 동료 교수에게서 들은 말이다.

"며칠 전에 가족여행으로 일본을 처음 다녀왔는데요, 일본인은 진짜 친절하네요!"

사실 이런 말을 주변에서 자주 듣는다. 틀린 말도 아니다.

일본인의 친절에 대해 생각해볼 수 있는 계기가 있었다. 신혼여행으로 유럽을 갔을 때의 체험이다. 프랑스와 이탈리아를 다녀왔다. 패키지 상품이었기에 관광가이드가 안내하는 음식점이나 쇼핑몰에 갔을 때는 전혀 느끼지 못했는데, 우리 부부끼리 음식점이나 카페를 갔을 때 느낀 것이 있었다. 일본인과 한국인의 친절에 익숙했던 우리는 깜짝 놀랐다. 너무 불친절했기 때문이다. 점원을 불러도 잘 오지 않았다. 주문을 해도 곧바로 응대하지 않았다. 특히 프랑스는 해도 해도

오히야　　　　　　　　　오시보리[10]

너무했다. 다시는 프랑스에는 가지 않겠다고 우리 부부는 결심했다.

그런데 좀 시간이 지난 후 곰곰이 생각해보니 프랑스에서 느낀 불친절이 정말 불친절인지, 아니면 일본과 한국이 과잉 친절인지 분간이 가지 않게 됐다. 예컨대 일본 레스토랑을 예로 들어보자. 레스토랑에 들어가면 점원이 손님에게 목례를 하면서 몇 사람인가를 물어본다. 인원수를 알려주면 사람 수에 맞는 장소로 안내한다. 이후 곧바로 오히야お冷や라고 해서 얼음이 들어간 물을 주고, 오시보리おしぼり 곧 손을 씻을 수 있는 조그만 물수건도 준다.

그리고 주문을 받는다. 주문을 받을 때 놀라운 점은 점원이 손님의 눈높이를 맞춘다는 점이다. 손님은 앉아 있기 때문에, 점원은 최대한 자세를 낮춘다. 그러기 위해서는 점원은 무릎을 굽히거나 무릎을 땅에 대야 한다.[11]

---
10 http://image.search.yahoo.co.jp
11 얼마 전에 집 근처 백화점에 있는 레스토랑에 갔었다. 그때 일본식 접객 태도를

이후 주문한 음식과 함께 계산서를 테이블에 놓고 간다. 흥미로운 점은 계산서 금액이 절대로 보이지 않게 한다는 점이다. 손님에게 계산서에 적힌 금액을 직접 보게 하는 것을 실례라고 생각하기 때문인 것 같다.[12] 여하튼 섬세한 접객 태도에 감동에 가까운 놀라움을 늘 느낀다.

그런데 시각에 따라서는 손님의 눈높이를 맞추기 위해 무릎까지 꿇는 점원의 행동을 지나친 친절이라고도 볼 수 있을 것 같다. 손님이 봉건시대의 상전도 아니니까 말이다. 어쩌면 점원은 굴욕감은 아니지만 그와 비슷한 감정을 느낄 수도 있기 때문이다. 여하튼 일본 서비스업에 종사하는 사람의 정신노동은 가히 세계적이라고도 말할 수 있을 것 같다.

일본식 친절의 결정판은 일본의 료칸旅館에서 경험할 수 있다. 료칸은 우리식 여관이 아니다. 그렇다고 서양식 호텔도 아니다. 일본식 구조와 설비 및 음식을 제공하는 숙박시설이다. 그리고 보통은 온천을 즐길 수 있는 곳이다. 대체적으로 비싸다.

얼마 전에 결혼 10주년 기념으로 아내 고향에 있는 비교적 유명한 료칸에 갔다 왔다. 센주앙仙寿庵이라는 곳이다. 료칸은 처음이었다. 체크인 시간에 맞춰갔는데, 이미 점원이 나와서 우리 가족을 기다리고 있었다. 주차할 곳을 안내해준 후, 점원은 짐을 들어주면서 정문으로 우리를 인도했다. 정문부터가 보통 호텔과는 달랐다.

보고 깜짝 놀랐다.
12 이 점은 우리나라도 비슷하다. 단, 일부 레스토랑에 한하지만 말이다.

정문[13]

정문을 지나 안으로 들어갔다. 안으로 들어가자 료칸의 여주인인 오카미おかみ·御上가 우리를 맞이했다. 마루 위에서 무릎을 꿇고 다음 페이지의 이미지와 같이 큰 절을 하면서 말이다.

오카미가 이렇게 인사하는 이유는 최대한 정중하게 손님을 맞이하기 위해서라고 생각한다. 그리고 거기에는 최대한 자신을 낮추고 자신의 눈과 손님의 눈높이를 맞추겠다는 의미도 포함돼 있다. 한국과 마찬가지로 일본의 전통 가옥에는 마루가 있다. 그래서 보통은 마루 위에 있는 사람이 지면에 있는 사람보다 눈높이가 높아질 수밖에 없다.

로비에 다다르자 점원은 우리를 소파에서 쉬게 했다. 그리고는 곧바로 차와 과자 그리고 물수건을 준비했다. 휴식을 취하면서 체크인을 했다.

---

13 위 사이트

제7장 배려 문화형

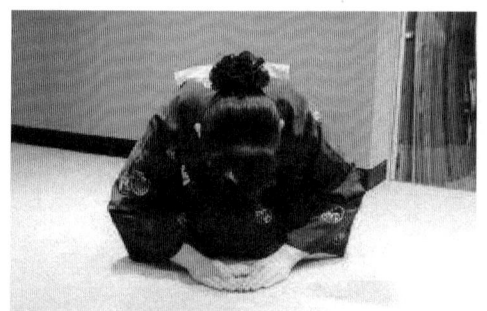
오카미의 인사[14]

차와 과자 그리고 물수건

객실[15]

체크인 하는 사이에 다른 점원이 우리가 묵을 객실로 짐을 날라주었다. 객실에 들어가자 점원이 객실의 구조와 편의 시설에 대해 자세히 설명해줬다. 특히 이불의 종류가 여러 가지 있으니 선택해 달

---
14 위 사이트
15 위 사이트

라는 것이었다. 푹신한 이불, 부드러운 이불, 딱딱한 이불…… 설명을 듣고 알려줬다.

저녁식사에 대한 안내가 뒤따랐다. 몇 시부터 식사가 가능한데, 언제 할 거냐는 것이었다. 시간을 정해줬고, 저녁식사에 맞춰 식사 장소로 이동했다. 식사를 담당하는 점원이 우리에게 인사를 한 후, 곧바로 식사를 준비해도 되냐고 물었다. 그렇게 해달라고 대답했다. 잠시 후 식사가 나오기 시작했다. 코스 요리였다. 흥미로웠던 점은 요리가 나올 때마다 요리 재료의 원산지, 요리의 특징 및 식사법을 일일이 설명해준 점이다. 특히 쌀에 대한 설명이 자세했다. 이 지방에서 수확한 쌀에 대한 자부심이 대단했다. 참, 그러고 보니 일본에서는 어느 식당에 들러서 식사를 해도 밥이 맛있다. 그 이유에 대해 동명이인인 박상현은 『일본의 맛, 규슈를 먹다』에서 아래와 같이 말한다.

> 아무리 허술한 대중식당이라도 밥을 미리 담아 두는 경우는 없다. 언제나 주문과 동시에 밥솥에서 담아낸다. 그래서 된장국이나 반찬을 담는 그릇에는 뚜껑이 있는 경우가 흔하지만 밥그릇에는 절대로 뚜껑이 없다. 스테인리스 밥그릇에 꾹꾹 눌러 담고 뚜껑을 덮어 보관하는 습관만 개선해도, 우리 대중음식점의 밥맛은 훨씬 더 나아질 수 있다.[16]

---

16 박상현 『일본의 맛, 규슈를 먹다』(따비, 2013)

저녁 식사로 나온 요리는 대단했다. 종류도 다양했지만 시각적으로 아름다웠다. 지나칠 정도로 말이다. 그럴 때면 주영하가 『음식전쟁, 문화전쟁』에서 인용했던 『규합총서』(19세기)의 말이 떠오른다. 음식을 좋은 약으로 생각하여 모양에 너무 치우지지 말라는.[17] 하지만 보기 좋은 떡이 먹기도 좋다는 말도 있지 않는가. 아름다우면서 맛있으면 금상첨화다.[18]

이후, 내일 조식을 일본식和食으로 할 것인지, 양식으로 할 것인지, 그리고 몇 시에 식사를 할 것인지에 대해 물어왔다. 각자 먹고 싶은 것과 식사 시간을 알려줬다.

식사를 마친 후 객실로 돌아왔다. 눈앞에 펼쳐진 풍경을 보고 놀라지 않을 수 없었다. 환상적이었다. 다음 페이지의 이미지와 같이 이불이 깔려 있었다. 감동이었다.[19] 말로만 듣던 료칸의 진수였다.

---

17 주영하『음식전쟁, 문화전쟁』(사계절, 2000)
18 일본 공항 면세점에서 한국 관광객이 지인이나 친인척에 줄 선물을 사는 광경을 자주 목격한다. 아기자기하고 아름답게 포장된 과자와 빵 같은 것을 다수 구입한다. 예전에는 나도 그랬다. 하지만 요즘은 거의 사지 않는다. 포장은 아름답지만 맛은 우리 것과 특별히 다르지 않기 때문이다. 그러면서도 부럽기도 하다. '저렇게 귀엽고 예쁘게 포장하면 우리나라 과자도 잘 팔린 텐데' 하고 생각했다.
   덧붙여 이어령은『이어령의 보자기 인문학』에서 일본의 포장문화는 감춤으로써 드러내는 것이라고 말하고, 여기에는 '오쿠 깊은 곳, 안의 미학'이 있다고 지적한다.
   이어령『이어령의 보자기 인문학』(마로니에북스, 2015)
19 이 장면에 감동하는 한국인이 적지 않다.『일본열광』의 김정운도 그랬다.
   김정운『일본열광』(프로네시스, 2007)

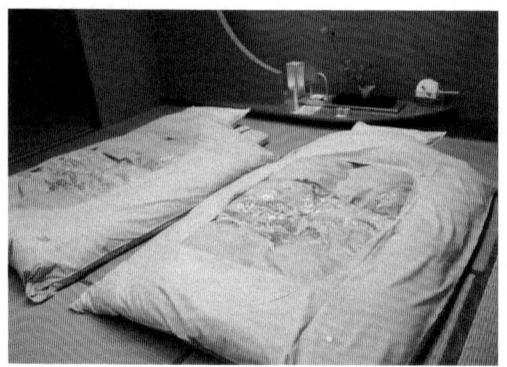
이불[20]

다음 날 아침에 예약한 시간에 맞춰 어제 저녁을 먹었던 곳으로 갔다. 어제 저녁 식사를 준비해줬던 점원이 우리를 기다리고 있었다. 어제와 같이 요리 재료의 원산지, 요리의 특징 및 식사법을 일일이 설명해줬다.

체크아웃을 하기 위해 로비로 갔다. 담당 점원은 우리를 소파로 안내한 후, 체크인할 때와 같이 차와 과자 그리고 물수건을 준비했다

체크아웃을 하고 료칸을 나오는데, 여주인과 몇 몇 점원이 나와서 배웅을 해줬다. 그 중 한 점원이 우리 짐을 주차장까지 들어주었다. '이것으로 끝인가' 하고 생각했더니 그게 아니었다. 우리 차의 창문을 닦아주기 시작했다. '이것으로 정말 끝인가' 했더니 그것도 아니

---
20 위 사이트

제7장 배려 문화형

었다. 우리 차가 보이지 않을 때까지 고개를 깊이 숙이면서 마지막까지 배웅해줬다.

그리고 집으로 돌아오는 길에 료칸이 보내준 문자메시지를 받았다. 자기 료칸에 머물면서 혹 불편한 점은 없었는지에 대한 내용이었다.

일본인의 친절, 특히 손님에 대한 친절은 그냥 친절이 아니다. '모테나시もてなし'의 성격이 강하다. '모테나시'란 보통 대우, 접대, 대접이라고 번역하는데, 그냥 이렇게 번역하면 뭔가 좀 부족한 느낌이 든다. 여기에는 철저히 상대방의 입장에서 생각하는, 상대방에 대한 최대한의 배려가 들어 있기 때문이다. 그리고 이 모테나시에는 한 번의 만남도 소중히 여기는 정신, 이치고이치에一期一会 정신이 들어 있다. 물론 손님에게 돈을 받기 때문에 그렇게 하는 것도 없지는 않지만 말이다.

유홍준은 『나의 문화유산답사기 일본편4』에서 일본인은 손님을 대할 때 그 집의 주인인 것처럼 대접한다[21]라고 말한다. 정말 그렇다. 아니, 상전을 모시는 것처럼 한다. 그래서 '손님은 왕이다お客様は王様'라는 말도 있는 것 같다.

앞에서 인용했던 박상현은 『일본의 맛, 규슈를 먹다』에서 이치고이치에 정신이 료칸에서 하는 접객의 기본자세라고 말한다.[22] 맞는 말이다. 이치고이치에는 일본 다도茶道에서 나온 것으로 사람과의

---

21 유홍준 『나의 문화유산답사기 일본편4』(창비, 2014)
22 박상현 앞의 책(『일본의 맛, 규슈를 먹다』)

만남을 소중히 여기는 정신이다.

참, 아내가 일본인이다 보니 자주 듣는 질문이 있다. '일본 아내는 남편을 하늘과 같이 받든다면서요?', '남편이 출근할 때면 바닥에 바짝 엎드려서 절도 한다면서요?'

이런 질문을 받을 때마다 나는 이렇게 대답한다. 웃으면서 말이다.

"누가 그런 말을 퍼뜨렸는지…… 만나면 때려주고 싶네요. 저도 그 말에 속았거든요!"

한국인 "대접은 어떻게 하나요?"
일본인 "아직도 몰라요?"

"저녁에 뭘 먹고 싶니?"
라는 아내의 물음에 큰딸이 대답했다.
"카레!"
딸아이는 카레를 좋아한다. 무척 좋아한다. 아내도 카레를 좋아한다. 미치도록 좋아한다. 하지만 나는 카레를 싫어한다. 죽도록 싫어한다. 그런 면에서 딸아이의 식성은 엄마를 닮은 것 같다. 그리고 보니 딸아이는 외모도 엄마를 닮았다. 그래서 눈이 크다. 아주 크다.
모녀는 세끼 모두를 카레로 할 수 있을 정도로 카레를 좋아한다. 특히 아내는 두 번, 세 번 데운 카레를 좋아한다. 맛이 우러나서 좋다고 한다. 나는 그런 카레일수록 싫은데 말이다.
내가 카레를 제대로 먹어본 것은 일본 유학을 하면서다. 일본에 가보니 카레 전문점이 많았다. 카레 전문점이 많다는 것은 카레를 즐기는 사람이 많다는 의미다. 그랬다. 대체적으로 일본인은 카레를 좋아했다. 우연인지 모르겠지만 일본인 가운데 카레를 싫어하는 사람을 아직 만나보지 못했다. 나로서는 불행이다.

나와 카레, 카레와 나의 만남은 그 만남부터 좋지 않았다. 유학 생활이 길어지고, 경제적으로 좀 여유가 생기자 학생식당을 이용하기 시작했다. 학생식당을 처음 갔을 때, 나는 카레를 주문했다. 일본인이 좋아한다고 하니 왜 좋아하는지를 알고 싶었기 때문이다. 주문하는 곳으로 가서 카레를 달라고 했다. 카레가 나왔다. '그런데 이게 뭐야?' 하는 생각이 들었다. 카레를 주문했는데, 카레만 나온 것이다. 곧 밥 위에 카레만 얹어놓은 것이다. 어떤 밑반찬도 없었다. 빈약함에 실망했다. '내가 얼마를 지불했는데……' 하는 생각이 들었다. 카레에 대한 첫 느낌이 이랬으니, 맛이 있을 리가 없었다.

언젠가 아내에게 일본 유학 때 겪었던 카레에 대한 에피소드를 들려줬다. 그랬더니 아내가 나에게 이렇게 말했다.

"그러니까 카레지!"

몇 년 전의 일이다. 아내가 흥분하면서 나에게 말했다. 드디어 우리 집 근처에 일본식 카레 전문점이 들어왔다는 것이다. 아내와 딸아이가 하도 성화를 부리기에 마지못해 따라나섰다. 일본에서도 비교적 널리 알려져 있는 카레 전문점이었다. 분위기도 깔끔한 편이었다. 점원의 안내에 따라 자리를 잡았다. 메뉴를 보고 있었는데, 잠시 후 점원이 다시 왔다. 무엇을 주문할지를 묻기 위해서였다. 카레를

제7장 배려 문화형

주문했다. 그것으로 끝인 줄 알았다. 그런데 그게 아니었다. 매운 정도는 어떻게 할 거냐, 밥의 양은 얼마나 할 거냐와 같은 질문이 이어졌다. 나는 '그냥 대충 대충 만들어주면 되지!' 하고 속으로 생각했다. 카레가 매우면 밥으로 매운 정도를 조절하면 된다고 생각했다. 밥이 많으면 먹을 만큼만 먹고 남기면 되고, 부족하면 더 달라고 하면 된다고 생각했다. 그래서 나는 점원의 질문이 귀찮았던 것이다. 하지만 아내는 달랐다. 아주 달랐다. 손님의 기호를 가능한 잘 반영하려는 '손님 대접' 곧 '모테나시'라면서 마냥 즐거워했다.

카레를 별로 좋아하지 않는 나는 사실 라면도 즐기지 않는다. 그러면 주위 사람들이 깜짝 놀란다. 일본학을 하는 사람이, 라면으로 유명한 삿포로에서 8년 가까이 생활했던 사람이, 일본인 아내를 둔 사람이 어쩌면 그럴 수 있냐는 표정이다. 지금은 라면을 좋아하지 않지만 한때는 라면이라면 자다가도 일어나서 먹었다. 물론 이때 라면은 우리나라의 인스텐트 라면을 가리킨다.

중학생 때였다. 아침에 밥을 잘 먹지 못했던 나는 아침밥으로 라면을 먹었다. 중학교 3년 내내 아침마다 라면을 먹은 것이다. 가정형편이 좋지 않아서가 아니다. 어머니가 나에게 밥을 해주지 않아서도 아니다. 그냥 라면이 좋았다. 미치도록 좋았다. 하지만 그렇게 3년을 먹었더니 나중에는 라면의 '라'만 들어가도 싫어졌다. 마치 군대에서 라면을 즐기던 사람이 제대하면 라면을 쳐다보지도 않듯이 말이다. 그래서 나는 기본적으로 면류를 싫어한다. 평생 먹을 면을 중학교 3년간 다 먹은 것 같았기 때문이다.

라면을 즐겨 먹지는 않지만 일본에 갈 때면 라면집에 들리기는 한다. 아내가 말하는 일본인의 '손님 대접' 문화를 체험하고 싶기 때문이다. 라면집에 들어가면 점원이 꼭 물어보는 것이 있다. 라면의 면을 부드러운 면으로 할 것이지, 보통으로 할 것인지, 질기게 할 것인지를 말이다.

최근에 경험한 오사카의 이치란一蘭 라면집은 대단했다. 한국인 관광객이 많아서 그런지 주문을 받기 전에 아예 한국어로 된 질문지를 줬다. 라면의 면을 어떻게 할 것인지를 묻는 것은 기본이었다. 그리고는 다음과 같은 질문이 이어졌다.

먼저 맛을 정해야 했다. 싱겁게 할 것이지, 기본으로 할 것인지, 진하게 할 것인지를 선택해야 했다. 기름진 정도도 정해야 했다. 매우 담백인지, 담백인지, 기본인지, 진함인지, 매우 진함인지를 골라야 했다. 마늘도 정해야 했다. 넣지 않을 것인지, 조금 넣을 것인지, 기본인지, 반쪽인지, 한쪽인지를 택해야 했다. 파도 정해야 했다. 넣지 않을 건지, 대파를 넣을 건지, 실파를 넣을 건지를 선택해야 했다. 챠슈チャーシュー도 정해야 했다. 챠슈는 우리나라 보쌈용 돼지고기 같은 것인데, 넣을지 말지를 정해야 했다. 비밀소스도 택해야 했다. 이 가게의 비밀 소스는 고춧가루를 베이스로 한 것이었다. 넣지 않을지 넣을지를 택해야 했다. 넣는다면 반을 넣을지, 기본을 넣을지, 2배로 넣을지를 골라야 했다. 그런데 이 가게는 객관식만 있지 않았다. 단답식도 있었다. 손님이 비밀소소를 몇 배로 할 것인지를 써넣어야 했다.

제7장 배려 문화형

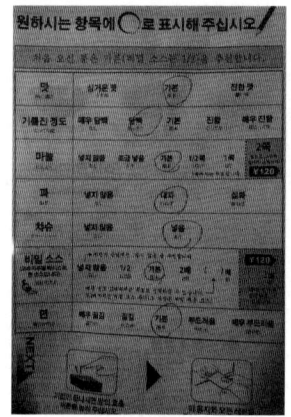

첫 번째 질문지　　　　　　두 번째 질문지

그런데 질문지는 이것으로 끝이 아니었다. 다음 장에는 두 번째 질문지가 이어졌다. 추가 메뉴를 묻는 질문지였다. 거기에는 반숙 달걀, 버섯, 챠슈, 김, 파, 마늘 등을 추가할지 여부가 적혀 있었다. 친절하게 가격도 쓰여 있었다.

사이드 메뉴를 묻는 질문에는 고시히카리[23]로 지은 밥, 고시히카리로 지은 소량의 밥, 가마다레돈코츠 돼지고기구이가 있었고, 음료 및 추가 메뉴를 묻는 질문에는 시카이비차, 생맥주, 말차, 안닌도후<small>杏仁豆腐</small>가 있었다.

일본에는 두 가지의 '손님 대접'이 있다고 생각한다. 하나는 점원이 눈치를 봐서 알아서 손님이 원하는 것을 미리 해주는 대접이 있

---
23 일본의 유명한 쌀 브랜드의 하나다. 우리나라에도 들어와 있다.

277

다. 앞서 자세히 언급했듯이 료칸에서 경험할 수 있는 대접이 여기에 속한다. 또 하나의 대접은 점원이 손님의 의사를 최대한 존중하는 대접이 있다. 방금 말한 일본식 카레전문점이나 이치란 라면가게에서 느낄 수 있는 대접이 그런 것이다.

그런데 세상에는 또 하나의 대접도 있는 것 같다. 상대방에게 모두 맡기는 것이다. 즉 알아서 하라는 것이다. 그것을 일본 유학 시절에 경험한 적이 있다. 점원과 손님 간에 일어난 일은 아니지만 말이다. 미국인 친구가 있었다. 어느 날 그의 집에 놀러갔더니 그가 나에게 이렇게 말했다.

"네 집처럼 편하게 생각해! 참, 냉장고에 음료수가 있어. 알아서 마셔!"

"……"

● ● ● ●
한국인 "밥을 어떻게 혼자 먹어요?"
일본인 "왜 꼭 같이 먹어야 해요?"

일본 유학을 가고 싶었다. 공부하고 싶었기 때문이다. 경제적인 것이 문제였다. 학과 교수님께 상담했다. 일본 유학을 하고 싶은데, 금전적으로 여유가 없다는 말을 했다. 그래서 일단 신문기자가 되겠다고 했다. 신문기자가 되면 일본 특파원으로 갈 수도 있고, 그러면 시간을 내서 대학원에도 다닐 수 있지 않겠냐고 말했다. 그랬더니
"신문기자가 그렇게 한가한가?"
라는 답변이 돌아왔다. 신문기자 지망을 포기했다.

    4학년 때 대학의 부속 고등학교로 교생 실습을 갔다. 실습 담임은 국어 선생님이었다. 마침 대학원 박사과정을 밟고 있었다. 멋있어 보였다. 내가 찾던 대안처럼 보였다. 그래서 교사를 하면서 대학원 공부하는 것이 가능한지 물어봤다. 아주 힘들다는 답변이 돌아왔다.

교사를 하던지, 공부를 하던지 하나만 해야 한다고 충고해줬다. 교사 지망도 포기했다.

　일본 유학을 가고 싶었다. 공부하고 싶었다. 하지만 금전적인 문제를 해결할 수가 없었다. 그래서 어쩔 수 없이 모교 대학원 석사과정에 들어갔다. 우리나라 교육부에 해당하는 일본문부성 국비유학시험을 준비하는 한편, 학과 조교도 할 수 있었기 때문이다. 국비유학시험을 2년간 준비했다. 실력이 부족했는지 떨어졌다. 이제 남은 것은 사비 유학뿐이었다. 당시 조교는 월급을 받았다. 많지는 않았지만 장학금도 있었다. 2년간 조교를 했다. 가정교사도 했다. 800만 원 정도를 손에 쥘 수 있었다. 염치불구하고 부모님에 200만 원을 받았다. 1,000만 원이면 어떻게 1년을 버틸 수 있을 것 같았다. 1년이라도 좋으니 일본에서 공부하고 싶었다. 이렇게 나의 일본 유학생활은 시작됐다.

　사비 유학생이긴 했지만 학교의 배려로 1년간 기숙사에서 묵을 수 있었다. 기숙사비는 저렴했다. 광열비를 포함하여 한 달에 3만 엔 정도였다. 우리나라 돈으로 약 30만 원 정도였다. 한달 생활비는 10,000엔 정도로 했다. 10만 원이다. 곧 40만 원 정도로 한 달을 버텨야 했다. 1,000만 원이 있었지만 학비를 생각하면 생활비를 늘릴 수 없었다. 서울에서의 생활수준과는 비교가 될 수 없을 정도로 생활은 열악했다. 하지만 희망이 있었다. 공부하고자 하는 의욕이 있었기 때문이다.

　생활비를 절약하기 위해 외식은 절대 하지 않았다. 아침은 빵과

제7장 배려 문화형

유유 등으로, 점심은 도시락으로, 저녁은 집에서 만들어 먹었다. 김치도 직접 담갔다. 커피를 좋아했지만 사 먹을 수 없었다. 보온병에 커피를 담아갔다. 그렇게 1년 가까이 생활했다. 그때 나에게는 조그마한 소망이 있었다. 점심만큼은 학생식당에서 먹었으면, 카페에서 커피를 마셔봤으면 하는 소망이었다. 물론 무리를 하면 어떻게 할 수는 있었지만 사비 유학을 하는 주제에 그렇게까지 하고 싶지는 않았다. 한편으로는 이런 빈궁한 생활을 얼마나 버틸 수 있을지도 궁금했다.

석사 입학시험에 몇 차례 떨어졌다. 1년 반만에 연구생 과정을 마치고 가까스로 석사과정에 입학할 수 있었다. 연구생은 비정규과정이기에 장학금이 없었다. 학비 면제도 없었다. 석사부터는 달랐다. 정규생이었기에 장학금도 있었다. 학비 면제도 있었다. 드디어 나의 조그마한 소망이 이루어졌다. 점심은 학생식당에서 먹을 수 있었고, 카페는 아니지만 자판기 커피도 마실 수 있었다. 행복했다.

학생식당에 갔다. 그런데 희한했다. 혼자 점심을 먹는 학생이 너무 많았다. 사실 나도 혼자였다. 갑자기 걱정이 됐다. 혼자 학생식당에 가서 식사하는 내 모습을 보고 다른 사람이 나를 이상한 사람으로 생각하면 어떡하나, 하고 말이다. 혼자 밥 먹는 사람은 친구도 없어 보였고, 친구가 없다는 것은 성격이 나빠 보였기 때문이다.

지금은 좀 변했지만 20여 년 전 만 하더라도 한국인은 보통 혼자 밥 먹는 것에 익숙하지 않았다. 식사는 역시 여럿이 무리를 져서 하는 것이었다. 나도 그랬다. 그래야 밥맛이 났다. 그런데 일본 학생과 일본인은 달랐다. 혼자서 잘도 먹었다.

대학원 후배에 Y라는 일본인 학생이 있었다. 성격은 어두웠고, 말투도 영 마음에 들지 않았다. 배려심도 없었다. 그런데 이 Y는 라면을 무척 좋아했다. 일본에서도 삿포로는 라면으로 유명한 도시다. 그래서 라면집이 많았다. Y의 취미는 맛있는 라면집을 찾아다니는 것이었다. 그것도 혼자서 말이다. 역시 이상한 녀석이니 취미도 이상하다고 생각했다. '비싼 돈 주고 왜 라면을 먹어? 밥을 먹지!' 하고 생각했다. '백 번 양보해서 라면을 먹는다고 하더라도 왜 혼자 먹어? 맛없게!'라고 생각했다.

그런데 유학 생활이 길어지면서 나도 혼자 밥을 먹을 때가 많아졌다. 혼자라서 편한 점도 있었다. 다른 사람과 메뉴나 화제를 맞출 필요가 없기 때문이었다. 하지만 식사는 역시 같이 해야 즐겁고, 맛있었다.

얼마 전에 오사카를 다녀왔다. 재직 중인 일본학과의 〈졸업여행 겸 일본탐방〉으로 오사카에 다녀온 것이다. 재학생 중에 오사카를 잘 아는 학생이 있었다. 마침 점심때였다. 그가 도톤보리道頓堀에 있는 라면집을 소개해줬다. 오사카에 올 때마다 들리는 가게라고 했다. 이치란이었다. 이치란이라면 규슈九州에 갔을 때 한 번 들른 적이 있다. 비교적 맛있었다.

유명한 가게이다 보니, 게다가 점심시간이다 보니 손님이 많았다. 늦더위가 극성이었는데 밖에서 좀 기다렸다. 박용민이『맛으로 본 일본』에서 이런 말을 했다. 일본에서 맛집을 찾는 것은 무척 쉽다.

제7장 배려 문화형

자판기

사람이 줄 선 곳이 바로 맛있는 곳이다.[24] 촌철살인과 같은 지적이다. 좀 기다리자 자리가 났다. 가게 정문에는 라면 자판기가 있었다. 거기서 라면을 구입했다. 잠시 후 점원이 좌석을 안내했다. 우리 일행은 모두 12명이었다. 같이 앉을 수 있는 자리가 없었다. 점원이 두 명씩 앉는 것은 어떠냐고 물었고, 우리는 괜찮다고 대답했다. 나와 한 학생은 2층으로 안내를 받았다.

예전에 들렀던 규슈의 이치란 라면집에서도 다음 페이지의 이미지와 같은 칸막이 테이블에 앉았다. 그때는 대수롭지 않게 생각했다. 하지만 오늘은 달랐다. 위화감을 느꼈다. 대체 이것은 뭔가, 하고 생각했다. 일본의 모든 라면집이 칸막이 테이블은 아니다. 이치란이 독특한 것이다.

---

24 박용민 『맛으로 본 일본』(헤이북스, 2014)

283

일본문화의 패턴

칸막이 테이블

마치 우리나라 독서실 칸막이와 같았다. 잠시 기다리자 점원이 다가와서 자판기에서 산 라면 티켓을 가져갔다. 얼굴도 보이지 않았다. 그리고는 주문한 라면과 반숙계란을 가져다주었다. 점원은 그나마 앞이 보였던 곳도 다음 페이지의 이미지와 같이 막아버렸다. 앞이 전혀 보이지 않게 됐다. 나와 학생은 바로 옆에 앉아서 라면을 먹었지만 한마디도 나눌 수 없었다. 아니, 말을 해서는 안 되는 분위기였다. 여기서는 혼자만의 세계였다. 그저 혼자서 묵묵히 라면을 먹으면 됐던 것이다. 옆 사람이 있기는 하지만 의식하지 않아도 된다는 점에서 우리나라 독서실과 같았다.

김정운은 『일본열광』에서 라면집 이치란의 칸막이에 대해 아래와 같이 말한다. 흥미로운 지적이다.

언뜻 보면 철저하게 익명성이 보장되는 듯하다. 그러나 이를

제7장 배려 문화형

앞도 보이지 않는 좌석

뒤집어 보면 어떠한 익명성도 보장되지 않는다는 뜻이기도 하다. 익명성이 정말 보장되는 사회라면 그런 칸막이 친 좌석이 필요 없다. 어차피 서로 아무런 관심도 없기 때문이다. 그러나 꼭 그렇게 칸막이를 쳐가면서까지 오버하는 이유는 어디에나 나를 지켜보는 시선이 존재하기 때문이다.[25]

우리나라 독서실 칸막이와 유사한 이치란 라면집 칸막이 테이블에 대해 생각하고 있을 때였다. 우연히 오른쪽을 쳐다봤다. 거기에는 다음과 같이 손으로 쓴 글씨가 인쇄돼 있었다. 미야타 노리코宮田のり子라는 사람의 글이었다.

---

25 김정운 『일본열광』(프로네시스, 2007)

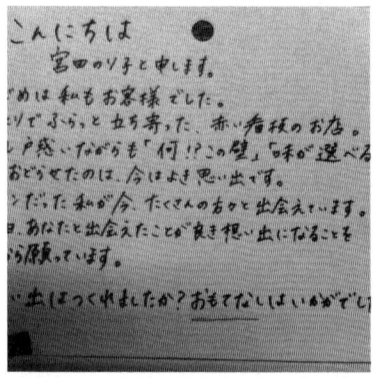

미야타 노리코

    이 글의 내용은 대체적으로 이렇다. 원래 자신도 옛날에는 이 가게 손님이었는데, 지금은 여기서 일한다는 것이었다. 그런데 나의 눈을 끈 것은 맨 마지막 문장, 곧 '(우리 가게의) 손님 대접おもてなし이 어떠신지요?'였다. 순간 생각했다. '어떤 손님 대접이 있었지' 하고. 그런데 있었다. 확실히 있었다. 칸막이로 둘러싸인 곳에서 혼자만의 세계에 푹 빠져 라면을 먹게 했다는 것이다. 이 가게에서 베푼 최고의 손님 대접은 바로 다른 사람의 신경을 전혀 쓰지 않고 라면을 먹게 하는 것이었다.

    라면 가게를 나오는데 아니나 다를까 학생들이 칸막이 테이블에 대해 한마디씩 했다. 위화감을 느낀 것이다.

    이치란이 손님에게 배려한 최고의 손님 대접이 우리에게는 통하지 않은 것 같다.[26] 삿포로에서 공부했을 때 혼자 라면을 즐겼던 Y라는 일본인 학생이 불현듯 떠올랐다. 그는 어느 누구의 간섭도 받지 않고 라면을 먹고 싶어 했다. 다음에 기회가 되면 그에게 이치란을 소개해줘야겠다. 너에게 꼭 맞는 라면집을 찾았다고 말하면서. 그러면 그는 나에게 이렇게 말할 지도 모른다.

"이미 알고 있는데!"

"……"

---

26 한상복은 『배려: 마음을 움직이는 힘』에서 스토리텔링으로 배려에 대해 이야기한다. 배려에 대한 이론서와 같이 배려를 체계화했다는 느낌을 준다. 다만, 안타깝게도 평판에 비해 감동은 그리 크지 않았다.
한상복 『배려: 마음을 움직이는 힘』(위즈덤하우스, 2006)

일본문화의 패턴
-일본문화를 이해하는 10가지 문화형-

제8장

축적 문화형

-
일본인 "교회에서 결혼해요!"
한국인 "불교 신자잖아요?"

　몇 년 전에 둘째 처남이 결혼식을 했다. 장남이 있는데 먼저 결혼하게 됐다. 일본에서는 흔히 있는 일이다. 대개 '데키찿타できちゃった결혼' 곧 '혼전 임신 결혼'이라고 해서 아이가 먼저 생겨 급히 결혼식을 올리게 된 경우다. 우리식으로 말하면 속도위반이다. 살림 장만이다. 얼마 전에 해산한 일본의 아이돌 그룹인 스마프SMAP의 핵심 멤버인 기무라 타쿠야가 그런 경우다. 궁금했다. 처남에게 국제전화를 걸어 조심스럽게 물어봤다.
　"혹시 아이가 생겨서 급히 결혼식을 올리는 거야?"
　"그럴 리가요. 제 성격 잘 아시면서."
　그랬다. 처남은 그럴 인물이 되지 못했다. 신중하고 섬세한 성격이기 때문이다. 이왕 전화를 건 김에 또 물어봤다.

일본문화의 패턴

신전 결혼식 스타일[1]

"결혼식을 어디서 할 거야?"

"오사카요. 제 직장도 여기고, 처가도 여기니까요."

처남은 군마 출신이다. 관동関東 지방 출신인 것이다. 그런 처남이 오사카 출신인 관서関西 지방 출신과 결혼을 하는 것이다.

일본에서는 동경을 중심으로 한 관동과 오사카, 교토京都, 나라奈良를 중심으로 한 관서는 라이벌 관계다. 특히 관서는 일본에서 오랜 기간 역사의 중심 무대였다. 역사에 대한 프라이드가 상당하다. 그래서 이 두 지역은 감정이 서로 좋지 않다.

"장소는?"

라는 물음에

---

[1] 신부 복장이 웨딩드레스와 너무 비슷하지 않는가! 웨딩드레스에 영향을 받은 흔적이 잘 나타나 있다. 신도식 결혼의 신부 복장은 근대의 산물이다.

제8장 축적 문화형

"호텔에서 해요."
라는 대답이 돌아왔다.

일본에서는 결혼은 하지만 결혼식은 올리지 않는 경우도 흔하다. 혼인신고만 하고 사는 커플도 적지 않다. 내 주변에도 몇 명이나 있다. 하지만 결혼식에 대한 로망은 가지고 있다. 일본 결혼식은 크게 세 가지로 나눌 수 있다. 신사神社에서 하는 신전神前 결혼, 절에서 하는 불전仏前 결혼, 교회에서 하는 결혼 곧 웨딩이 있다. 특히 교회에서 할 때는 목사님이나 신부님이 식을 거행해준다.

"호텔? 그럼 목사님이 식을 거행하는 결혼식이야?"
라고 묻자
"네!"
라는 대답이 돌아왔다.

일본에서는 종교가 신도神道인 사람도, 불교인 사람도 종교와 관계없이 결혼식은 웨딩 곧 기독교식으로 하는 경우가 흔하다. 이것이 대세다. 우리 감각으로는 좀 이해하기 어려운 일이다. 기독교 신자도 아닌데 말이다. 예전에 소문으로만 듣던 것을 직접 경험하게 된 것이다. 흥미로웠다. 처남에게 물었다.

"처남은 불교 신자인데, 왜 기독교식으로 결혼식을 올려?"
"……"

잠시 정적이 흘렀다. 처남에게는 너무나 당연하고 별로 생각해보지 않았던 질문이었기 때문일 것이다. 잠시 침묵이 흐른 후,
"멋있잖아요!"

293

일본문화의 패턴

호텔 내 교회, 신부님 앞에선 신랑

라는 답변이 돌아왔다.

처남의 결혼식 당일이었다. 호텔에 조그만 채플이 마련돼 있었다. 결혼식을 올리기 위한 교회였다. 이런 감각이 너무 신기했다. 목사님인가 신부님인가도 있었다. 외국인이었다. '정말 목사님이나 신부님일까?' 하는 의구심도 들었다. 아르바이트일 수도 있다는 말이다. 하지만 오늘 결혼식을 올리는 두 선남선녀에게는 그것이 중요할 리가 없다. 예식이 멋있으면 되는 것이다.

유학 시절에 알고 지내던 일본인의 결혼식에는 몇 번 참석한 적은 있지만 친족으로 결혼식에 참가한 것은 이번이 처음이었다. 어떤 옷을 입어야 하는지 몰라서 아내에게 물어봤다.

"양복 입고 가면 되는 거지!"

"일본에서 8년이나 유학한 거 맞아? 일본학 전공자 맞아?"

제8장 축적 문화형

결혼식 때 친족 예복(남성)[2]

　어이없어 하는 아내의 마음을 모르는 바는 아니다. 하지만 모르는 게 당연하다. 아내와 결혼하기 전에 내가 다른 일본인과 결혼한 적도 없으니, 친족으로 결혼식에 참가한 적도 없지 않는가? 그래서 처남 결혼식에 맞춰 급히 결혼 예복을 장만했다. 친족 예복은 달랐다. 검은 양복에 흰 넥타이를 매야 했다. 물론 아내는 일본의 전통옷인 기모노着物를 입었다.
　일본 결혼식은 한국 결혼식과 다른 점이 적지 않다. 우선 결혼식에 참여하는 인원수가 상대적으로 우리보다 적다. 꼭 불러야 하는 사람만 부르기 때문이다. 그래서 사전에 하는 것이 출석 체크다. 신랑 신부는 결혼식에 초대할 사람에게 미리 엽서를 보내어 출석 여부를 확인한다. 하객은 참석할 의향이 있으면 반신용 엽서에 출석한다

---

2 http://image.search.yahoo.co.jp

일본문화의 패턴

풋말이 놓여 있는 좌석

고 표시를 한 후 반송한다. 참석한다고 하면 반드시 참석해야 한다. 피로연 장소에 가면 자신의 이름이 새겨진 풋말이 있기 때문이다. 참석한다고 해놓고 당일 가지 않거나, 출석하지 않는다고 해놓고 갑자기 출석하면 곤란하다.

결혼식 주인공은 아름다웠다. 흰색이 더욱 하얗게 빛났다.

흥미로운 것은 결혼식 후에 열린 피로연이었다. 결혼식에 참가했던 참석자 전원이 피로연장으로 이동했다. 아직 신랑과 신부는 자리에 없었다. 잠시 후에 드디어 주인공이 나타났다. 피로연을 위한 정장과 드레스로 갈아입었다. 그런데 피로연 때 몇 번이나 옷을 갈아입었다. 이것을 일본어로 오이로나오시お色直し라고 한다.

일본인은 출생은 신도식式으로, 결혼은 기독교식으로, 장례는 불교식으로 한다고 한다. 우리 사고방식으로는 이해하기 쉽지 않다. 일본인의 종교관에 대한 흥미로운 에피소드가 있다. 유학 시절에 H

제8장 축적 문화형

결혼식 예복

라는 대학원생 선배가 있었다. 그에게
 "왜 일본인은 통과의례를 신도식, 기독교식, 불교식으로 혼합해서 해요? 하나로 통일하면 안 되나요?"
라고 물었다.
 H의 대답이 걸작이었다.
 "나를 아끼고 사랑하는 신이 많으면 많을수록 좋잖아!"
 "……"
 일본문화의 토대에는 고유 신앙인 신도가 있다. 그 위에 불교가, 또 그 위에 기독교가 쌓여 있다. 축적돼 있다. 축적 문화형이다.
 와쓰지 데쓰로는 1934년에 발표한 「일본정신」이라는 논문에서 일본문화의 중층성에 대해 언급했다. 이 책에서 지적한 축적 문화형

297

과 와쓰지 데쓰로의 중층성 개념은 다르지 않다. 여기서는 다케다 키요코가 인용한 부분을 재인용한다.

> 일본문화의 중층성中層性에 대해서는 일찍이 와쓰지 데쓰로 씨가 1934년 「일본정신」이라는 논문에서 …… 일본문화의 한 가지 특성은 갖가지 계기가 여러 층으로 겹쳐 있다고 하며, …… "일본인처럼 민감하게 새로운 것을 받아들이는 민족이 따로 없고, 또 일본인처럼 충실하게 옛것을 보존하는 민족도 따로 없을 것이다. 의식주 양식의 중층성은 누구나 다 잘 알고 있는 일상적인 현상이다."라고 하고, 또 "예전에 武士가 지배 계급이 되자, 부정되었던 옛 지배 계급은 公家[3] 계급으로 보존되고, 나아가서는 옛 전통을 간직한 사람들로, 문화적 귀족으로 존경을 받았다."[4]

참, 얼마 전에 둘째 처남이 딸아이를 얻었다. 출생 의례는 어떻게 했을까? 역시 신도식으로 했을까?

---

3 궁중귀족.
4 다케다 키요코 외 『일본문화의 숨은 형』(소화, 2002)

한국인 "자동화에 놀랐어요, 예스러움에 깜짝 놀랐어요."
　　일본인 "그래요?"

"어! 이게 뭐야! 자판기 커피가 로봇 같네!"

나도 모르게 탄성이 흘러나왔다. 유학 초기였다. 학교 내에 커피 자판기가 있었다. 가난한 유학생이다 보니 한동안 내 돈으로 자판기 커피를 뽑아먹지 못했다. 당시 우리나라 대학에서 자판기 커피는 100원이었다. 일본에 와보니 120엔이었다. 1,200원 정도였다. 고작 자판기 커피인데…… 무척 비싸게 느껴졌다. 그러니 나와 같이 생각하고 자판기 이용을 포기할 수밖에 없었던 고학생이 적지 않았을 것이다.

유학생 선배가 커피를 사준다고 했다. 고마웠다. 기쁜 마음으로 따라 나갔다. 자판기 앞에 섰다. 선배는 무슨 커피를 마실 건지 고르

전자동 자판기 커피　　　　　커피가 나오는 자동문[5]

라고 했다. 내 머리 속에 있는 커피 종류는 딱 세 가지였다. 밀크커피, 블랙커피, 프림커피. 당시 우리나라 자판기 커피가 그랬기 때문이다. 그런데 여기는 달랐다. 평소 관심이 없었기에 자세히 보지 않았는데 우선 커피가 달랐다. 인스턴트커피가 아니었다. 원두커피였다. 아니, 자판기 커피가 원두커피라니…… 내 눈을 의심했다. 선배는 자판기에 120엔을 넣었고, 나는 원두커피 버튼을 눌렀다. 그런데 그게 다가 아니었다. 어느 정도 진한 커피를 원하는지 선택해야 했다. 설탕과 프림의 양도 정해야 했다. 어렵게 선택을 다 마쳤다. 커피가 나오는 곳으로 손을 넣어 커피를 꺼내려고 했다. 바로 그때였다. 선배가 내게 말했다.

---
5 커피 나오는 곳이 자동으로 열리고 닫힌다고 적혀 있다.

제8장 축적 문화형

"몇 초만 기다려봐!"

그랬다. 놀랍게도 커피 꺼내는 곳이 자동으로 열렸다.

유학 초기에는 건물 안으로 들어가는 유리문에 몇 번 부딪친 적이 있었다. 대학 건물뿐만이 아니라 각종 관공서의 유리문이 놀랍게도 자동문이었다. 신기하기도 하고 재미있기도 했다. 그런데 가끔 자동문을 해제하거나 자동문이 아닌 경우도 있었다. 자동문을 즐기려다가 유리문에 코를 몇 번이나 찍었다. 지금도 내 코 어딘가에는 그때 입은 상처가 남아 있을 지도 모른다. 택시도 자동문이었다. 손님이 타려고 하면 뒷문이 자동으로 열렸다. 유학 시절에 택시를 타본 적이 한두 번 있었다. 그때의 놀람이란 뭐라 말로 표현하기 어려웠다.

당시 일본을 잘 안다는 지식인들은 일본이 한국보다 몇 십 년 앞서간다고 말했다. 그게 맞다고 한다면 이런 자동화 시스템이 그런가 하고 생각했다.

그런데 일본사회가 정작 나를 놀라게 했던 것은 이런 자동화 시스템이 아니었다. 정반대였다. 불편함을 감수하는 마음이었다. 나는 1995년 10월에 일본에 갔다. 당시 마이크로소프트가 윈도우즈 95를 출시한 지 얼마 되지 않은 시기였다. 그렇다고는 하지만 학부 때부터 리포트를 작성할 때는 학교 전산실에 있는 컴퓨터를 활용했다. 가끔 손으로 써서 리포트를 낸 적도 있었지만 그런 경우는 별로 없었다. 컴퓨터를 이용하여 리포트로 쓰면 학점을 잘 받는다는 뜬소문도 무성했다. 여하튼 손글씨가 예쁘지 않은 나로서는 컴퓨터 자판을 두드려 문서를 작성하는 시대에 태어난 것을 큰 축복으로

자동문[6]

생각했다. 왜냐하면 글씨체를 보고 내 성격을 추측하는 사람이 가끔 있었기 때문이다. 지금은 거의 사어가 됐지만 아마도 신언서판身言書判이라는 말이 있기 때문일 것이다. 신언서판의 '서書'는 문필력 혹은 문장력을 가리키는데, 그것을 글씨체로 받아들인 사람이 있었기 때문이다.

12월쯤이었다. 학부생들이 졸업논문 준비로 한창 바빴다. 학부생이 졸업논문을 쓴다는 것에 놀랐다. 열심히 쓴다는 것에 또 놀랐다. 그런데 나를 더욱 놀라게 한 것은 모두 손글씨로 논문을 썼다는 것이다. 지금이 어느 시대인데, 손으로 논문을 쓰다니…… 한두 장도 아니고. 당시 일본에는 문서 작성을 전문으로 하는 도구인 워드프로세서가 적지 않게 보급돼 있었는데도 말이다. 나중에 안 사실이

---

6 '자동', '주의!'라고 적혀 있다.

제8장 축적 문화형

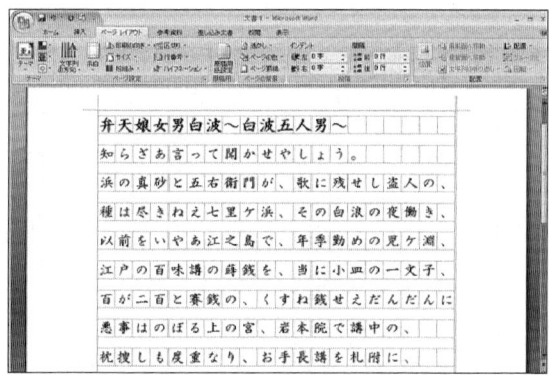

요코가키[7]

지만 이것은 국어국문학(일본문화론) 연구실의 전통이었다. 게다가 교수도 학생이 손으로 쓴 논문을 좋아했다. 참, 손으로 논문을 쓸 때는 반드시 원고지 용지에 써야 했다. 그러다가 틀리면? 화이트로 지울 수도 있었지만 보통 그렇게 하지 않았다. 틀린 부분을 포함해 그 장을 처음부터 다시 썼다. 무슨 도道를 닦는 것도 아닌데 말이다.[8]

그런데 내가 공부했던 연구실은 손글씨로 끝나지 않았다. 일본 잡지는 우리나라 잡지처럼 보통 왼쪽에서 오른쪽으로 글을 써간다. 영어 잡지가 그런 것처럼. 이것을 보통 요코가키橫がき라고 한다. 그리고 사람의 눈이 양 옆으로 있으니 이렇게 쓰고 읽는 것이 자연스럽다. 하지만 일본의 공식 문서나 문학서적은 다르다. 위에서 아래로 써내

---

7 http://image.search.yahoo.co.jp
8 조정래는 며느리에게 자신의 작품인 『태백산맥』을 손으로 옮겨 적게 했다고 한다. 그 방대한 소설을 말이다. 손으로 글을 쓰는 것은 역시 도를 닦는 것인지도 모른다.

303

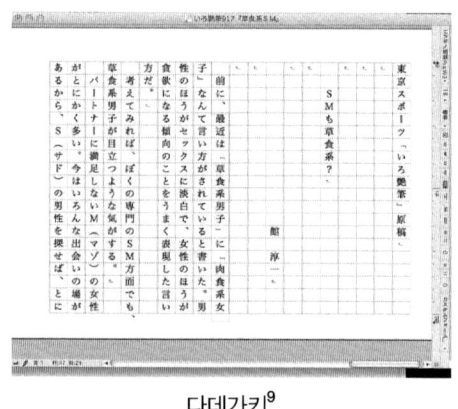

다데가키[9]

려간다. 오른쪽에서 왼쪽으로 써간다. 이것을 다데가키縱がき라고 한다. 마치 옛날에 붓글씨를 쓰듯이 말이다. 졸업논문을 쓰는 학부생, 학위논문을 제출하는 대학원생은 손글씨로 그것도 다데가키로 원고를 써야 했다.

일본인은 손글씨에 특별한 감정을 가지고 있다. 정성이 담겨 있다고 생각하고, 그 사람을 느낄 수 있다고 생각한다. 그래서 그런지 연하장에 담을 내용도 보통 손으로 직접 쓴다. 최근에는 인쇄와 손글씨를 병행하기도 한다. 즉, 일반적인 새해 인사말은 인쇄하지만, 상대방에게 보낼 자신의 메시지는 직접 손으로 적는 것이다. 다음과 같이 말이다.

---

9 위 사이트

제8장 축적 문화형

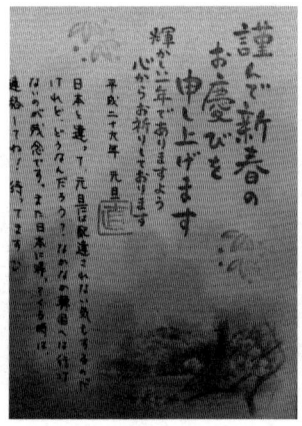
연하장[10]

자동화와 편리함을 지향하면서도 불편함을 감수하는, 아니 그것을 즐기고 거기서 멋까지 느끼는 문화. 현대와 전통이 공존하는 문화. 일본문화는 축적 문화형이다.

참, 일본은 차茶 문화가 대단히 발달한 나라다. 그러다 보니 차와 함께 먹는 과자와 떡이 같이 발달했다. 특히 와카시わかし라고 해서 일본식 과자와 떡의 종류가 무척 다양하다. 그 가운데 사쿠라모지さくらもち라는 것이 있다. 다음 페이지의 이미지와 같이 벚꽃 잎으로 떡을 싼 것이다.

---

10 오른쪽 상단은 인쇄된 부분이고, 왼쪽 상·하단은 손으로 쓴 부분이다.

305

일본문화의 패턴

사쿠라모치[11]

떡 맛을 아무리 현대인에 맞췄다고 해도 그것을 감싸는 것은 잎사귀다. 현대와 전통의 공존을 시각적으로 잘 보여주고 있는 사례 중의 하나가 바로 사쿠라모치다.

가토 슈이치는 잡종문화라는 개념으로 일본문화를 해석한 적이 있는데, 그의 잡종 문화 개념과 이 책에서 말하는 축적 문화형은 다른 용어가 아니다. 가토 슈이치는 『일본인이란 무엇인가』에서 잡종문화를 다음과 같이 정의한다.

> 서구의 미술관이나 도서관은 세계의 모든 문명의 소산을 포함하고 있다. 그러나 생활양식 중에 비서구적인 요소가 있는 것은 아니다. 그런데 일본에서는 이미 생활양식 속에 이종異種의 문화

---

11 http://ja.wikipedia.org

소산이 혼재하며 복잡한 층을 이루고 있다. 간단하게 말하면 서구와는 관계없이 발달해 온 생활·관습·도덕에, 서구 생활양식이 영향을 미치고 있다. 이와 같은 영향은 일본에 한한 것은 아니다. 필시 서구 이외의 거의 모든 지역에 공통되는 현상일 것이다. 그러나 그곳에는 정도의 차가 있다. 일본의 경우에는 서구의 영향이 깊고 벗어나기 어려운, 단지 기술의 도입이라고 하는 것 이상으로 국민 정신생활의 근저에 작용하고 있다. 나는 이와 같은 상황을 일본의 독특한 현상으로 '잡종문화'라는 말로 부른 적이 있다.[12]

---

12 가토 슈이치 『일본인이란 무엇인가』(소화, 1997)

일본인 "새것을 받아들이지만, 옛 것도 버리지 않아요."
한국인 "우리와 좀 다르네요."

언젠가 이런 말을 들은 적이 있다. 식당이나 레스토랑에 갔을 때 물수건을 주는 나라는 세계에서 일본과 한국밖에 없다고. 세계를 모두 경험해본 적이 없기에 이 말의 진위를 확인할 방법은 없다. 하지만 그럴 것도 같다.

나에게 물수건은 아저씨와 동의어다. 어렸을 적에 어머니가 조그마한 불고기집을 운영했었다. 가끔 가게에 가면 몇 몇 손님이 비닐에 싸여 있는 물수건을 꺼내 손과 얼굴 그리고 목 주위를 씻는 광경을 볼 수 있었다. 어떤 사람은 물수건으로 구두를 닦기도 했다. 나에게 물수건이 아저씨와 동격인 것은 이런 모습 때문이다. 어린 마음에 다짐했다. 나는 커서 절대로 물수건으로 얼굴과 목을 씻지 않으리라! 다행스럽게도 지금도 그 약속을 지키고 있다.

제8장 축적 문화형

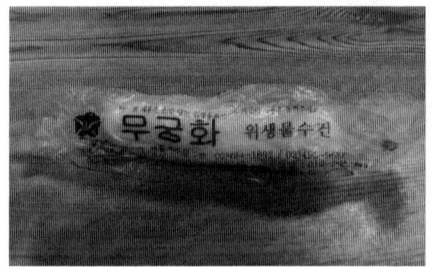
물수건

그런데 물수건에 대한 이미지를 확 바꾼 계기가 생겼다. 유학 때의 일이다. 어느 날 파스타 가게에 갔다. 삿포로역의 지하상가에 파스타를 잘하는 가게가 있다는 소문을 들었기 때문이다. 유학생인 주제에 파스타라니! 하지만 큰마음 먹고 갔다. 가게에 들어가자 점원이 좌석을 안내해주었다. 자리에 앉자 얼음이 들어간 물인 오히야와 함께 물수건인 오시보리도 같이 나왔다. 그런데 여태까지 내가 경험했던 그런 물수건이 아니었다. 물수건은 비닐에 들어 있지도 않았고, 약품 냄새도 나지 않았다. 나무로 된 작은 접시에 물수건이 차분하게 놓여 있었다. 물수건이 이럴 수도 있구나, 하고 느꼈다.

모든 일본 가게가 손님에게 물수건을 주는 것은 아니다. "물수건 주세요."라고 말하면 물티슈를 주는 곳도 적지 않다. 아니, 요즘은 물티슈가 대세인 것 같다. 편하기 때문이다. 하지만 그렇다고 물수건이 없어진 것은 아니다. 고급 레스토랑이나 료칸과 같은 전통 숙박시설에서는 오히려 물수건이 대세다.

이렇게 물수건과 물티슈는 공존하면서 조화롭게 일본사회에 남

일본문화의 패턴

물티슈

아 있다.

　물수건과 물티슈를 떠올릴 때면 연필과 샤프펜슬도 동시에 떠오른다. 내가 연필을 처음 잡았던 것이 언제인지는 잘 모르겠다. 돌잔치였나? 아마 아닐 것이다! 그랬다면 지금 노벨상 수상자는 아니더라도 저명한 학자는 됐을 테니까. 여하튼 초등학생 때까지는 주로 연필을 썼다. 그럼 중학생 때부터는? 샤프펜슬이다. 샤프펜슬은 편리했다. 연필처럼 귀찮게 깎을 필요가 없었기 때문이다. 샤프심이 떨어지면 다른 샤프심으로 교체하면 그만이었다. 그래서 나를 포함한 내 주위의 학생은 모두 샤프펜슬을 썼다.

　이후 연필은 내 머릿속에서 완전히 지워졌다. '연필이라는 것이 이 세상에 있었나?' 하는 생각이 들 정도로. 그런데 일본 유학을 시작하면서 나는 다시 연필과 친해졌다.

　유학 초기였다. 일본문화론 연구실에 들어갔다. 몇 몇 학생들이 노트에 뭔가를 열심히 쓰고 있었다. 그런데 나의 눈을 끈 것은 그들이 적고 있던 내용이 아니었다. 그들이 들고 있던 연필이었다. 샤프펜슬을 쓰는 학생도 있었지만 연필을 쓰는 학생이 대다수였다. 샤프펜슬을 쓰는 것은 알겠지만 연필은 이해가 가지 않았다. '아니, 지금이 어느 시대인데, 연필이라니?', '왜 샤프펜슬을 쓰지 않을까?', '이건 너희 나라에서 유명한 거잖아?' 하고 속으로 생각했다. 그 순간이었다. 한 여학생이 일어나더니 창문 쪽으로 걸어갔다. 그리고는 연필깎이로 연필을 깎기 시작했다. '연필깎이? 이건 또 뭐야?'라고 생각했다. 갑자기 내가 초등학교 시절로 되돌아간 착각에 빠졌다.

이렇게 연필과 샤프펜슬은 공존하면서 조화롭게 일본사회에 남아 있었다.

이것만이 아니다. 일본사회는 전통과 현대의 공존과 조화를 지향하는 모습을 우리에게 잘 보여주고 있다. 다다미たたみ와 마룻바닥도 그렇다.

일본의 방은 다다미가 깔려 있거나 마룻바닥으로 돼 있다. 다다미 크기로 방 크기를 나타낼 정도로 다다미는 아직도 널리 사용되고 있다. 예를 들면 일본에서 작은 방을 상징하는 요조항四畳半이 그렇다. 요조항은 다다미 넉 장 반을 놓을 수 있는 정도의 방이라는 의미다. 삿포로에서 유학하던 시절 약 1년 간 요조항에서 생활한 적이 있다. 그것도 다다미방에서.

홋카이도전력회사가 운영하는 기숙사가 있었다. 독신 남자용 기숙사였다. 이 회사는 사회공헌 차원에서 가난한 유학생에게 기숙사를 저렴한 비용으로 빌려줬다. 나는 재수 끝에 이 기숙사에 들어갈

311

처갓집의 다다미방

수 있었다. 이곳 방의 크기가 딱 요조항이었다. 다다미방이었다. 오른쪽 팔을 뻗으면 문에 닿을 정도였고, 왼쪽 팔을 뻗으면 벽에 닿을 정도였다. 그만큼 좁았다.[13]

요즘 일본의 방은 보통 마룻바닥으로 돼 있다. 하지만 방 가운데 한 곳 정도는 꼭 다다미를 깐 다다미방을 둔다. 처갓집도 그렇다.

누가 나에게 일본사회가 어떤 사회냐고 묻는다면 일본은 놀라울 정도로 전통과 현대가 공존하는 사회라고 말하겠다. 이런 일본인의 자세는 어쩌면 메이지유신 때부터 일본인이 간직하고자 했던 화혼양재和魂洋才와 밀접하게 관련돼 있는 것은 아닐까? 화혼양재 곧 일본정신을 간직한 채 서양문물을 수용하겠다는 자세 말이다.

---

13 이어령은 『축소지향의 일본인』에서 일본인은 요조항과 같이 좁은 공간을 적극적으로 즐기는 전통이 있다고 말한다. 정곡을 찌르고 있다.
이어령 『축소지향의 일본인』(기린원, 1991)

지층에 따라 연대를 알 수 있다고 한다. 그 땅의 역사가 지층에 그대로 남아 있기 때문이다. 일본문화가 여기에 딱 맞는 것 같다. 전통과 현대가 공존하는 문화형, 곧 축척 문화형은 일본문화를 설명하는 키워드의 하나라고 생각한다.

최근에 나는 우리나라에서 물수건을 거의 경험하지 못했다. 물수건이 물티슈로 대체됐기 때문이다. 가끔 물수건이 그리워진다. 물수건을 생각하면 아저씨라는 이미지가 떠오르지만 그런 아저씨를 바라보던 나의 어린 모습도 동시에 떠오르기 때문이다. 가끔 연필이 미치도록 그리워진다. 초등학생 때의 나로 되돌아갈 수 있기 때문이다. 어렸을 적 외갓집에서 경험했던 방바닥이 가끔 그리워진다. 지금은 이 세상 사람이 아닌 외할머니의 체온이 느껴질 것 같기 때문이다.

■■■■
한국인 "지금도 모기향을 써요?"
일본인 "네!"

　1년에 2번 정도는 일본에 간다. 8월 13일에서 8월 15일 사이에 한 번, 연말연시에 한 번이다. 굳이 이 시기에 일본에 가는 이유는 모두 아내 때문이다. 일본의 대표적인 명절은 오봉お盆과 새해新年다. 오봉은 조상의 영혼을 공양하는 행사로 양력 8월 15일이다. 일본의 오봉을 보통 추석[14]으로 번역하는데, 엄격한 의미에서 보면 추석이 아니다. 여하튼 오봉은 일본 전래의 고유한 조상신앙과 불교 색채가 융합한 풍습이라고 보면 된다.

14　추석의 사전적 의미는 다음과 같다. "햅쌀로 빚은 송편과 햇과일로 상을 차려서 조상에게 차례를 지낸다."
　　윤구병 감수『보리 국어사전』(보리, 2008)

제8장 축적 문화형

절에서 불을 받기 직전

등에 불을 받은 직후

　오봉을 직접 경험한 것은 결혼 직후다. 대학에서 일본어교육을 전공했고, 일본에서 8년이나 유학했지만 오봉을 직접 경험하지는 못했다. '어쩌면 이럴 수 있는지……' 놀라운 일이다. 하지만 어떤 의미에서는 놀라운 일도 아니다. 이것이 우리나라 일본학 교육의 현실이고, 한국 유학생의 현실이다. 대학에서는 주로 일본어만 공부했고, 일본에 가서는 전공 공부만 했기 때문이다. 그래서 그런지 한국에는 일본어를 잘 하는 사람은 적지 않다. 학문적으로 탁월한 일본학 연구자도 많다. 하지만 진정한 의미로 일본을 이해하고 있는 사람은 그리 많지 않은 것 같다. 한일 관계가 잘 풀리지 않는 원인도 어쩌면 여기에 있는지도 모른다.

　결혼 후 처음으로 처가댁에 갔을 때였다. 그날이 마침 오봉 전날이었다. 장인어른은 집 근처에 있는 절에 갔다. 절에는 선조의 묘가 있었다. 절에 가서는 향에 불을 피우고 촛불에서 불을 받아 집으로 가지고 왔다. 그리고는 그 불을 집에 있는 불단에 모셨다. 장인어른

315

집 안의 불단에 조상을 모시는 장면　　　불단에 모신 조상에 바치는 음식물

이 보여주는 일련의 행동을 통해 절에 가서 조상신을 집으로 모시고 온 것이라는 것을 알게 됐다.

이와 같은 오봉에 대해 이이쿠라 하루타게는 『일본의 연중행사와 관습 120가지 이야기』에서 다음과 같이 잘 정리한다.

> 오봉이 시작되는 13일 저녁 무렵이 되면 정령맞이라고 하여 조상의 영혼이 길을 잃지 않고 잘 찾아올 수 있도록 집이나 절의 문 앞에 조상을 맞이하는 불을 피웁니다. 그리고 불단 앞이나 야외 등에 본다나盆棚라고 부르는 임시로 설치한 선반을 두어 불단에서 위패를 꺼내 그 위에 안치합니다.
>
> 본다나에는 과일, 야채 등의 계절음식이나 오봉에 빠지지 않는 모란떡 등을 올리며, 밥과 물도 아침, 점심, 저녁 세 번 공양합니다. 더욱이 여기에 오이로 만든 말이나 가지로 만든 소 인형을 장식하기도 하는데, 이것은 조상의 영혼이 말을 타고 '이승'을 다녀

처가댁의 오세치 요리　　　　　　오죠니

간다고 믿었기 때문입니다.[15]

일본 가정에서 보내는 새해를 직접 경험한 것도 결혼 후의 일이다. 새해에는 오세치おせち요리라고 해서 정월 3일간 먹는 음식이 있다. 설날 음식인 것이다. 요세치 요리는 가족의 번영을 기원하면서 먹으면 복이 온다고 믿는 음식을 주로 장만한다.

설날 먹는 음식에 빠질 수 없는 것이 떡국이다. 우리나라의 떡국에 해당하는 것이 오죠니お雑煮다. 우리나라도 지역에 따라 떡국이 다소 다르듯이 일본도 지역에 따라 오죠니가 다르다. 아내 고향은 군마다. 일본의 관동 지역에 해당한다. 그래서 그런지 맑은 간장을 베이스로 한 오죠니였다. 떡국과 가장 다른 점은 떡을 잘게 썰지 않고 덩어리 채 먹는다는 것이다. 보통 3, 4개 정도의 조그마한 떡이 들어 있다. 떡 모양은 지역에 따라 다른데 보통 사각형이나 원형이다.

---

15 이이쿠라 하루타게『일본의 연중행사와 관습 120가지 이야기』(어문학사, 2010)

일본문화의 패턴

모기향　　　　　　　　　전자 모기향

항상 그랬던 것처럼 금년 여름에도 오봉에 맞춰 일본에 갔다 왔다. 처가는 쌀농사와 딸기농사를 한다. 집 주위에 논밭이 많다. 정원도 넓다. 수목도 많고, 잡초도 무성하다. 그러다 보니 자주 출몰하는 것이 있다. 모기다. 나에게 일본 모기 이미지는 좋지 않다. 일본 모기 하면 뇌염모기가 연상되기 때문이다.

일본에서 유학했던 8년간에는 모기에 대한 걱정이 없었다. 삿포로라는 도시의 특성상, 모기가 거의 없었기 때문이다. 그런데 처가댁은 달랐다. 농가다 보니 모기가 극성이었다. 게다가 무서웠다. 일본 모기에 대한 내성이 없다 보니 물리면 많이 부어올랐다. 게다가 모기 자체가 좀 기분 나빴다. 모기 색이 우리나라 모기와 같은 갈색이 아니었다. 검정색이었다. 검정색 모기! 좀 소름끼치지 않는가!

그런데 이번 여름에는 흥미로운 것을 발견했다. 지금까지 대수롭지 않게 봐왔던 것인데, 거기에 깊은 뜻이 담겨 있다는 것을 알게 됐다. 바로 모기향이다. 내가 어렸을 때 모기향하면 초록색으로 된 나선형 모양의 향이었다. 가장 대중적인 모기 기피 대책이었다.

그런데 어느새 위와 같은 모기향은 전자 모기향으로 대체되었다. 전자 모기향의 등장으로 우리 주위에서 모기향은 자취를 감추고 말았다. 물론 지금도 일부에서는 쓰기는 하지만 거의 사라졌다고 해도 과언이 아니다. 그런데 처가에서는 옛 모기향과 전자모기향이 병존하고 있었다. 버젓이 말이다.

박용민은 『맛으로 본 일본』에서 '일본인은 옛 것을 좀처럼 버리지 않는다', '일본인은 아날로그적 생활태도를 유지하고 있다'라고 말한다. 그리고 새것을 좋아하는 것을 진보적이라고 부를 수 있다면 한국인이 가장 진보적이라고 평했다.[16] 맞는 말이다.

'두껍아 두껍아 헌집 줄게 새집 다오'라는 노래가 있다. 언제부터인가 우리는 오래되고 헌 것보다 새것과 새로운 것을 선호하는 경향이 생긴 것 같다. 온고지신溫故知新이라는 말은 사전 속에는 있어도 생활 속에는 살아 있지 않는 것 같다.

옛 것과 새것의 공존과 조화! 이런 축적이 일본문화를 설명하는 주요한 키워드의 하나라고 생각한다. 일본문화는 축적 문화형이다.

---

16 박용민 『맛으로 본 일본』(헤이북스, 2014)

일본문화의 패턴

아내 책상

참, 그러고 보니 일본인 아내가 옛 것과 새것의 공존과 조화의 전형, 축적 문화형의 전형이라고 생각한다. 책상 위가 항상 이런 모습이니까 말이다.

제9장

반복확인 문화형

●

한국인 "왜 자꾸 고맙다고 말해요?"
일본인 "고마우니까요!"

　대학원 후배인 O에게는 고마움과 미안함이 있다. 8년간 유학했지만, 친구라고 말할 수 있는 사람은 O뿐이었다.
　O는 동경대학에서 일본문학전공으로 학부를 마치고, 홋카이도대학 대학원으로 진학한 후배였다. 어느 날 연구실에 갔더니 낯익지 않은 사람이 있었다. O였다. 수수한 옷차림에 말수가 적은 후배였다. 동경대학이나 홋카이도대학처럼 일본의 국립대학에 들어오는 학생에게서 흔히 볼 수 있는 타입이었다. 눈에 띠지 않았다. 그런데 그의 눈빛에 나는 빨려 들어갔다. 고혹적이거나 눈웃음치거나 또는 도전적이거나 공격적인 눈빛이 아니었다. 우수에 젖어 있었다. 10대 소녀의 눈빛이라고나 할까, 누군가를 사랑하고 그리워하는 눈빛이라고나 할까.

홋카이도대학

O는 학자가 되고 싶어 했다. 일본문학을 남과 다르게 연구하고 싶다고 했다. 그래서 그런지 항상 철학 관련 책을 옆에 끼고 다녔다. 언젠가는 나에게는 현상학 책을 권했다. 한번 읽어보라고. 저자는 재일교포라는 말과 함께. 그의 권유도 있고 해서 읽어봤다. 어려웠다. 읽다가 만 책이 지금도 내 책장 어딘가에 꽂혀 있을 것이다.

학자가 되기 싶었던 O였지만 박사 진학에 실패하는 바람에 공부의 길을 접고 말았다. 이상했다. '박학다식하고 겸손한 그가 왜 박사 진학을 하지 못했을까? 나 같은 평범한 사람도 진학했는데……' 당시나 지금이나 나로서는 그 사실이 의문이고, 미스터리다. 도무지 납득이 가지 않는다.

박사 진학 건으로 침울해 하고 있을 것이라고 생각했지만 O는 그렇지 않았다. 내가 물었다.

"박사 진학할 거예요?"

O가 대답했다.

"아니요."

"그럼 뭐할 거예요?"

"공무원 되려고요."

O는 며칠 후부터 대학 근처에 있는 학원에 다녔다. 공무원을 준비하는 학원이었다. 공무원 시험을 대비하려고 학원에 다니는구나, 하고 생각했다. 속상했다.

그런데 O는 수강하려고 학원에 다니는 것이 아니었다. 나중에 안 사실이지만 아르바이트 하러 다녔던 것이다. 어느 날 우연히 학원 앞을 지나게 됐다. 1층 유리창 너머로 O가 보였다. 밤늦게까지 사무 보조를 하고 있었다. 2층에서는 공무원 시험을 준비하는 학생들이 강사의 수업을 듣고 있었다. 'O가 있을 곳은 1층이 아니라 2층인데…… 2층이 아니라 대학원 연구실인데……' 하고 생각했다. 슬펐다. 내 마음을 아는지 모르는지 때마침 눈이 내렸다. 눈 내리는 삿포로의 밤은 깊어만 갔다.

역시 O였다. 독학으로 몇 달 공부하더니 어렵다던 공무원 시험에 단번에 합격했다. 너무 기뻤다. 축하해줬다. 그도 기뻐했다. 동경에서 근무하게 된다고 했다. 도서관 사서가 된다고 했다. O답다고 생각했다. 전화위복이라고 생각했다. 학자가 돼서 남이 읽지도 않는 시시한 논문이나 책을 쓰면서 자기만족하는 것보다는 자기가 읽고 싶은 책이나 읽고 사는 인생이 더 멋있을 거라고 생각했다. 다만, 그가 나처럼 생각했다는 확신은 없지만 말이다.

O에게는 묻고 싶은 것이 있었다. 왜 너의 눈빛은 늘 우수에 젖어

일본문화의 패턴

환송회 때 받은 선물

있는지? 하지만 묻지 않았다. 물을 수 없었다. 언젠가는 자연스럽게 알게 될 것이라고 믿었기 때문이다. 그런데 드디어 그것을 알게 되는 날이 왔다. 바로 내 귀국 환송회 때였다.

나는 국문학 및 일본문화 연구실에서 일본고전학을, O는 근현대 일본문학과 문화를 연구했다. 나와 O는 지도교수도 달랐다. 공부하는 분야도 달랐다. 일본 대학원은 워낙 지도교수 중심으로 움직이기 때문에 지도교수가 다르면 다른 과 학생이라고 생각해도 무방하다. 따라서 당연한 말이지만 내 지도교수 밑에서 공부하는 학부생과 대학원생이 중심이 돼 내 귀국 파티를 준비해줬다. 필시 어색한 자리였음에도 불구하고 O는 기꺼이 참석해줬다. 환송회는 1차에서 2차로, 2차에서 3차로 이어졌다. 차수가 진행됨에 따라 참석자 수는 점점 적어졌다. 마지막에는 나와 O만 남았다. 삿포로 사람은 술자리를

마무리 할 때 보통 라면ラーメン을 먹는다. 그런데 우리는 라면을 먹은 후에 또 술을 마셨다.

술을 마시면서 그는 나에게 눈물을 보였다. 쌍꺼풀이 있는 큰 눈에 고인 눈물은 더 크고 더 영롱해 보였다. 눈물의 크기가 사람에 따라 다르게 보인다는 것은 그때 처음 알았다. 왜 울었을까? O에게 묻지 않았다. O도 나에게 말하지 않았다. 나를 떠나보내는 아쉬움이었을 것이다. 고마웠다. 다른 사람을 위해, 그것도 외국인 유학생을 위해 눈물을 흘리다니…… 고마울 뿐이었다.

환송회 때 그는 나에게 어렸을 때 아버지를 여의였다고 고백했다. 그와 나의 이야기 중에 어떤 맥락이 있었기에 그런 아픈 사연을 나에게 말했는지 잘 모르겠다. 일본인은 좀처럼 자기 개인사를 남에게 말하지 않는데 말이다. O의 고백을 듣는 순간 그가 지금까지 살아왔고 겪어왔을 일들이 주마등처럼 뇌리를 스쳐갔다.

항상 우수에 젖은 O의 눈빛은 어쩌면 아버지에 대한 그리움 때문인지도 모른다. 그리고 환송회 때 나에게 보인 눈물은 나를 떠나보내는 아쉬움이 아버지를 떠나보냈던 아쉬움과 겹쳐졌기 때문인지도 모른다.

O에게는 미안함도 있다. 나는 지금도 그의 이름을 기억하지 못한다. O는 그의 성姓이다. 일본인은 상대방을 부를 때 보통 성으로 부른다. 특별한 경우가 아니면 풀네임full name으로는 부르지 않는다. 그래서 일본에서는 정말 친해지면 성명姓名의 명에 해당하는 '시타노 나마에下の名前'로 부른다. 나와 O는 친했지만 나는 O를 'O상Oさん'으

로, 그는 나를 '박상ハクさん'으로 불렀다. 이때 '상さん'이란 경칭이다. 내가 O의 '시타노 나마에'를 모르는 연유다. O에 대한 첫 번째 미안함이다. 하지만 두 번째 미안함에 비하면 첫 번째 미안함은 아무 것도 아니다. 두 번째 미안함이 심각하기 때문이다.

나는 요리를 잘하지 못한다. 먹는 것에 별로 관심이 없기 때문이다. 포이에르바하의 말이라고 기억한다. '그가 지금까지 무엇을 먹었는지를 알면, 그가 어떤 생활을 해왔는지 알 수 있다고.' 맞는 말이다. 나는 태생적으로 서민이다. 몸과 마음이 서민이다. 앞으로도 그럴 것 같다.

8년간 유학했을 때 뭘 먹으면서 생활했는지 잘 기억이 나질 않는다. 아침은 편의점에서 빵을 사서 도서관에서 먹었다. 점심은 학생식당을 이용했다. 저녁은? 기억이 나질 않는다. 아마도 마트에서 파는 도시락이었을 것이다. 이런 식생활을 했지만 가끔씩은 요리를 했다. 사실 요리라고 말하기도 쑥스럽다. 마트에서 돼지고기와 양념소스, 그리고 상추를 샀다. 그리고 돼지고기를 프라이팬에서 좀 익힌 후 소스와 함께 상추 쌈을 해 먹는 것이다. 가끔은 양념소스 대신에 고추장을 쓰기도 했다.

언젠가 O를 집으로 초대했다. 돼지고기와 고추장과 상추를 준비했다. 그리고는 이것이 한국인이 자주 먹는 불고기라며 O에게 소개했다. O는

"이것이 말로만 듣던 한국의 불고기?"

라고 감탄하면서 맛있게 먹었다. 나에게 고마워했다. O는 그때까지

한 번도 한국에 가본 적이 없었다. 당연히 한국식 불고기를 먹어보지 못했다. 맛을 비교할 수 없었던 것이다. 내 요리에 속은 것이다. 멋지게 속은 것이다.

O는 고맙게도 내가 만든 불고기를 맛있게 먹어줬다. 정말이지 맛있게 먹어줬다. 내가 지금 아내의 요리를 군말 없이 맛있게 먹듯이 말이다.[1] 물론 내 아내는 나보다, 아니 나와 비교할 수 없을 정도로 요리를 잘한다.

흥미로운 일이 며칠 후에 일어났다. 연구실에 가보니 연구실에서 내가 요리 잘하기로 소문이 나 있었다. O가 연구실 동료들에게 말한 것이다. 내가 한국 요리 잘한다고. 그것도 불고기를. 놀라웠지만 그럴 수 있다고 생각했다.

그런데 나를 더욱 놀라게 한 것은 O의 말이었다. 일전에 우리 집에서 식사했을 때 O는 분명히 말했다. 그것도 정중하게.

"오늘 잘 먹었어. 고마워요."

라고. 나는 흐뭇했다. 맛있게 먹어줘서 고마웠다. O는 내 호의에 충분히 감사한 마음을 표했고, 나도 기분 좋게 받아들였다. 그런데 O는 한 동안, 좀 과장하면 나를 만날 때마다 그때는 너무 고마웠다고 말하는 것이 아닌가! '고맙다고 한 번 말하면 됐지, 얘가 왜 이래? 또

---

[1] 신혼 때였다. 아내가 밥상을 차렸는데 너무 간단했다. 밥과 국과 밑반찬 하나가 전부였다. 깜짝 놀랐다. 그래서 조심스럽게 "평소에 일본인은 가정에서 이렇게 간소하게 먹어?"라고 물어봤다. 그렇다는 대답이 돌아왔다. 영양 측면에서는 별 문제가 없다는 말도 잊지 않았다. 그런데 아내의 말은 변명이 아니었다. 간자키 노리타네의 『습관으로 본 일본인 일본문화』에도 그렇게 나와 있다.
간자키 노리타네 『습관으로 본 일본인 일본문화』(청년사, 2000)

식사에 초대해달라는 것인가?'라고 순간 생각했다. 좀 기분이 나쁘기도 했다. 하지만 이것은 내가 일본문화를 잘 몰라서 생긴 오해였다.

일본의 언어사회학을 전공한 임영철은 『한국어와 일본어 그리고 일본인과의 커뮤니케이션』에서 일본인이 상대방에 감사 표현을 한 번으로 끝내지 않고 반복해서 말하는 데는 이유가 있다고 한다. 첫째, 원활한 인간관계를 확인 유지하는 방법으로 여기기 때문이고, 둘째, 그것이 상대방에 대한 공손한 태도라고 인식하기 때문이라고 지적한다.² 맞는 말이다. 여기에 하나 더 덧붙이면 일본인은 상대방이 베푼 호의에 대해 자주 언급함으로써 상대방에 대한 고마운 마음을 계속 간직하고 싶어 하는 성향이 있다. 달리 말하면 우리는 상대방의 고마움에 그 장면에서 한 번만 고마움을 표하면 족하다. 보통은 그렇다. 일회완결이다. 하지만 일본인은 이런 일회완결 문화형을 잘 이해하지 못한다. 오히려 상대방에 감사할 줄 모른다고 오해한다. 우리문화와 다른 것이다. 일본문화는 반복확인 문화형이기 때문이다.³

생각해보니 O에게는 또 다른 미안함이 있다. O는 내 환송회에 와 주었다. 그런데 나는 O의 환송회 곧 삿포로 생활을 청산하는 모임에 가지 못했다. 내가 먼저 귀국했기 때문이다. 다음에 만나면 그때 해

---

2 임영철『한국어와 일본어 그리고 일본인과의 커뮤니케이션』(태학사, 2008)
3 '반복확인형'이라는 용어는 임영철·이데 리사코의『箸とチョッカラク : ことばと文化の日韓比較』에서 차용했다.
任栄哲·井出里咲子『箸とチョッカラク : ことばと文化の日韓比較』(大修館書店, 2004)

주지 못했던 환송회도 해주고 싶다.

그런데 그에게 언제 안부 이메일을 보냈더라…… 기억이 나질 않는다. 오늘이라도 당장 연락을 해봐야겠다. 고맙다는 말과 미안하다는 말을 담아서.[4]

---

4 탈고 후 동경의 한 레스토랑에서 O와 재회를 했다. 만나자마자 그는 나에게 이렇게 말했다. "삿포로에 있었을 때 저녁 식사 대접을 해줘서 고마웠다." 10여 년 전의 일인데도 말이다. 역시 일본문화는 반복확인 문화형이다.

일본문화의 패턴
-일본문화를 이해하는 10가지 문화형-

제10장

원거리 문화형

-
한국인 "사랑하는 거야?"
일본인 "당연하지! 왜?"

"너희 싸웠니? 아까까지는 착 달라 붙어 있더니……"

지하철에서 내리자마자 내가 S에게 물었다. 그는 내가 유학 가서 처음 사귄 일본인 친구다. 친구라고는 하지만 당시 나는 대학원 연구생이었고, 그는 삿포로에 있는 모 사립대학에 다니는 학부생이었다. 나이 차가 꽤 났다. 하지만 그는 나를 보자마자 반말이었다. 속으로 '네가 뭔데 초면에 반말이야!' 하고 화가 났던 기억이 난다.

S는 한국어를 배우고 있었다. 한국인 친구를 사귀고 싶었다고 한다. 그래서 무작정 홋카이도대학에 놀러왔다. 놀러왔다기보다는 헌팅하러 온 것이다. 홋카이도대학에 한국인 유학생이 많다는 소문을 듣고, 한국인 같은 사람에게 말을 걸었던 것이다. 공교롭게도 거기

에 걸려든 것이 나였다. 안타까웠다. 그도 나도 남자였다는 것이……
　얼마 후 S는 나를 자기 집에 초대했다. 그는 보통 우리가 알고 있던 일본인이 아니었다. 그랬다면 나를 자기 집에 초대하지 않았을 것이다. 잠시 후 그의 여자 친구가 들어왔다. 그는 자기 여자 친구를 나에게 소개했다. 연상이라는 말도 잊지 않았다. 역시 그는 내가 알고 있던 일본인이 아니었다. 내가 묻지도 않았는데 자기 사생활에 대해 이야기했기 때문이다.
　S와 그의 여자 친구 그리고 나는 지하철을 탔다. 쇼핑하기 위해 백화점에 가는 중이었다. 나한테 자랑이나 하듯이 둘은 손을 꼭 잡았다. 그것도 그냥 손을 잡은 것이 아니었다. 손깍지를 끼었다. 그런 다정한 그들의 모습이 부러웠다.
　그런데 지하철을 타자마자 그들의 태도에 변화가 생겼다. 그렇게 죽고 못 살던 S와 그의 여자 친구가 꼭 잡고 있던 손을 풀더니 아무 말도 하지 않았던 것이다. 지하철에서 내릴 때까지 말이다. 순간 당황했다. 그새 무슨 일이라도 있었나? 기억을 더듬었다. 별일 없었는데……
　지하철에서 내리자마자 S에게 물었다.
　"너희 싸웠니? 아까까지 착 달라 붙어 있더니……"
　그러자 그의 대답이 걸작이었다.
　"싸우긴 왜 싸워? 지하철 안에는 우리가 모르는 사람들이 많잖아. 그래서 가만히 있었던 것뿐이야."
라고 말하면서 둘은 다시 손깍지를 끼고 걷기 시작했다.

제10장 원거리 문화형

그랬다. 나한테는 스킨십을 잘도 보여주더니, 그것도 자랑이나 하듯이 표현하더니 잘 모르는 사람 앞에서는 내숭을 떨었던 것이다. 일본인이 타인을 의식한다는 말은 들었지만 이럴 줄은 미처 몰랐다.

일본인은 한국인보다 보통 스킨십이 적다. 그런데 스킨십이 적은 것은 다른 사람을 의식하기 때문이라는 것을 알게 됐다. 부끄러웠던 것이다. 예컨대 김정운도 『일본열광』에서 나와 비슷한 생각을 전한다.

> 일본의 길거리에서는 밤이 되어도 젊은이들의 스킨십을 보기 힘들다. 한국 젊은이들의 스킨십이 훨씬 노골적이고 대담하다. 중국은 더 노골적이라고 한다. 일본 젊은이들은 기껏해야 손을 잡는 정도다. …… 이렇게 이들은 항상 남의 시선을 의식하고 살아간다.[1]

일본 전철을 타면 독서를 하거나 스마트폰을 조작하는 사람들을 목격한다. 예전에는 주로 독서하는 모습이 많았는데, 최근에는 스마트폰으로 변한 것 같다. 그럼에도 여전히 책을 읽는 사람이 적지 않은데, 그들에게는 공통점이 있다. 무슨 책을 읽는지 알 수 없다는 점이다. 우리와는 다른 풍경이다. 다음 이미지와 같이 북커버를 씌우기 때문이다.

---

1 김정운 『일본열광』(프로네시스, 2007)

일본문화의 패턴

북커버[2]

일본서점에서 책을 사면 점원이 꼭 물어보는 것이 있다. '북커버를 씌울 것인지, 아니면 그냥 그대로 가져갈 것인지'. 그러면 손님은 대개 북커버를 씌워달라고 한다. 일본인이 북커버를 선호하는 것은 왜 그럴까? 우선 책을 깨끗히 보기 위해서이다. 왜 책을 깨끗히 보려는 것일까? 책을 더럽히면 안 된다는 감각이 있기 때문이다. 또한 책을 읽을 후 중고책으로 팔 때 높은 가격을 받기 위해서이다. 일본 책값이 우리보다 상대적으로 비싸다는 것은 유명하다. 그러다 보니 중고책 시장이 활성화 돼 있다. 다음으로 자신이 지금 무슨 책을 읽고 있는지 남에게 보이고 싶지 않기 때문이다. 개인정보라는 의식과 함께 부끄러움이 함께 있기 때문이다.

그런데 애인끼리만 있으면 스킨십이 어떻게 변할까? 궁금했지만 확인할 수 없었다. 친구 집에 몰래 카메라를 설치할 수도 없으니 말

---

2 http://image.search.yahoo.co.jp

제10장 원거리 문화형

이다. 그래서 내린 결론은? 그렇다. 내가 직접 체험해보는 것이다.

내가 체험한 스킨십 가운데 단연 으뜸은 아내와 장모님이 자기 딸과 손녀에게 보여준 스킨십이었다.

결혼한 지 5년이 지나서야 첫 아이가 태어났다. 딸이었다. 아이는 동네 산부인과 병원에서 태어났다. 큰 딸은 태어나자마자 눈을 똑바로 뜨고 나를 쳐다봤다. 그때의 느낌이란 참 묘했다. 무척 예쁠 것이라고 생각했는데, 갓 태어난 아이는 솔직히 말해 원숭이 같았다. 예쁜 줄 몰랐다. 이런 이야기를 하면 아내는 그 큰 눈을 부릅뜨고 나를 노려본다. 하지만 사실이 그런 걸 나보고 어쩌란 말인가! 아빠라는 자각도 부족했다. 아빠라는 자각은 아이가 태어났다고 그냥 생기는 것이 아니었다. 적어도 나에게는 시간이 필요했다. 이것도 아내에게 욕먹을 소리지만 사실이니 어쩌란 말인가!

백일이 지나자 딸아이가 귀엽게 느껴졌다. 기저귀도 갈아주다 보니 자연스럽게 아빠라는 인식도 생겨났다. 다행이었다. 역시 피는 물보다 진하다는 말이 맞다. 아이가 귀여워 죽을 지경이었다. 볼에다 뽀뽀하고 난리가 아니었다. 그런데 아내와 장모님의 태도는 나와 달랐다.

아내는 출산을 앞두고 직장에 휴직 신청서를 제출했다. 하지만 혼자서 아이 보는 것이 좀 힘들었던지 장모님을 부르자고 했다. 한 3개월 정도. 나도 그러자고 했다. 장모님이 있는 것이 나도 편하기 때문이었다.

아내는 산후우울증도 없이 육아를 잘했다. 장모님도 손주를 헌신적으로 봐주었다. 고마웠다. 그런데 뭔가 좀 이상했다. 나는 아이의 볼에다 뽀뽀도 하고 얼굴도 문지르고, 한마디로 장난이 아니게 아이와 스킨십을 했다. 한국인이라면 자기 자식에게 보이는 극히 일반적인 행동을 했다. 아니, 난 부족한 편이었다. 내가 알고 있는 주위 사람의 행동이나 말을 들어보면 오히려 내가 스킨십이 부족한 편이었다.

한국계 최초로 하버드대 법대 교수에 임용된 석지영의 이야기를 들어보자. 석지영은 『내가 보고 싶었던 세계』에서 어머니와 할머니에 대해 이렇게 회상한다. 어머니는 사람 앞에서 나를 안아들고 입을 맞췄다고 말한다. 부모님이 출근하면 할머니가 나를 돌봐주셨는데, '내 새끼'라고 말하면서 격한 포옹을 해줬다고 말한다. 숨이 멎을 것 같은 적도 이따금 있었단다.[3] 내가 어머니나 할머니에게 받은 스킨십도 그랬다. 이런 스킨십이 한국인에게는 일반적이다.

그런데 아내와 장모님은 달랐다. 아이 볼에다 뽀뽀도 하지 않았고, 숨 막히게 포옹도 하지 않았다. 이상했다. 그렇다고 아내와 장모님이 자기 친딸과 손녀를 사랑하지 않느냐 하면 그런 것은 아니었다. 아내와 장모님은 딸과 손녀를 사랑했고, 귀여워했다. 사랑스럽다고, 귀엽다고 말했다. 하지만 말이 전부였다.[4]

---

3 석지영 『내가 보고 싶었던 세계』(북하우스, 2013)
4 유영수도 『일본인 심리상자: 우리가 몰랐던 일본인의 24가지 심리 코드』에서 다음과 같이 말한다. "일본 부모들이 겉으로 애정 표현을 잘하지 않는다…… 감정 표현이 미덕으로 간주되지 않는 일본 사회 분위기에서 부모들은 아이에 대한 직접적인 사랑 표현을 자제한다. 특히 아버지가 그렇다…… 어머니도 우리만큼 살갑지 않다."

앞에서 이미 언급했듯이 S는 말했다. 타인 앞에서는 스킨십을 자제한다고. 그렇다면 아내와 장모님에게 남편이고 사위인 나는 타인인가? 일본인이 스킨십이 적은 것에는 한국인보다 다른 사람의 눈을 너무 많이 의식하기 때문이라는 설이 있다. 틀린 말은 아니다. 하지만 그것만으로는 좀 부족하다는 느낌을 지울 수 없다. 어쩌면 일본인은 스킨십이 적은 문화권의 사람인지도 모른다.[5]

접근학proximacy이라는 학문 분야가 있다. 진중권의 정의에 따르면 접근학이란 관계의 친소와 지위 고하에 따라 사람과 사람 사이의 거리가 달라지는 것을 연구하는 것이라고 한다.[6] 달리 표현하면 사람과 사람 사이의 거리감이 문화에 따라 다르다는 것이다. 예를 들어 한국인은 친한 여자끼리 손을 잡기도 한다. 남자도 그렇다. 남자끼리 손을 잡기도 하고 팔짱을 끼기도 하고 어깨동무를 하기도 한다. 물론 이런 남자들의 행동은 보통 술 한잔 걸친 후에 보여주는 것이기는 하지만 말이다.

그런데 한국 여자와 남자가 보여주는 스킨십은 일본인에게는 도무지 이해가 가지 않는 모양이다. 일본에서는 한국에 레즈비언과 게

유영수『일본인 심리상자: 우리가 몰랐던 일본인의 24가지 심리 코드』(한스미디어, 2016)

5 베르코는『언어커뮤니케이션』에서 영국, 스칸디나비아, 독일 등과 같은 북유럽은 타인과의 신체 접촉을 꺼리는 데 반해, 이탈리아, 러시아, 스페인, 남미, 프랑스 등은 타인과의 신체 접촉을 즐긴다고 한다. 그리고 전자는 비접촉 문화, 후자는 접촉 문화라고 명명한다.
베르코 외『언어커뮤니케이션』(한국문화사, 2003)

6 진중권『호모 코레아니쿠스』(웅진지식하우스, 2007)

일본문화의 패턴

손잡고 걸어가는 한국 여대생의 뒷모습

이가 많다는 괴담이 있다. 한국인의 스킨십 문화에서 비롯된 것이다. 한국인이 근거리 감각을 가지고 있다면, 일본인은 원거리 감각을 가지고 있다고 볼 수 있다. 물론 개인차와 세대차는 있겠지만 말이다.

그러고 보니 일본 여자들 사이에는 이런 말이 있다고 한다. 한국 남자와 사귀본 적이 있는 사람은 일본 남자와 다시는 사귀지 못한다는. 왜냐고? 한국 남자의 스킨십이 유럽인 특히 이탈리아인 같아서 정열적이라나.

아내는 일본에서 대학원 재학 중에 한국의 모 국립대학에 교환 학생으로 왔다. 1년간의 유학을 마치고 귀국한 후 다시 한국에 와서 취직했다. 이후 한국 생활이 쭉 이어졌다. 나와 만나 결혼까지 했다.

오늘은 아내에게 '맞아죽을 각오'를 하고 물어봐야겠다. 그 질문은 "왜 아이에게 스킨십 적어?"

가 아니다.

　그 질문은

"왜 다시 한국에 왔어?"

다. 그리고 이렇게 말해야겠다.

"어떤 말을 해도 오늘은 다 용서해줄게! 과거도 포함해서!"

일본문화의 패턴
-일본문화를 이해하는 10가지 문화형-

저자 후기

-

일본인 "당신 꿈은 뭐예요?"
한국인 "한일 관계 개선을 위해 노력하는 거예요!"

　20대 청년이 있었다. 그의 꿈은 얽히고설킨 한일 관계를 자신의 방식으로 풀어보는 것이었다. 특별한 동기가 있었던 것은 아니었다. 그냥 해보고 싶었다. 그래서 별로 인기도 없는 일본연구에 인생을 걸기로 했다. 일본의 한 국립대학에서 8년간 유학하면서 주로 일본고전학을 공부했다. 운 좋게 박사학위도 받았다. 박사학위 테마에 대해서는 좀 알 것 같았지만 일본에 대해서는 안다고 하기에는 뭔가가 부족했다. 2%가 부족했다. 아니, 20%가 부족했다.
　귀국 후 여러 대학에 교수채용 원서를 내는 한편 일본인과 만날 기회를 가능한 한 많이 만들고자 했다. 일본과의 끈을 놓고 싶지 않았기 때문이다. 천우신조인지 숙명인지 우연히 일본 여인과 만났다. 마침 대학에서 일본어를 가르치고 있었다. 그녀와 연애를 했고, 결혼을 했다. 그러는 사이 아이가 둘이나 생겼다.[1] 한 일본 여인과 10년 이상을 같이 생활하면서 이제야 겨우 일본과 일본인 그리고 일본문화가 좀 보이는 것 같다고 생각하게 됐다. 그래서 지금까지의 일본 연구와 10여 년간의 결혼생활에서 느끼고 생각한 것을 정리하고 싶었다. 그래야 그 다음 단계로 나아갈 수 있다는 생각이 들었다. 이것이 이번 졸서를 기획한 계기 중의 하나다. 또 하나의 계기는 루스 베네딕트의 『국화와 칼』 때문이었다. 『국화와 칼』은 일본문화론의 고전으로 지금도 널리 읽히는 고전 중의 고전이다. 루스 베네딕트는 자신의 저서에서 서양문화가 죄의 문화라면 일본문화는 수치의 문화라고 말했다. 문화형으로 일본을 설명하고자 했던 것이다. 이런 그녀의 의도는 『국화와 칼』의 부제목이 '일본문화의 패턴Patterns of Japanese Culture'이라는 데에서도 잘 드러난다. 그런데 희한하게도 이 부제목은 우리에게 잘 알려져 있지 않다. 아마도 『국화와 칼』이라는 제목이 너무 강렬한 인상을 줬기 때문일 것이다.

『국화와 칼』에 나오는 '국화'를 어떤 사람은 천황의 상징으로,

---

[1] 김영란은 『김명란의 책 읽기의 쓸모』에서 앙드레 지드와 여행 그리고 독서에 대해 언급하면서 다음과 같이 말한다. "여행지에서 단순한 구경꾼으로 남지 않고 여행지의 삶 속으로 한껏 뛰어듦으로써 자신의 삶을 바꾸었습니다." 생각해보면 나의 '일본학 여행'도 그랬던 것 같다. 가끔 '왜 일본인과 결혼했냐?'는 질문을 받는다. 나에게는 신념이 있었다. '외국학을 연구하는 사람은 그 나라(지역)의 사람과 결혼해야 한다'는 신념이 있었다. 누구한데 강요받은 것은 아니다. 또한 남에게 강요하고 싶은 신념도 아니다. 대학생 때 우연히 몇 권의 문화인류학 관련 책을 읽었는데, 저자들에게는 공통점이 있었다. 바로 현지인과 결혼했다는 점이었다. 그때 '일본학이라는 여행에 전념하기 위해서는 현지인과 결혼해야 하는구나…… 그래야만 내 삶을 바꿀 수 있구나……' 하고 생각했다.
김영란 『김명란의 책 읽기의 쓸모』(창비, 2016)

저자 후기

어떤 사람은 평화의 상징으로 받아들인다. 또한 '칼'을 폭력성으로 혹은 호전성으로 이해한다. 어느 쪽도 틀렸다고 말하기 어렵다. 그렇다면 루스 베네딕트는 위와 같은 것을 말하고 싶어서『국화와 칼』을 저술했을까? 그랬을 수도 있다. 하지만 그는『국화와 칼』에서 '하지만but'을 수차례 사용하고 있다. 일본문화에는 이런 점도 있지만 그것과 상반되는 점도 동시에 있다는 의미로 말이다. 그렇다. 루스 베네딕트는 일본문화에 보이는 이중성을 말하고 싶었던 것이다.

일본인 혹은 일본문화를 문화형으로 살펴보려 했던 루스 베네딕트의 연구방법은 대단히 매력적이다. 하나의 개념으로 전혀 관련이 없어 보이는 개별적인 것들을 일관성 있게 설명할 수 있기 때문이다. 하지만 여기에는 약점이 있다. 그가 일본에서 직접 필드워크를 단 한 번도 하지 않았다거나, 미국에 거주하는 일본인을 대상으로 연구했다는 점은 굳이 말하지 않겠다. 부차적인 문제이기 때문이다. 그것보다 우리는 다음과 같은 점을 지적해야 하지 않을까? 첫째, 그녀는 자신의 방법론이 개인차, 세대차, 성별차, 지역차 등을 거의 반영할 수 없다는 점을 알았을까? 아마 알았을 것이다. 자신의 방법론이 가지는 유용성과 한계를 모두 알았을 것이다. 둘째, 한국인 혹은 한국문화와 비교해야만 일본인 혹은 일본문화의 특수성을 찾을 수 있다는 것을 알았을까? 아마 몰랐을 것이다.

위와 같은 약점이 있는데도 지금까지『국화와 칼』이 널리 읽히는 이유는 무엇일까? 한마디로 말하면 현재 유통되고 있는 일본문화론

이 학문적으로나 대중적으로나 『국화와 칼』을 넘지 못하기 때문일 것이다. 적어도 나는 그렇게 생각한다.

애초 졸저의 제목을 '일본문화의 패턴-『국화와 칼』을 넘어서'라고 하려고 했다. 학문적으로도 대중적으로도 『국화와 칼』을 넘어보고 싶었기 때문이었다. 내가 생각했던 서명을 아내에게 말하자, 아내가 이렇게 반문했다.

"정말 자신 있어?"

"……"

자신에게 물어봤다. 그렇다고 말할 자신이 없었다. 그래서 그 제목은 포기했다.

루스 베네딕트의 방법론, 곧 문화형으로 일본인이나 일본문화를 설명하고자 했던 그녀의 방법론은 나에게 영향을 미쳤다. 관련 없어 보이는 개별적인 것을 하나의 개념으로 설명할 수 있기 때문이다. 다만, 루스 베네딕트의 방법론을 차용하되 내 것으로 만들고 싶었다. 그리고 그것이 가능하다고 생각했다. 루스 베네딕트가 놓친 일본인과 한국인 혹은 일본문화와 한국문화의 유사성을 잘 알고 있기 때문이다. 그렇다면 루스 베네딕트와는 다른 또 하나의 『국화와 칼』을 쓸 수 있다고 생각했다. 즉 일본문화에 보이는 개인차, 세대차, 성별차, 지역차보다는 일본인 혹은 일본문화에 관류하는 어떤 것에 주목하고 싶었다. 그것을 문화형으로 설명하고 싶었다.

일본은 작은 나라가 아니다. 국토 면적으로 보나, 인구로 보나 큰 나라다. 게다가 지역성과 풍토성도 다양하다. 일본은 남북이 다르

저자 후기

고, 동서가 다르다. 남북이 다른 것은 일본 열도가 길게 늘어져 있어서 남북의 지역차가 심하기 때문이다. 근대 초기에는 북쪽에 위치한 아오모리青森 사람과 남쪽에 있는 타지역 사람이 서로 의사소통이 되지 않을 정도였다고 한다. 특히 북쪽에는 홋카이도가 있고, 남쪽에는 오키나와가 있다. 홋카이도에는 아이누라는 선주민이 있었고, 오키나와는 근대 전까지 류큐琉球라는 독립국이었다. 그래서 근대어로서의 '일본어', 표준어로서의 '도쿄 방언'이 필요하게 된 것이다.

동서가 다른 것은 동경을 중심으로 관동 지역과 교토·오사카를 중심으로 한 관서 지역이 다르기 때문이다. 관동과 관서가 다르다는 말을 자주 듣는다. 같은 라면이라도 스프 맛이 다르고, 같은 떡국 곧 오죠니라고 해도 넣는 떡 모양이 다르다.

내가 유학했던 삿포로는 관동 지역, 특히 동경을 지향하는 성향이 대단히 강했다. 아내의 고향은 군마지만, 군마 또한 관동 지역에 해당했다. 따라서 나는 관동 문화에 익숙한 한국인이다. 나는 관서를 대표하는 오사카를 3번 갔다. 한 번은 막내처남이 오사카에서 결혼식을 올렸기에 갔다. 결혼식에만 참석했지 주변을 둘러보지 못했다. 다른 한번은 학과 졸업여행으로 갔다. 그때는 교토, 나라, 오사카를 관광버스로 이동했다. 유명 관광지만 돌아보고 왔다. 결국 두 번 다 관서를 제대로 체험하지 못했다.

최근에 학과의 〈졸업여행 겸 일본문화탐방〉 프로그램으로 오사카를 방문했다. 피부로 느낀 오사카는 동경을 중심으로 한 관동 지역

일본문화의 패턴

오사카에서 볼 수 있었던 한국어 간판[2]

과는 너무 달랐다. 말투가 다르다거나 음식 맛이 다른 것은 굳이 말할 필요가 없을 정도다.

사람들이 거칠었다. 삿포로나 동경이나 군마에서는 다른 사람과 조금만 부딪혀도 서로 미안하다고 말했다. 가능한 한 신체접촉이 일어나지 않도록 신경을 썼다. 그런데 여기는 그 정도는 아니었다. 거리도 깨끗한 편이기는 했지만 동경보다는 지저분했다. 특이한 점은 한국어 간판이 자주 눈에 뜨였고, 한국어를 말할 수 있는 점원도 좀 있었다. 아마도 오사카에 재일교포가 많이 살고 있다는 점과 한국 관광객이 여기를 자주 찾기 때문인 것 같다.

---

2 왼쪽 위에 '숯불 왕갈비 전문', 오른쪽 아래에 '한국요리'라는 글자가 보인다.

352

저자 후기

 단편적인 사례이기는 하지만 이와 같이 동경을 중심으로 한 관동 지역과 오사카를 중심으로 한 관서 지역이 다른 것은 분명하다. 하지만 그 차이는 상대적인 차이에 불과하다.

 루스 베네딕트의 『국화와 칼』을 읽으면 읽을수록 그가 말하는 일본인 혹은 일본문화의 특징이라는 것이 한국인 혹은 한국문화에 대해 말하고 있다는 착각을 불러일으켰다.[3] 서양(특히 미국)과의 비교에서 찾아낸 문화형이기 때문이다.

 이 책에서 밝히고자 했던 것은 일본인 혹은 일본문화에 보이는 개인차, 세대차, 성별차, 세대차, 지역차 등을 각각 인정하면서도 거기에 관통하는 문화형이었다. 그리고 그것을 한국과 비교해서 발견하고자 했다. 그 시도의 성공 여부에 대한 판단은 모두 독자에게 맡긴다.[4]

 끝으로 감사의 마음을 전하고 싶다. 재직 중인 경희사이버대학교는 여러모로 부족한 나에게 재정 지원을 아까워하지 않았다. 일본학과 재학생과 졸업생은 격려를 마다하지 않았다. 가족은 사랑

---

3 그렇다면 중국인이 『국화와 칼』을 읽으면 어떤 느낌을 받을까?
4 탈고할 무렵 유순하의 『당신들의 일본』을 접했다. 그는 자신의 저서에서 한국인이 쓴 일본연구서는 많기는 하지만 품질 곧 수준이 떨어진다고 혹평했다. 대부분의 책은 출판되지 않았어야 할 책이었다고 단언한다. 얼굴이 화끈거렸다. 일본학을 하는 사람으로 부끄러웠다. 그런데 최근에는 '수준이 떨어진다는 일본연구서'조차 많이 나오지 못하고 있다. 2011년 3월 11일에 발생한 동일본대지진 이후, 최근 휴대폰으로 대표되는 우리나라 가전제품의 선전 이후, 한국에서는 '일본은 끝났다'라는 인식이 널리 퍼졌기 때문이다. 묻고 싶다. '도대체 뭐가 끝났다'는 것일까? 오히려 지금이야말로 좀 더 차분하게 일본에 대해 생각할 때가 아닐까?
유순하 『당신들의 일본』(문이당, 2014)

을 아끼지 않았다. 특히 아내에게 고맙다고 말하고 싶다. 초고를 읽고 귀중한 코멘트를 해준 여동생과 김채현 선생님께, 출판 의뢰를 했을 때 흔쾌히 승낙해준 박문사의 윤석현 선생님께도 감사드린다.[5]

한일 간에 남겨진 여러 과제는 쉽게 풀리지 않을 것이다. '고르디우스의 매듭'과 같이 복잡하고 풀기 어려운 문제다.[6] 하지만 두 딸인 하나와 하루가 성인이 되었을 때는 한일 관계가 지금보다 나아지길 바란다. 아니, 나아져야 한다. 그것을 위해 내가, 지금, 무엇을 할 수 있을지를 더 고민해야겠다.[7]

---

5 요즘 일본 관련 학과가 대단히 힘들다고 한다. 대학마다 학과구조조정을 하는데 일본 관련 학과가 폐과 0순위라고 한다. 예전에 프랑스, 독일 등의 유럽어학과가 그랬듯이 말이다. 왜 이런 상황이 생겼을까? 외부 요인이 컸다. 일본 경제력과 영향력이 예전 같지 않고, 그러다 보니 일본 관련 학과를 졸업해도 졸업생의 취업이 잘 되지 않아서 그렇다. 여기에 아베 정부 출범 이후의 한일관계 악화도 더해졌다. 하지만 반드시 외부 요인만 있는 것은 아니다. 내부 원인도 있다고 본다. 예전에 일본 관련 서적 중에 대중적 인기를 얻은 것이 있었다. 예를 들면 이어령의 『축소지향의 일본인』, 김정운의 『일본열광』 등이 그렇다. 그런데 이들 서적에는 공통점이 있다. 저자가 일본학 전공자가 아니라는 점이다. 어찌된 일일까? 여러 가지 이유가 있을 것이다. 그 가운데에는 일본학 전공자가 전공서와 전공 논문은 잘 쓰는데 반해 대중적 글쓰기를 잘하지 못한다는 이유도 있다고 본다. 일본에 관한 담론을 언제까지 비전공자 곧 외주에 맡겨야 하나? 진중권은 『진중권의 테크노 인문학의 구상』에서 인문학과 종교 이야기를 하면서 다음과 같이 말한다. "저는 인문학 자체가 그 인본주의, 즉 휴머니즘의 정신을 바탕에 깔고 있다고 믿습니다. 그것이 의미하는 것은, 결국 인간의 문제는 인간이 해결하자는 것입니다." 그렇다. 일본 관련 학과의 위기를 언제까지 외부 요인으로 돌려야 할까? 일본학 관련 대중적 글쓰기를 언제까지 비전공자에게 맡겨야 할까? 지금이야말로 일본학 전공자가 이 모든 것을 스스로 해결해야 하지 않을까?
진중권 『진중권의 테크노 인문학의 구상』(창비, 2016)
6 기시미 이치로·고가 후미타게 『미움받을 용기』(인플루엔셜, 2014)
7 강만길은 『강만길 내 인생의 역사 공부』에서 역사학자의 역할에 대해 언급한

저자 후기

다. 그 가운데 하나는 분단체제 극복과 평화통일에 기여하는 것이라고 역설한다. 그렇다면 일본을 연구하는 학자의 역할은 무엇일까? 작게는 한일 간의 우호 증진에 밑거름이 되는 것이고, 크게는 동북아시아의 평화 구축과 공동 번영에 기여하는 것이라고 생각한다. 작은 실천이기는 하지만 이 졸저가 일본과 일본인 그리고 일본문화를 이해하는 데 조금이라도 도움이 될 수 있기를 바란다. 예를 들어 한국통이기도 한 일본 외교관인 미치가미 히사시가 『한국인만 모르는 일본과 중국』에서 상호 이해는 자국을 위해서, 타국을 위해서, 그리고 인류를 위해서 필요하다고 역설했듯이 말이다. 다시 말하면 상호 이해를 토대로 한중일 동북아 3국이 공통적으로 안고 있는 고민, 즉 원전 문제, 환경 문제, 기후 변화 문제 등을 함께 해결해 갔으면 한다.

강만길 『강만길의 내 인생의 역사 공부』(창비, 2016)
미치가미 히사시 『한국인만 모르는 일본과 중국』(중앙일보플러스, 2016)

일본문화의 패턴
−일본문화를 이해하는 10가지 문화형−

참고문헌

1. 기본 자료(신문, 사전 등)

길윤형 「일왕 생각은 중요하지 않다」(한겨레신문, 2016.8.9)
유재순 「유재순의 도쿄라이프」(한겨레신문, 2016.8.26)
윤구병 감수 『보리 국어사전』(보리, 2008)
김웅철 「한자어로 부부관계를, 남자는 絆 여자는 友」(한국교직원신문, 2016. 12.12)

2. 논저

가미카와 이야 『바꾸어나가는 용기』(한울아카데니, 2006)
가토 슈이치 『일본인이란 무엇인가』(소화, 1997)
_____ 『일본문화의 시간과 공간』(작은이야기, 2010)
_____ 『양의 노래』(글항아리, 2015)
간자키 노리타네 『습관으로 본 일본인 일본문화』(청년사, 2000)
강만길 『강만길의 내 인생의 역사 공부』(창비, 2016)
강상중 『도쿄 산책자』(사계절, 2013)
강영진 『갈등해결의 지혜』(일빛, 2009)
건국대학교 아시아·디아스포라연구소 『'다문화 수도 서울'의 아젠다 확산과 환류』(건국대학교 아시아·디아스포라연구소, 2016)
고모리 요이치 『1945년 8월 15일, 천황 히로히토는 이렇게 말했다』(뿌리와 이파리, 2004)
구로다 가쓰히로 『맛있는 수다! 보글보글 한일 음식이야기』(지식여행, 2009)
구리 료헤이 『우동 한 그릇』(청조사, 1989)

권혁태『일본의 불안을 읽는다』(교양인, 2010)
기시미 이치로·고가 후미타게『미움받을용기』(인플루엔셜, 2014)
_____『미움받을용기 2』(인플루엔셜, 2016)
김도언「각박한 세상, 우동 한 그릇의 따뜻함을 전하는 소설」『출판저널』 제328호(대한출판문화협회, 2003)
김소운『목근통신: 일본에 보내는 편지』(아롬, 2006)
김열규『욕: 카타르시스의 미학』(사계절, 1997)
김영란『김영란의 책 읽기의 쓸모』(창비, 2016)
김정운『일본열광』(프로네시스, 2007),
김현구『김현구 교수의 일본이야기』(창비, 2004)
다니엘 롱·오하시 리에『일본어로 찾아가는 일본문화탐방』(지식의날개, 2012)
다카기 이치노스케『일본 국문학의 탄생-다카기 이치노스케의 자서전』(이담, 2016)
다카시로 고이치『일본의 이중권력, 쇼군과 천황』(살림출판사, 2006)
다카하시 테쓰야『결코 피할 수 없는 야스쿠니 문제』(역사와비평사, 2005)
다케다 키요코 외『일본문화의 숨은 형』(소화, 2002)
다치바나키 도시아키『격차사회』(세움과비움, 2013)
로버트 치알디니『설득의 심리학』(21세기북스, 2013)
루스 베네딕트『문화의 패턴』(까치, 1993)
_____『국화와 칼』(을유문화사, 2008)
리영희『대화: 한 지식인의 삶과 사상』(한길사, 2005)
리처드 리스벳『생각의 지도』(김영사, 2004)
마루야마 마사오『현대정치의 사상과 행동』(한길사, 1997)
_____『마루야마 마사오: 리버럴리스트의 초상』(논형, 2011)
마이 가나코 외『일본여자가 쓴 한국 아줌마 비판』(현대문학북스, 2001)
마이클 센델『정의란 무엇인가』(김영사, 2010)
마이클 푸엣·크리스틴 그로스 로『THE PATH: 세상을 바라보는 혁신적

생각』(김영사, 2016)

마키도 세이치『공간의 언어문화학-일본문화로 해석한 아날로그 일본문법』(제이앤씨, 2001)

모모세 타카시『한국이 죽어도 일본을 못 따라잡는 18가지 이유』(사회평론, 1997)

무라카미 하루키『직업인으로서의 소설가』(현대문학, 2016)

미치기미 히사시『한국을 모르는 한국인 일본을 모르는 일본인』(문한, 1999)

_____『한국인만 모르는 일본과 중국』(중앙일보플러스, 2016)

박경리『일본산고』(마로니에북스, 2013)

박규태『애니메이션으로 보는 일본: 소녀와 마녀 사이』(산림, 2005)

_____『국화와 칼』(문예출판사, 2008)

_____『일본정신의 풍경』(한길사, 2009)

박노자『주식회사 대한민국』(한겨레출판, 2016)

박상현(동명이인)『일본의 맛, 규슈를 먹다』(따비, 2013)

박상현「『만엽집』에 보이는 '大君'의 번역어 연구-서두수와 김억의 번역어를 중심으로」『일본문화학보』(한국일본문화학회, 2013)

_____외『0416: 세월호 참사 계기 한겨레〈한국사회의 길을 묻다〉에세이 공모전 선정작 모음집』(한겨레출판, 2014)

_____『한국인의 일본관』(박문사, 2015)

_____「구리 료헤이의『우동 한 그릇』연구-일본적 문화코드」(『한국일본근대학회, 2017)

_____·미네자키 토모코「'가케소바'의 번역어 연구-타국화 번역과 자국화 번역」『일본문화연구』(동아시아일본학회, 2017)

박웅현·강창래『인문학으로 광고하다』(알마, 2008)

박용민『맛으로 본 일본』(헤이북스, 2014)

베르코 외『언어커뮤니케이션』(한국문화사, 2003)

사이토 아케미『다른 듯 같은 듯 언어와 문화의 한일비교』(소화, 2006)

서경식『언어의 감옥에서: 어느 재일 조선인의 초상』(돌베개, 2011)
석지영『내가 보고 싶었던 세계』(북하우스, 2013)
스즈키 다카오『언어로 살펴본 일본문화』(소화, 2005)
안민정『작은 습관으로 기적을 만드는 일본 엄마의 힘』(황소북스, 2015)
앤절라 더그워스『그릿』(비즈니스북스, 2016)
야마쿠세 요지『일본인이 오해받는 100가지 말과 행동: 국제교류와 비즈니스에서 일본을 이해하는 힌트』(한울, 2013)
_____『일본인의 정신』(한울, 2014)
오에 겐자부로『히로시마 노트』(삼천리, 2012)
_____『오키나와 노트』(삼천리, 2012)
오히라 겐『새로운 배려-젊은 그들만의 코드』(소화, 2003)
왕하이산『하버드 협상수업』(이지북, 2016)
요네하라 마리『미녀냐 추녀냐』(마음산책, 2008)
유순하『당신들의 일본』(문이당, 2014)
요모타 이누히코『가와이이 제국일본』(펜타그램, 2013)
요시다 유타카『일본의 근대』(논형, 2005)
요코 가와시마 윗킨스『요코이야기』(문학동네, 2005)
우치다 타츠쿠『하류지향』(민들레, 2013)
유영수『일본인 심리상자: 우리가 몰랐던 일본인의 24가지 심리 코드』(한스미디어, 2016)
윤홍균『자존감 수업』(심플라이프, 2016)
유홍준『나의 일본문화답사기 일본편1 규슈』(창비, 2013)
_____『나의 문화유산답사기 일본편4 교토』(창비, 2014)
윤태영『대통령의 말하기』(위즈덤하우스, 2016)
EBS〈동과서〉제작팀『동과 서』(예담, 2008)
에드워드 홀『문화를 넘어서』(한길사, 2003)
이경원『탈식민주의의 이론과 쟁점』(문학과지성사, 1993)
이부세 마즈시『검은 비』(소화, 1999)

이상업『사지를 넘어 귀향까지: 일제 강제 징용 수기』(소명출판, 2016)
이승욱·신희경·김은산『대한민국 부모』(문학동네, 2012)
이어령『축소지향의 일본인』(기린원, 1991)
_____『축소지향의 일본인: 그 이후』(기린원, 1994)
_____『젊음의 탄생』(마로니에북스, 2013)
_____『읽고 싶은 이어령』(여백, 2014)
_____『이어령의 보자기 인문학』(마로니에북스, 2015)
_____『이어령의 가위바위보 문화론』(마로니에북스, 2015)
이원복『새 먼나라 이웃나라-일본·일본인편』(김영사, 2000)
이이쿠라 하루타게『일본의 연중행사와 관습 120가지 이야기』(어문학사, 2010)
임영철『한국어와 일본어 그리고 일본인과의 커뮤니케이션』(태학사, 2008)
장하준『장하준의 경제학 강의』(부키, 2014)
장영희『문학의 숲을 거닐다』(샘터사, 2005)
전여옥『일본은 없다1』(지식공작소, 1994)
_____『일본은 없다2』(지식공작소, 1995)
정혜선『한국인의 일본사』(현암사, 2008)
정혜신『정혜신의 사람 공부』(창비, 2016)
진중권『진중권의 테크노 인문학의 구상』(창비, 2016)
조사옥 편『아쿠타가와 류노스케 전집 1』(제이앤씨, 2009)
조영남『맞아죽을 각오로 쓴 친일선언』(랜덤하우스중앙, 2005)
존 다우어『패배를 껴안고: 2차세계대전 후의 일본과 일본인』(민음사, 2009)
주영하『음식전쟁, 문화전쟁』(사계절, 2000)
진중권『호모 코레아니쿠스』(웅진지식하우스, 2007)
최상진『한국인의 심리학』(학지사, 2011)
탁석산『탁석산의 한국의 민족주의를 말한다』(웅진닷컴, 2004)

한규석『사회심리학의 이해』(학지사, 1995)
호프스테드『세계의 문화와 조직』(학지사, 1995)
한상복『배려: 마음을 움직이는 힘』(위즈덤하우스, 2006)
황현산『밤이 선생이다』(문학동네, 2013)
홍민표『언어행동문화의 한일비교』(한국문화사, 2010)
휴먼스토리『안철수의 독서』(미르북스, 2012)
혜민『멈추면, 비로소 보이는 것들』(샘앤파커스, 2012)
히로나카 헤이스케『학문의 즐거움』(김영사, 1992)
任栄哲・井出里咲子『箸とチョッカラク：ことばと文化の日韓比較』(大修館書店, 2004)

3. 이미지

http://image.search.yahoo.co.jp
http://ja.wikipedia.org